유대인의 천재교육·EQ교육·지혜교육

IQ는 아버지
EQ는 어머니 몫이다

제2권

제3부 5장~제6부 4장

현용수 지음

한국인과 유대인 자녀 교육의 비교 분석,
교육의 근본 문제와 그 해결 방안 제시

쉐마
도서출판

IQ·EQ 박사 현용수의 유대인의 자녀교육
《IQ는 아버지 EQ는 어머니 몫이다》 총론 ②

IQ는 아버지 EQ는 어머니 몫이다 2

초판 23쇄(국민일보, 1996년 7월 1일)
2판 19쇄(조선일보, 1999년 1월 1일)
     26쇄(도서출판 쉐마, 2009년 11월 25일)
     29쇄(도서출판 쉐마, 2015년 6월 17일)

지은이	현용수
펴낸이	현용수
펴낸곳	도서출판 쉐마
등록	2004년 10월 27일
	제315-2006-000033호
주소	서울시 강서구 공항대로71길 54
	(염창동, 태진한솔아파트 상가동 3층)
전화	(02) 3662-6567
팩스	(02) 2659-6567
이메일	shemaiqeq@naver.com
홈페이지	http://www.shemaIQEQ.org
총판	한국출판협동조합(일반) (070) 7116-1740
	소망사(기독교) (02) 392-4232

Copyright ⓒ 현용수(Yong Soo Hyun), 2005
본서에 실린 자료는 저자의 서면 허가 없이 복제를 금합니다.
Duplication of any forms can't be published without written permission.

ISBN 978-89-9559-000-3

값 17,000원

도서출판 **쉐 마**는 무너진 교육을 세우기 위한 대안으로
인성교육과 쉐마교육의 원리와 실제를 연구하여 보급합니다.

Biblical Jewish Education

Father Develops I.Q.
Mother Nurtures E.Q.

Vol. Two
Parts 3-⑤~6-④

By
Dr. Yong-Soo Hyun

**Presenting
Modern Educational Problems
and It's Solution**

1999(Second Edition)

Shema Publishing House
Seoul, Korea

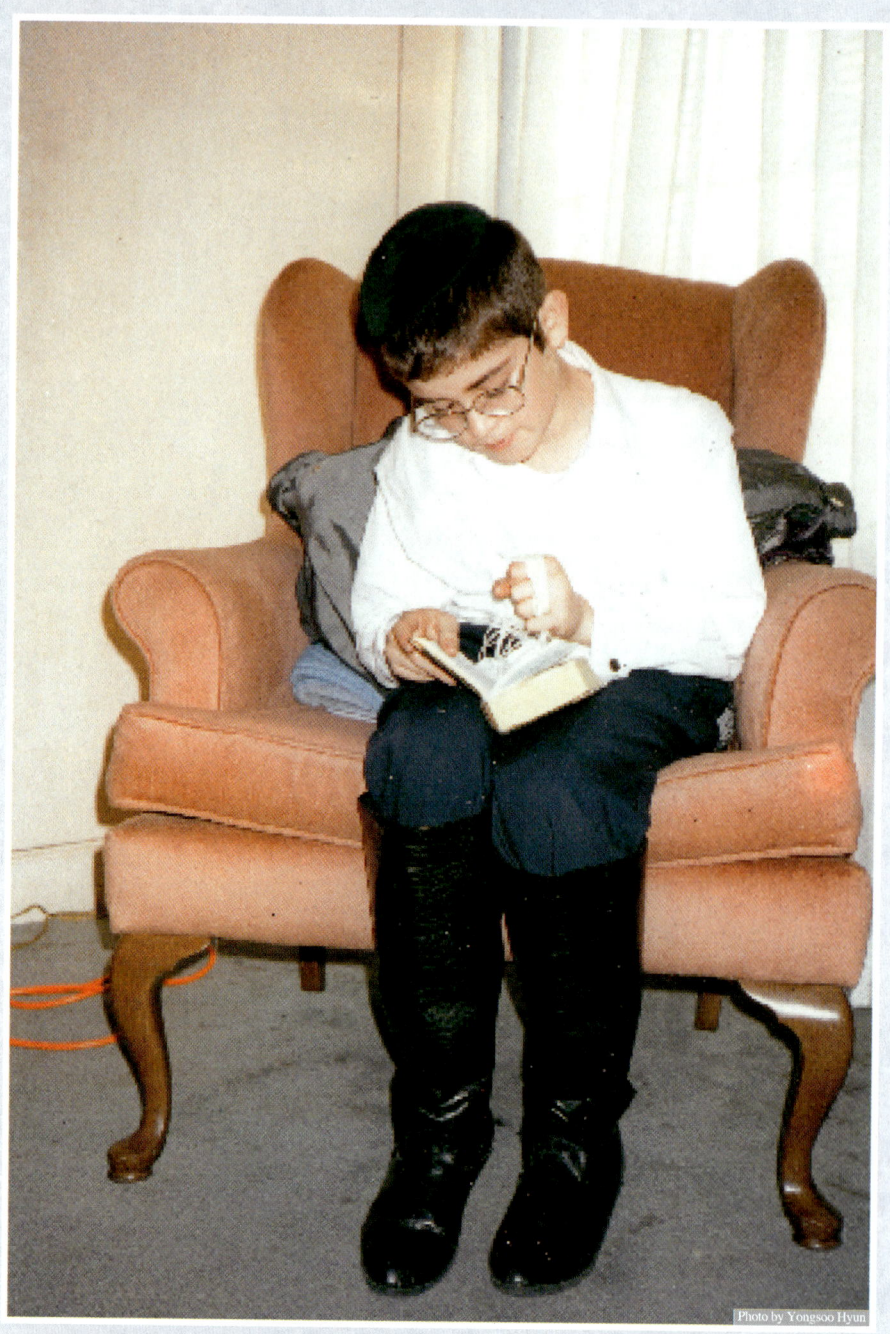

아침에 기도책을 보면서 기도하는 정통파 유대인 소년. 성년식(13세 때 치름)을 치르지 않은 어린 소년은 경문을 이마나 팔에 매지 않는다. 왼손에 감은 술은 613개의 율법을 상징하는 '찌찌'이다.

밤에 성경과 탈무드를 가르치는 유대인 아버지는 신본주의 사상을 자녀에게 전수하는 교사이다. 유대인의 사상과 IQ 교육은 아버지 몫이다.

유대인의 탈무드 교육은 어머니가 아니라 아버지와 할아버지 몫이다. 화기애애한 교육 환경은 유대인 가정의 특징이다.

❹ 유대인의 지혜는 성경 교육에서 나온다. 사진은 가정에서 저녁에 아버지가 아들에게 여호와의 율례와 법도, 즉 성경을 가르치는 모습.

❺ 유월절 전날 누룩 태우는 행사에서 유대인 아버지가 자녀들에게 그 이유를 설명하고 있다.

❻ 정통파 유대인은 때로는 둘씩 짝을 지어 서로 질문하며 논쟁식으로 탈무드를 공부한다. 상대방 논리의 허점을 날카롭게 공격한다. 이를 '탈무드식 논쟁'이라고 한다. 그들의 독특한 천재 교육 방법이다. 사진은 탈무드의 집에서 '탈무드식 논쟁'을 벌이며 탈무드를 공부하는 모습.

❼ 탈무드의 집에서 아버지가 아들과 '탈무드식 논쟁'을 벌이며 아들에게 탈무드를 가르치고 있다.

유대인은 자녀들이 스스로 성경을 공부하여 가족들 앞에서 발표하도록 하고 그 발표가 끝난 다음 아버지와 다른 가족이 그 아들에게 계속 질문하는 학습법을 쓰기도 한다. 사진은 유월절날 한 아들이 자신이 준비한 '유월절을 지키는 이유'에 대하여 설명하는 모습.

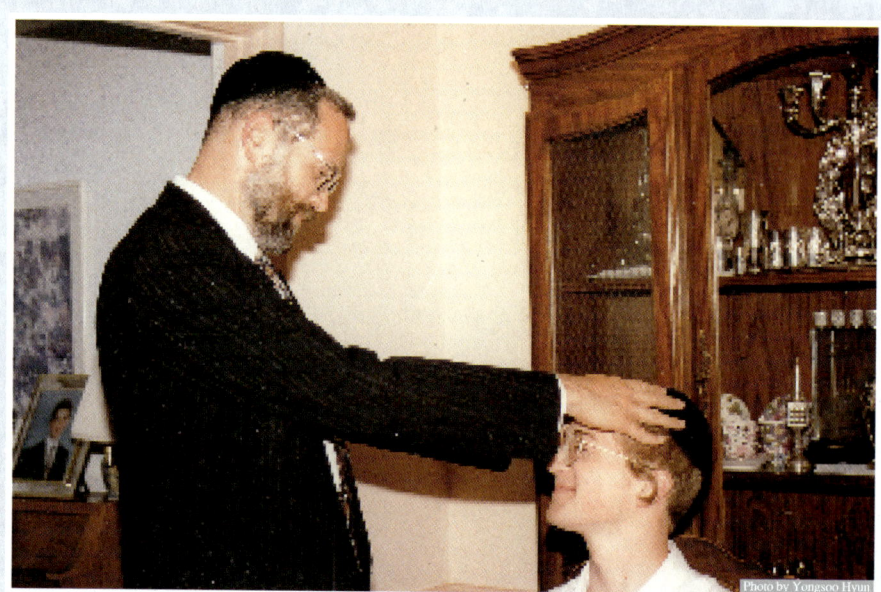

하나님의 축복은 가정의 머리인 아버지를 통하여 자녀에게 내려진다. 유대인 아버지는 안식일 식사 전에 이삭이 야곱에게 야곱이 12아들들에게 축복 기도 해준 것처럼 각 자녀에게 축복 기도를 해준다. 사진은 안식일날 아들에게 축복 기도를 해주는 아버지.

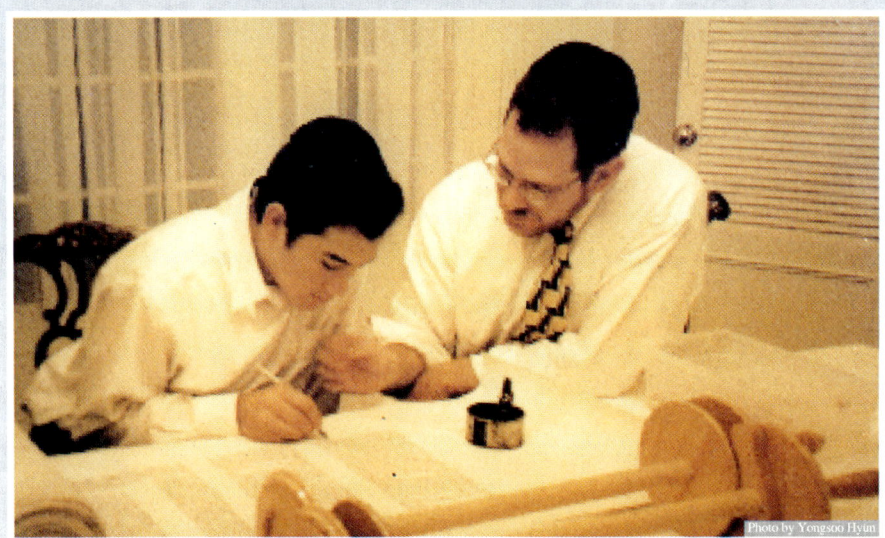

유대인 아버지는 자신의 직업을 자녀에게 전수해 준다. 따라서 자녀는 아버지에게서 토라만 배우는 것이 아니라 아버지의 생업도 전수받는다. 사진은 서기관 아버지가 아들에게 토라 쓰는 법을 가르치는 모습. ⑩

유대인은 가정에서 죄를 멀리하는 성결한 선민 교육을 철저히 시킨다. 사진은 유월절 전날 가정에서 발견한 누룩(빵 종류와 단것들)을 찾아서 불에 태우기 전에 아버지가 자녀에게 그 누룩을 보여 주고 있는 모습. 누룩은 죄를 상징한다. ⑪

⑫ 유대인은 공부나 일을 할 때에는 철저하게 하고 절기 때에는 휴식하며 하나님의 말씀을 듣고 배우고 기도한다. 그리고 즐길 때에는 온 힘을 다하여 마음껏 즐긴다. 사진은 아들의 성년식 축하 파티에서 할아버지·아버지·아들 3대가 손을 잡고 신나게 춤추는 모습.

⑬ 한 성년식 파티에서 성년이 된 아들과 그의 부모를 헹가래하고 온 회중이 음악에 맞추어 춤추는 모습.

⑭ 유대인의 청결 교육은 정결 예식에서 극치를 이룬다. 그들은 주방 기구 및 그릇까지 모두 정결 예식을 치른 후 사용한다. 사진은 유월절 절기에 사용할 은그릇과 주방 기구를 끓는 물에 담그는 정결 예식 장면.

모성애(母性愛)를 상징하는 사랑·정서·눈물(Compassion, EQ)을 뜻하는 히브리 어원은 여성의 '자궁'이다. '자궁'은 아기를 사랑으로 양육하는 기관이다. 따라서 자궁이 있는 모든 여성은 모성애가 강하여 사랑·정서·눈물이 많다. 때문에 EQ는 어머니 몫이다. ⑮

이 책을 우리 주 예수 그리스도와
아버님 없이 5남매를 눈물로 키워 주신
이순례 어머님께 바칩니다.

"마땅히 행할 길을 아이에게 가르치라
그리하면 늙어도 그것을 떠나지 아니하리라"
(잠 22:6)

수정 증보판을 내면서

　<IQ는 아버지, EQ는 어머니 몫이다>에 대한 독자들의 열화 같은 성원에 놀랐다. 하나님의 은혜였다. 수없는 격려 전화와 집회 요청이 쇄도하였다. 이와 함께 전인 교육에 대한 독자들의 질문과 요구가 잇따랐다. 그래서 구약의 유대인 자녀 교육을 신약적으로 다시 해석하고 한국 기독교에 맞도록 적용시키며 대폭 수정, 보완하여 성경적 자녀 교육 원론을 완성하게 되었다.

　더 추가된 내용은 '선교학적 측면에서 본 2세 교육', '수직 문화와 수평 문화의 3단계 차원', '한국인의 EQ와 성숙한 EQ', '사랑의 매', '쉐마와 성도의 의무', '유대인의 천재 교육 방법, 탈무드식 논쟁법', '효도 신학', '교육의 내용과 형식', '예수님의 효도', '토라와 결혼한 유대인', '유대인이 기억해야 할 6가지', '왜 인간에게 고난이 중요한가?' 등 전반적으로 무려 3백 80여 쪽이 첨가되어 총 3권으로 출판하게 되었다.

　끝으로 쉐마 운동을 위해 너무나 헌식적으로 기도해 주시고 사랑을 베풀어 주신 여러분들과 이 책을 출판한 조선일보사에 감사드린다.

　　　　　　　　　　　　　미국 웨스트 로스앤젤레스 쉐마 연구실에서
　　　　　　　　　　　　　　　　　　　　　　　현용수

추천의 말 1

새로운 교육의 패러다임

현용수 교수가 성경적 유대인 자녀 교육에 관한 〈IQ는 아버지, EQ는 어머니 몫이다〉란 책을 펴낸 것을 기뻐하며, 될 수 있는 한 많은 사람들이 꼭 읽고 연구하여 실제 자녀 교육에 적용해 보도록 추천하는 바이다.

본서는 성경적 유대인 자녀 교육을 한민족 자녀 교육의 방법으로 접목시킨 새로운 교육의 패러다임이다. 현용수 교수의 저서를 이와 같이 추천하는 데에는 몇 가지 이유가 있다.

첫째, 내가 한때 총장으로 있던 대학에서 화학공학을 전공하고 미국에 가서 여유있는 삶의 터전을 잡았던 그가 신학을 공부하고 이어서 기독교 교육을 연구했다는 점에서 그의 튼튼한 학문적 기초에 대해서 신뢰감을 갖는다.

둘째, 본서는 문헌 연구나 탐문에서 얻은 지식의 전달이기보다는 유대인들의 교육 현장인 탈무드 학교와 정통파 유대인 가정에서 그들과 같이 생활하면서 그들의 교육을 탐구해 얻은 지식을 토대로 한 책을 만들어 냈다는 점에서 존경이 간다.

셋째, 현대 교육이 발전했다고는 하지만 참으로 인간다운 인간을 길러내는 데는 계속 실패하고 있다는 것은 현대 교육이 대표하는 세속 교육의 한계를 드러내는 것이다. 그러한 효능 없는 세속 교육을 보완해 주거나 혹은 대체할 수 있는 새로운 교육 대안을 찾고 있던 차에 강력한 시사점을 내포하는 유대인의 가정 교육을 종합적으로 정리해서 우리들에게 제시해 준 점에서 현 교수의 이번 저서를 높이 평가하는 바이다.

넷째, 부모를 공경하고 자녀를 노엽게 하지 말아야 하는 가정이 하나님의 법과 축복에서 멀어져만 가고 있는 오늘날, 우리에게 도움을 주는 성공 사례들이 애타게 요구되고 있는데, 현 교수께서 근거를 갖춘 많은 사례들을 제시해 주고 있으니 이 어찌 반갑지 않겠는가?

끝으로 인격 형성을 위한 교육은 학교에서보다는 가정에서, 그리고 사회의 모든 삶의 현장 속에서 이루어진다는 사실을 학교 교육에만 매달리다시피 하는 한국의 부모들에게 이해시키고 그들의 자녀 교육에 대한 시야를 넓히는 기회가 된다는 믿음으로 나는 이 책을 모든 부모와 교사들에게 권하고 싶다.

전 국무총리
이영덕

추천의 말 ||

개혁주의 교육에 공헌할 것

한 민족의 역사는 교육에 의하여 흥하고 망한다. 신약 시대 교회사의 흐름도 기독교 교육의 방향과 그 교육의 내용에 따라 흥하기도 하고 쇠하기도 하였다. 유대인의 성공적인 삶 역시 그들의 교육에 있음은 주지의 사실이다.

그러나 구약 성경과 탈무드에 의한 유대인의 생존과 천재 교육의 비밀은 아직도 우리에게 충분히 알려지지 않았다. 그러던 차에 현용수 교수의 〈IQ는 아버지, EQ는 어머니 몫이다. 부제: 성경적 유대인 자녀 교육〉을 접하게 되었다.

본인이 가까이서 아끼던 현용수 교수는 신학교를 졸업하고 기독교 교육학을 전공한 후 랍비 신학교에서 수학하면서 유대인 자녀 교육을 학문적으로 폭넓고 깊게 연구했을 뿐만 아니라 정통파 유대인의 탈무드 학교와 정통파 유대인 가정에서 그들과 함께 생활하면서 그들의 교육의 비밀을 캐는 데 오랜 세월을 투자하였다. 그리고 교육학적인 측면에서 새롭게 '유대인의 자녀 교육'이란 주제를 학문적으로 정리하였다. 따라서 이 저서는 이론과 실제를 겸한 기독교 교육학의 새로운 패러다임을 구축한 방대한 연구의 결실이다.

본서는 한국인과 유대인의 자녀 교육을 비교 분석하면서 '현재 우리가 당면하고 있는 인간 교육의 문제는 무엇이고, 그 해결책은 무엇이며, 그 교육의 방법은 무엇인가' 란 질문에 대하여 명쾌한 답을 주고 있다. 특히 본서는 천재적인 유대인 자녀 교육 자체가 바로 토라 말씀이고, 말씀 속에 그들의 생존 비밀이 있음을 확인시켜 주고 있다. 저자는 개혁주의 신학이 '오직 성경(Sola Scriptura)' 인 것처럼 기독교 교육도 "성경으로 돌아가라"고 외친다. 따라서 이 저서는 자유주의 신학이 승하는 이 때에 개혁주의 교육에 크게 공헌하리라 믿는다.

나는 개인적으로도 미국 '나성 한인교회' 를 섬길 때 현용수 교수를 초청하여 교육 세미나를 개최해 크게 도전받은 바 있다. 목회자 및 신학생들에게는 물론 일반 평신도들에게도 이 저서를 꼭 권하고 싶다.

총신대학교 총장
김의환

추천의 말 III

유대인의 자녀 교육을 통해
우리 교육 문제의 해결 방법 제시

오늘 우리 사회가 겪고 있는 가치관의 혼돈과 도덕적 무질서는 사회의 기본 단위인 가정의 뿌리가 크게 흔들리는 데서 비롯된다고 해도 과언이 아니다. 전래의 대가족 제도가 무너진 자리에 핵가족화가 박차를 가하면서 가정의 기본 체제가 혼란을 겪고 있다.

특히 세대차로 빚어지는 갈등과 대립은 곧잘 불화와 탈선으로 이어져 사회 문제를 야기시키고 있다. 하나님의 인간 창조가 '가정 창조'라 해도 지나치지 않다는 사실에서 볼 때 오늘의 가정 부재 문화는 곧 하나님의 인간 창조를 무시하는 반역 행위요, 가정 파괴는 곧 하나님의 창조 질서를 해치는 죄악이요, 도전으로 볼 수 있다.

현대 사회가 겪고 있는 가치관의 혼란과 이로 인한 성장 세대들의 탈선을 보면서, 하나님 나라 문화 형성의 대행 기관인 교회와 기독교 가정은 성경 말씀에 기초한 철저한 자녀 교육의 역사적 소명에 응답해야 할 시점에 서 있다.

이러한 시대적 요청과 때를 같이 해서 미국에서 2세 교육에 깊은 관심을 갖고 연구해 오신 현용수 박사가 성경적 유대인 자녀 교육에 관한 책을 출판하게 된 것을 매우 환영한다. '자녀 교육을 어떻게 할 것인가'를 생각하면서 성경적 모델을 찾을 때, 우리는 구약의 쉐마(신 6:4-9)에 기초한 이스라엘 가정의 자녀 교육에 주목하게 된다.

　세계 역사상 최악의 조건에도 불구하고 가장 우수한 민족으로 지탱해 온 그 배후에는 유대인 부모들의 토라와 탈무드에 기초한 신본주의의 절대 가치를 그들 문화의 중심에 두고 철저한 사상 교육을 자녀들에게 행한 부모들의 헌신과 열정이 자리하고 있음을 우리는 본다.

　본서의 저자 현용수 박사는 미국 교포 자녀들의 2세 교육에 특별한 관심을 가지고 유대인의 자녀 교육에 관한 연구를 위해 랍비 신학교와 탈무드 학교에서 다년간 수학했다. 그리고 정통 유대인의 가정에서 생활하면서 얻은 경험과 함께 방대한 자료를 수집해서 신학대학교와 교회들을 순방하면서 유대인의 자녀 교육을 강의한 적도 있고, 지상에 글을 연재하기도 했다.

　저자의 확신은 신앙(사상)이 없는 민족은 일시적으로는 흥할 수 있지만 곧 망하고 만다는 역사적 교훈을 바탕으로 한 것이며, 유대인의 교육 철학 속에 자리한 성경적 자녀 교육 원리가 오늘의 흔들리는 기독교 가정의 자녀 교육의 실제 지침이 될 수 있다는 것이다. 따라서 이 저서의 내용은 한국 교육의 근본 문제를 정확히 지적하고 그 해결 방법을 제시한 책이다.

　부모 되기는 쉬우나 부모 노릇 하기는 참으로 어려운 시대에 살면서 자녀 교육을 어떻게 할까 고민하는 기독교 가정의 부모들에게 이 책은 좋은 지침서가 될 수 있다고 믿고 이에 적극 추천한다.

장로회 신학대학교 신학대학원장
고용수

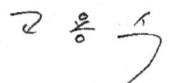

추천의 말 IV

유대인 생존의 비밀을 정확히 지적
토라와 탈무드 가정 교육

많은 학자들이 유대인의 생존의 비밀에 관해 관심을 가져왔습니다. 수천 년의 박해와 유랑에도 불구하고 살아난 유대인의 생존에 관한 학설들은 수없이 많습니다.

현용수 박사가 비유대인으로서 유대인의 생존의 비밀을 정확히 지적한 사실은 의외이며, 이를 축하합니다. 현 박사는 유대인에게는 토라 - 그들의 가장 신성한 율법서 - 에 대한 충성심이 생존의 도구였고, 죄악이 만연하는 바다를 표류하는 동안 성결을 지키게 한 결정체란 것을 확신하고 있습니다. 그는 3천 년 이상을 유대인을 다른 민족과 구별되게 한 교육의 기법, 부모에게서 자녀에게 자자손손 끊어지지 않는 연결 고리로 유대주의의 메시지를 전한 구전의 방법에 주목하고 있습니다. 그는 이러한 방법의 핵심을 빌어 그가 속한 한국 민족이 그들의 전통과 가치를 보존할 수 있는 힘을 찾으려 합니다.

현 박사는 수년 간 정통파 유대인 공동체에서 열심히 연구했습니다. 그는 유대인의 교육 이론을 연구해 왔고, 철저한 관찰을 통하여 실제적인 유대인의 생활 방식을 조사했습니다. 우리는 그가 우리의 로스앤젤레스 예시바의 학자들과 접촉하고 특별히 그의 연구를 지도하기 위하여 탈무드와 유대학 교수인 랍비 이츠학 에들러스테인과 만나게 된 것을 기쁘게 생각합니다.

우리는 그가 지구촌의 많은 사람에게 두 가지, 도덕과 관용을 전파하는 노력에 성공하기를 기원합니다.

로스앤젤레스 예시바 대학교 학장
진실한 랍비 마빈 하이어

ב"ה

yeshiva of los angeles

Rabbi Marvin Hier
Dean

Rabbi Sholom Tendler
Rosh Hayeshiva
Director, Academic Programs

Rabbi Meyer H. May
Executive Director

Rabbi Nachum Sauer
Rosh Kollel

Mr. Paul S. Glasser
Director

Rabbi Yitzchok Adlerstein
Director,
Jewish Studies Institute

Rabbi Harry Greenspan
Coordinator,
Beit Midrash Programs

April 2, 1996

To whom it may concern:

Many scholars have been intrigued by the longevity of the Jewish people. Theories concerning the survival of the Jews despite millennia of persecution and exile fill volumes.

Dr. Yong-Soo Hyun should be congratulated for pointing to a factor that is unusual for a non-Jew to note. Dr. Hyun believes that the faithfulness of the Jews to the Torah - their corpus of Divine Law - conferred upon them the tools for survival, and the resolve to keep holiness afloat in a sea of unholy influences. He is intrigued with the educational technique that has distinguished the Jewish people for over three millennia - the method of oral transmission that passes on the message of Judaism from parent to child, from one generation to the next in an unbroken chain. He is attempting to distill some of these tools in a way that may help his own Korean people find the strength to preserve elements of their tradition and values.

Dr. Hyun has spent a few years of hard research studying the Orthodox Jewish community from the inside. He has studied Jewish educational theory, and investigated practical Jewish lifestyle by thorough observation. We are pleased that he has turned to the scholars associated with our own Yeshiva of Los Angeles, particularly Rabbi Yitzchok Adlerstein, a member of our Talmud and Jewish Studies faculty, for guidance in his research.

We wish him success in his endeavors to spread both morality and tolerance to large populations of the globe.

Sincerely,

Rabbi Marvin Hier
Dean

9760 West Pico Boulevard, Los Angeles, CA 90035/(310) 553-4478

머리말

유대인의 성공적 자녀 교육의 비결은 무엇인가

한국만큼 교육에 열심이면서도 교육에 문제점이 많은 나라도 드물다. 왜 현대 교육은 점점 더 발달하는데 인간은 더 타락하는가? 이는 왜 신학은 점점 더 발달하는데 교회는 더 쇠퇴해 가고 있는가의 질문과 일맥 상통한다.

저자는 이 명제를 풀기 위하여 현대 교육의 근본 문제를 연구하던 차 현대 교육의 철학적, 교육학적, 그리고 신학적인 문제점을 발견하고 그 해결 방안을 유대인의 성경적 자녀 교육에서 발견하였다. 유대인의 성공적인 천재 교육(IQ)과 감성 교육(EQ)의 비밀은 성경과 특수한 전통적인 교육 방법, 그리고 성경적인 삶에 있었다. 현대 교육이 아니었다.

이 책은 구약 성경에 근거한 유대인 자녀 교육의 원리를 소개하고, 개혁주의 기독교의 입장에 적합한 신약을 포함한 성서적인 새로운 기독교 교육의 패러다임을 제시하였다(왜 기독교인이 유대인 자녀 교육을 배워야 하나에 대하여는 제1부 제1장 Ⅱ-3 참조). 그리고 학문적인 면에만 치중하지 않고 실생활에 적용할 수 있도록 썼다. 글의 현장감과 독자의 이해를 돕기 위하여 사진을 곁들인 것은 물론 저자가 겪은 유대인과의 경험들을 많이 소개하였다. 아울러 우리 민족이 해야 할 교육적인 비전도 제시하였다.

또한 저자는 수년 전 한국 교회가 서구 문화를 어떻게 해석하고 한국의 전통 문화와 가치를 어떻게 해석할 것인가에 대한 물음에 답하기 위하여 '한국의 전통 문화와 가치가 인간의 종교성과 영적 만족감에 미치는 영향'을 실험적으로 연구(Empirical Research)한 바 있다(저자의 기독교 교육학 박사 학위 논문: Biola University, Talbot Graduate School of Theology, 1990).

이로써 '왜(Why) 한국 전통 문화와 가치를 가르쳐야 하는가' 하는 이유를 찾았다. 그리고 이를 토대로 〈문화와 종교 교육(쿰란출판사, 1993)〉이란 책을 발간하여 '2세 종교 교육의 방향'을 학문적으로 제시하였다. 따라서 본서는 그 후편으로 '어떻게(How) 1세의 신앙 유산을 세대 차이 없이 후대에 전수할 수 있을까'에 대한 그 방법론이다.

이 책은 다음과 같은 한국의 교육에 관한 제반 문제점들에 초점을 맞추어 쓰여졌다.

첫째, 전인 교육의 측면에서 왜 한국은 국제화하기 힘든가?

둘째, 도덕과 윤리적 측면에서, 현대 교육학은 점점 더 발전하는데 왜 인간은 점점 더 타락하고 있는가? 그리고 어떻게 부모가 자녀에게 존경받을 수 있나?

셋째, 신앙적 측면에서, 왜 교회 성장이 둔화되는가?

넷째, 역사 속에서 살아남은 민족의 특성은 무엇인가?

다섯째, 선교학적 측면에서 '2세 교육'은 왜 '2세 선교'인가?

이에 대한 답을 주기 위해 본서는 전 3권에 걸쳐 제1부: 서론, 제2부: 현대 교육과 유대인 자녀 교육은 무엇이 다른가? 제3부: 유대인의 가정 교육, 제4부: 유대인 자녀 교육의 내용: 토라와 탈무드, 제5부: 유대인의 효도 교육, 제6부: 유대인의 어머니 교육, 제7부: 유대인의 고난의 역사 교육, 제8부: '글을 마치면서'로 구성되어 있다. 본서는 평신도는 물론 각급 학교 교재로도 사용할 수 있도록 일일이 내용의 출처를 밝히고자 노력하였다.

저자는 그 동안 미국과 한국의 극동방송에서 '유대인의 자녀 교육'에 대해 강의한 것과 신학교에서 강의한 강의안을 정리하여 한국의 월간 목회, 국민일보, 목회와 신학, 한국일보(미주판) 등에 연재하면서 10년 간의 연구 끝에 이 책을 완성하게 되었다.

지나고 보니 부족한 점도 많지만 하나님의 섬세하신 계획 속에 부족한 종이 쓰임 받았음을 솔직히 고백하지 않을 수 없다. 독자 여러분에게 도움이 된다면 오직 우리 주 예수 그리스도에게만 감사와 찬송과 영광을 드린다.

이 책을 집필하는 데 있어 많은 정통파 유대인들의 특별한 도움을 받았다. 정통파 탈무드 학교인 Yeshiva University의 학장이시며 Simon Wiesenthal Center 국제 본부장이신 랍비 Heir와 랍비 Cooper 부학장님, 그리고 특별히 저자에게 탈무드를 가르쳐 주고 절기 때마다 자신의 집에 초대하여 탈무드의 삶을 연구하게 도와 준 Yeshiva University의 탈무드 교수인 랍비 Adlerstein 부부와 그 가정에 심심한 사의를 표한다. 또한 서기관 랍비 Kraft 씨 부부, Aish Ha Torah 회당의 랍비 Cohen 씨 가정과 그의 많은 정통파, 핫시딤파 랍비들, 보수파, 개혁파 랍비들 및 유대인 친구들에게 감사한다. 이들의 특별한 도움이 없었으면 저자의 연구는 완성될 수 없었다. 또한 정통파 유대인의 생활 모습을 카메라에 담을 수도 없었다. 또한 Fuller 신학대학원의 Judaism 교수이신 Glasser 박사님에게 특별히 감사한다. 그리고 저자를 물심 양면으로 도와 주신 국내외 많은 교계 어른들과 쉐마기독교 교육연구원 회원들께 감사한다.

    마지막으로 나를 키워 주신 어머님과 형님 내외분께 감사드린다. 지금도 내조를 아끼지 않는 아내 황(현)복희, 그리고 원고 정리 작업을 도와 준 내일의 희망(hope)인 네 아들들 승진(Stephen), 재진(Phillip), 상진(Peter), 호진(Andrew)에게 감사한다.

미국 웨스트 로스앤젤레스 쉐마 연구실에서
현용수

이 책을 쓴 목적은 다음과 같은 교육의 문제점들을 해결하기 위함이다

제1권 제1장에서 다음과 같은 문제점들을 지적하였다.

Ⅰ. 전인 교육 측면에서: 왜 한국은 국제화하기 힘든가?

Ⅱ. 신앙적 측면에서: 왜 교회 성장이 둔화되는가?

Ⅲ. 도덕과 윤리적 측면에서:

현대 교육의 발전에도 불구하고 왜 인간은 더 타락하고 있는가?

그리고 어떻게 부모들이 자녀들에게 존경받을 수 있나?

저자는 이 문제점들을 유대인식 자녀 교육 방법으로
해결할 수 있다고 확신한다.

차례

제2권

수정증보판을 내면서 • 19

추천의 말
이영덕 (전 국무총리) • 20
김의환 (총신대학교 총장) • 22
고용수 (장로회 신학대학교 신학대학원장) • 24
마빈 하이어 (로스앤젤레스 예시바 대학교 학장) • 26

머리말 • 28

제3부 유대인의 가정 교육

제5장 유대인 가정의 아버지 교육

Ⅰ. 서론: 성서적 가정의 구조 • 49
Ⅱ. 아버지는 가정의 교사 • 51
  1. 아버지의 성서적 개념 • 51
  2. '권위' 와 '권위주의' 의 차이점 • 54
  3. 솔로몬의 선생은 아버지 다윗 왕이었다 • 56
  4. 저자의 부끄러운 깨달음과 가정의 변화 • 61
     A. 자녀들에 대한 부끄러운 실수 • 61

B. 아내에 대한 부끄러운 실수 • 64
Ⅲ. 유대인 아버지의 종교 교육 • 67
   1. 유대인은 언제 자녀에게 성경을 가르치나 • 67
      A. 식사 시간은 성경 공부 시간 • 67
      B. 철저한 식탁 예절 교육 • 70
   2. 유대인 아버지 코헨 씨의 천재(IQ) 교육 방법 • 73
      A. 성경 공부의 때와 자세 • 73
      B. 귀납법적 성경 공부 방법: IQ 계발 방법 • 76
      C. 수준 낮은 질문에서 수준 높은 질문으로 • 78
      D. 유대인 아버지의 자애로운 성경 교육 분위기 • 80
        1) 유대인 아버지는 지혜로 가르친다 • 80
        2) 권위주의적 성경 공부의 단점 • 82
      E. 사랑의 매란 무엇인가 • 86
        1) 사랑의 매의 성서적 배경 • 86
        2) 효과적인 사랑의 매란 • 87
Ⅳ. 선생으로서의 부모의 역할 • 91
   1. 교육 목회의 모델: 부모가 먼저 변한다 • 91
   2. 유대인의 평생 교육 • 94
   3. 유대인은 나이 많은 교사를 원한다 • 96
Ⅴ. 결론: 아버지가 자녀를 직접 가르칠 경우 얻는 다섯 가지 유익함 • 99

제4부 유대인 자녀교육의 내용은 토라와 탈무드

제1장 토라와 탈무드
Ⅰ. 서론: '선한 도리'의 뜻 • 105
Ⅱ. 토라와 탈무드 • 108
   1. 토라란 무엇인가 • 108

2. 성경 교육과 탈무드의 역사 • 109
　　　　A. 유대인의 신앙 생활: 성전 중심에서 말씀 중심으로의 변천 과정 • 109
　　　　B. 탈무드의 태동과 내용 • 112
　　3. 탈무드 논쟁법(IQ 계발 교육) • 116
　　　　A. 토론식 탈무드 공부 • 116
　　　　B. 탈무드식 논쟁법(The Talmudic Debate) • 118
Ⅲ. 유대인의 토라와 법 사상 • 121
　　1. 유대인의 언약 사상은 계약 사상이다 • 121
　　2. 교육학적인 측면에서 본 유대인의 법 사상 교육 • 124
　　3. 한국인과 유대인의 법 사상 비교 • 126
　　4. 유대교와 기독교의 구원과 성화는 어떻게 다른가 • 130
Ⅳ. 유대인의 성경관과 대인 기질 • 132
　　1. 우주를 품는 성경관 • 132
　　2. 성경의 지혜 문학과 유대인 • 135

제2장 유대인의 지혜 교육

Ⅰ. 유대인은 교육에 민족의 사활을 건다 • 138
　　1. 랍비 아키바(Rabban Akiva)의 일화 • 139
　　2. 랍비 요하난 벤 자카이(Rabban Johanan ben Zakkai)의 일화 • 140
　　3. 유대인은 평생 배움을 사랑한다 • 143
Ⅱ. 지혜는 칼보다 강하다 • 146
　　1. 지식과 지혜의 차이 • 146
　　2. 유대인은 왜 지혜를 강조하나 • 149
　　3. '남을 이기라'가 아니고 '남과 다르게 돼라' • 152
　　4. 지혜로 남의 땅을 향유하는 유대인 • 154
　　5. 유대인은 위험과 대항해 싸우지 않고 피한다 • 158
Ⅲ. 까다로운 가정 교육은 자기 훈련이다 • 159
Ⅳ. 유대인의 공동체 의식 • 163
　　1. 모든 유대인은 서로 사랑해야 할 한몸이다 • 163
　　　　A. 유대인 하나가 고통을 당하면 모든 유대인이 아프다 • 163

　　　　B. 비드온 슈바임(Pidyon Shevuyim) 자금 • 166
　　2. 개인과 공동체의 상관 관계 • 168
　　　　A. 유대인은 공동체와 운명을 같이한다 • 168
　　　　B. 실례: 유대인은 동족을 위한 정보 제공자 • 171

제3장 유대인 부모의 직업 전수 교육
Ⅰ. 아들에게 직업 기술을 안 가르치면 강도로 키우는 것과 같다 • 174
　　1. 유대인의 토라 말씀과 생업 • 174
　　2. 아버지의 회사에서 청소부로 일하는 유대인 • 176
Ⅱ. 유대인의 직업 의식 • 178
　　1. 공동체를 위한 직업에는 귀천이 없다 • 178
　　2. 유대인의 교육의 목적과 직업 의식 • 181
Ⅲ. 유대인의 독립심 교육 • 183
　　1. 유대인 유학생의 예 • 183
　　2. 신문팔이 한 저자의 아들 • 184
Ⅳ. 아버지의 직장에서 함께 일할 경우 얻는 유익 • 186
　　1. 부모의 종교적 삶의 철학을 배울 수 있다 • 186
　　2. 4·29 폭동에서 나타난 한인 자녀 교육의 허점 • 187

제4장 요약

제5부 유대인의 효도 교육

제1장 성경적 효도 교육이란 무엇인가
Ⅰ. 왜 기독교에 효도 교육이 필요한가 • 195
Ⅱ. 효·효도·기독교의 효·효신학(孝神學)·효학(孝學)의 정의 • 197
Ⅲ. 효의 대상 • 203

1. 효의 대상: 영혼의 스승적 측면 • 203
2. 효의 대상: 혈통적 측면 • 205

제2장 부모를 공경해야 하는 이유

I. '선한 도리'의 내용 • 207
  1. 선한 도리와 십계명 • 207
  2. 선한 도리와 제5계명, '부모 공경' • 209

II. 제5계명의 의미: 윤리적 측면과 구원론적 측면 • 212
  1. 부모를 저주하면 죽여라 • 212
  2. 효와 윤리 • 214
    A. 부모에게 받은 생명의 가치: 하나님의 형상을 닮음 • 214
    B. 십계명의 생명 사랑 정신과 효 • 218
    C. 부모의 키워 주신 은혜에 보답 • 221
      1) 짐승과 인간의 차이 • 221
      2) 부모 공경에는 보은(報恩)의 의미가 있다 • 222
  3. 효와 영혼 구원 • 225
    A. 부모는 자녀에게 말씀 전수의 사명자 • 225
    B. 왜 부모 공경이 말씀 전수에 꼭 필요한가 • 228
    C. 부모와 제5계명의 연결 고리의 차이점 • 232
      1) 부모는 과거와 미래를 잇는 연결 고리 • 232
      2) 제5계명은 십계명의 두 돌판, 하나님과 인간을 잇는 연결 고리 • 233
  4. 유대인은 인간의 가치를 어떤 기준으로 평가하는가 • 235
  5. '부모 공경'은 왜 '약속 있는 첫 계명'인가 • 236

제3장 부모의 권위와 축복권

I. 아버지의 '축복권'을 사용하라 • 238
  1. 서론: 유대인 자녀는 얼마나 순종을 잘 하나? • 238
  2. 유대인 아버지의 축복 기도 • 240
    A. 하나님은 머리를 통하여 축복하신다 • 240
    B. 이삭의 축복 기도 • 241

　　　　C. 야곱의 축복 기도 • 243
　　　　D. 요셉이 깨달은 축복의 비밀 • 243
　　　　E. 가정에서의 적용 • 246
　Ⅱ. 부모로서의 노아의 권위 • 249
　　　1. 노아가 포도주에 취한 사건과 세 아들 • 249
　　　2. 노아의 포도주 사건: 유대인의 해석 • 250
　　　　A. 부모의 수치를 조롱함은 하나님을 조롱함이다 • 250
　　　　B. 한국인 2세는 1세의 허물을 덮어 주어야 한다 • 251
　　　　C. 유대인 2세는 1세를 공경한다 • 253

제4장 부모 공경 방법

　Ⅰ. 부모에게 예(禮)를 행하라 • 256
　　　1. 교육에는 교육의 '내용(contents)'과 '형식(forms)'이 있다 • 256
　　　　A. 인(仁)과 예(禮), 사랑과 율법 • 256
　　　　B. 이면과 표면, 마음의 할례와 육신의 할례: 바울의 예 • 260
　　　2. 부모 경외와 공경의 차이 • 262
　　　3. 한국인의 예(禮) • 265
　Ⅱ. 자녀가 하나님을 기쁘게 해드리는 방법 • 267
　　　1. 효도 교육은 종교적 책임 • 267
　　　2. 하나님을 기쁘게 해드리는 방법: 부모를 기쁘게 해드려라 • 269
　　　3. 자녀는 부모를 위하여 기도하라 • 272
　Ⅲ. 부모의 노후를 보살피라 • 277
　　　1. 부모를 모시고 살아라 • 277
　　　2. 예수님의 십자가에서의 효도 • 278
　　　3. 부모에게 물질을 드리라: 저자의 부끄러운 깨달음 • 281
　　　4. 부모 경외와 공경 없으면 효(孝) 아닌 부양(扶養) • 284

제5장 자녀에게 부모 공경을 가르침으로써 얻는 유익

Ⅰ. 부모에게 최고의 노후 대책이다 • 286
Ⅱ. 부모 공경을 통하여 하나님 공경을 배운다 • 288
Ⅲ. 자녀가 하나님의 축복을 받게 하기 위해서이다 • 290
   1. '장수의 복'과 '땅의 복'을 받는다 • 290
   2. 복된 가정을 위하여 딸 가진 부모를 교육시켜라 • 292
   3. 어느 엘리트 노부부의 이기주의 • 294
Ⅳ. 유대인의 효도 교육은 사회 진출의 지름길 • 297
   1. 사회 진출의 필수 조건 • 297
   2. 개인주의와 결혼 기피 현상 • 300
Ⅴ. 말씀 전파의 측면에서 본 성령 운동과 효도 교육의 차이점 • 303

제6장 효도 교육의 결론

Ⅰ. 효도 교육의 요약 • 305
Ⅱ. 허망한 자식 농사의 꿈에서 깨시오 • 307

제6부 유대인의 어머니 교육

제1장 성경적 효도 교육이란 무엇인가

Ⅰ. 어머니는 얼마나 중요한가 • 313
Ⅱ. 성서적 가정의 구조 • 315

제2장 하나님의 역사 주관 방법

Ⅰ. 남성은 역사를, 여성은 남성을 주관한다 • 318
Ⅱ. 성서에 나타난 부덕한 여인의 예 • 322
   1. 아담의 부인 하와 • 322

    2. 솔로몬의 아내들 • 323
Ⅲ. 성서에 나타난 현숙한 어머니의 예 • 325
    1. 모세의 어머니 요게벳 • 325
    2. 사무엘의 어머니 한나 • 327
    3. 예수님의 어머니 마리아 • 330

제3장 어머니가 유대인이어야 유대인이다

Ⅰ. 서론 • 331
    1. 샤리트 사건 • 331
    2. 그녀의 말을 들으라 • 334
Ⅱ. 선민은 어머니에 의하여 결정된다 • 335
    1. 아브라함과 사라의 예 • 335
    2. 이삭과 리브가의 예 • 338
        A. 리브가가 선택한 야곱의 축복 • 338
        B. 리브가와 예수의 중보의 역할 비교 • 340
Ⅲ. 어머니는 신앙의 전수자 • 343
    1. 조직신학적인 견해: 이성과 신앙; 아버지와 어머니의 역할 • 343
    2. 성서신학적인 견해 • 345
    3. 심리학적인 견해 • 348

제4장 어머니의 본질

Ⅰ. 어머니는 사랑의 상징이다 • 350
    1. 자녀를 양육하기 위한 어머니의 필수 요소 • 350
    2. 모성애(母性愛)의 히브리 어원: 자궁의 역할 • 352
    3. 어머니의 사랑의 위력 • 356
Ⅱ. 남성은 여성을 여성답게 한다: 참여성이 되는 세 가지 단계 • 359
    1. 여성은 남성과 결혼하라 • 359
        A. 구약의 결혼: 결혼한 사람이 진정한 '사람'이다 • 359
        B. 신약의 영적 해석: 그리스도와 결혼한 성도가 진정한 '사람'이다 • 361
        C. 토라(하나님의 말씀)와 결혼한 유대 민족 • 362

2. 여성은 어머니가 돼라: 남편의 육체적 사랑의 열매 • 365
   3. 남편은 아내를 사랑하라: 자녀 교육의 시작 • 367
      A. 아내 사랑은 여성의 사랑의 샘을 터지게 한다 • 367
      B. 유대인 남편의 아내 사랑 • 369
         1) 아내를 네 자신보다 더 존중히 여기라 • 369
         2) 아내에게 바치는 시 • 372

참고 자료(References) • 375

제1권의 내용입니다

제1부

서론

제1장 한국 자녀 교육의 문제점과
　　　유대인식 자녀 교육의 필요성
제2장 유대인은 누구인가
제3장 유대인의 선민 교육

제2부

현대교육과 유대인 자녀 교육은 무엇이 다른가?

제1장 세대 차이는 기독교 교육의 적이다
제2장 수직 문화와 수평 문화

제3장 현대 교육과 유대인 자녀 교육의 차이점
제4장 참인간 교육의 순서
제5장 성공 요인: IQ보다 EQ(감성 지수)가 더 중요하다
제6장 결론: 우리는 한국 민족 교육을 위하여 무엇을 해야 하나

제3부

유대인의 가정 교육

제1장 서론
제2장 유대인 자녀의 개념
제3장 유대인 부모의 의무
제4장 유대인의 교육 장소

제3권의 내용입니다

제6부

유대인의 어머니 교육

제5장 어머니는 자녀 정서(EQ) 교육의 원천이다
제6장 어머니의 자산은 눈물이다
제7장 유대인 어머니의 교육학적 임무

제7부

유대인의 고난의 역사교육
(Education of Historical Tragedies)

제1장 서론
제2장 유대인의 고난의 역사

제3장 유대인은 왜 고난의 역사를 교육시키나
제4장 유대인의 고난의 역사 교육 방법
제5장 왜 인간에게 고난이 중요한가

제8부
글을 마치면서

서론
제1장 율법에 대한 바른 이해
제2장 유대인과 한국인의 유사점
제3장 결론

제3부

유대인의 가정 교육

제2권은
제1권 제3부 '유대인의 가정 교육' 중
제4장 '유대인의 교육 장소'에 이어
제5장 '유대인 가정의 아버지 교육' 부터 시작합니다

제5장

유대인 가정의 아버지 교육

Ⅰ. 서론: 성서적 가정의 구조

현재 미국의 가장 큰 문제 중 하나는 결손 가정이 많다는 점이다. 연방 센서스국의 발표(1991년)에 의하면, 친부모와 사는 미성년자는 백인의 경우 56.4%이고 흑인은 25.9%밖에 안 된다. 히스패닉계(Hispanic:라틴 아메리카계) 어린이들의 경우는 37.8%이다. 그리고 자녀들이 누가 아버지인 줄을 모르고 사는 경우도 허다하다(한국일보, <u>친부모와 사는 미성년자, 백인 56.4%, 흑인 25.9%</u>, 1994년 8월 30일, 미주판).

결손 가정은 건강하지 못하다. 왜냐 하면 친아버지 친어머니의 애정과 교육이 자녀에게 직접 미치지 못하기 때문이다. 건강하지 못한 가정이 많을수록 그 사회는 건강할 수가 없다.

왜 자녀는 부모를 잘 만나야 하는가? 한국인들은 일반적으로 부모를 잘 것만나면 이 땅에서 고생하지 않고 잘 먹고 잘 입고 학교에 잘 다닐 수 있다고 생각한다. 그러나 유대인의 생각은 다르다. 유대인 부모들에게는 자녀들에게 좋은 음식과 좋은 옷을 입히는 것보다 더 중요한 이 있다. 그것은 자신들이 조상 대대로 전수받은 신앙의 유산을 어떻게 자녀들에게 전수하느냐 하는 책임감이다. 따라서 유대인에게 좋은 부모란 육적인 만족을 주는 부모라기보다는 신본주의 사상, 즉 토라를 자녀에게 가르치는 부모를 말한다.

성서적 가정을 구조적인 면에서 고찰하면 아버지는 사상, 힘, 권위의 상징이며, 어머니는 사랑, 정서, 동정(눈물)의 상징이다. 그리고 자녀는 희망의 상징이다(잠 19:18). 온전한 가정은 아버지, 어머니, 그리고 자녀가 하나를 이루어야 한다. 가정을 통하여 하나님의 소원이 이루어지기 때문이다. 아버지는 자녀에게 토라 사상을 전수한다. 제자는 선생을 닮기 때문이다. 유대인은 지혜롭기 때문에 희망이 있는 곳에 모든 것을 투자한다. 따라서 그들은 자녀에게 모든 것을 투자한다.

유대인의 국가(國歌) 제목도 '희망(Hope)'이다. 메시아적인 믿음이 있는 민족은 항상 희망이 있다. 유대인의 희망, 즉 메시아 사상은 절망과 고난 가

성서적 가정의 구조

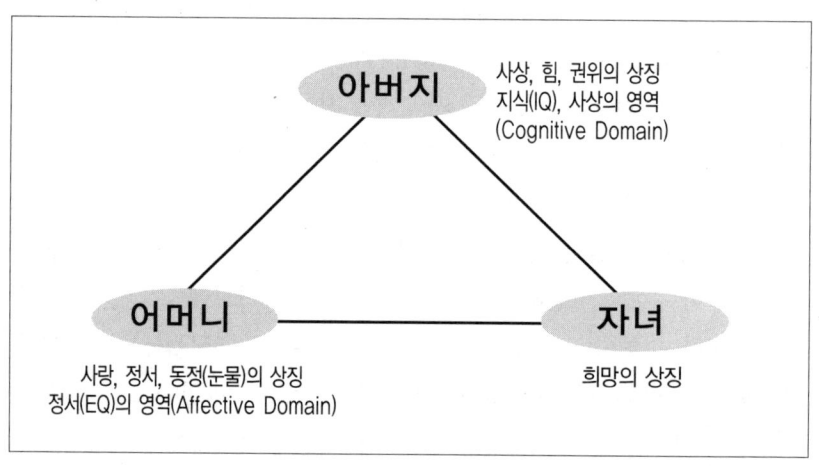

성서적 가정은 아버지와 어머니 그리고 자녀로 구성되어 있다. 그리고 하나님께서 각자에게 주신 역할을 협력하여 하나님의 소원을 이루어 드릴 수 있다.

운데 처해 있던 그들을 항상 승리로 이끈 원동력이었다. 이것은 기독교인이 다시 오실 예수님을 기다리며 현재의 어떠한 고난에도 희망을 갖는 것과 같다.

II. 아버지는 가정의 교사

1. 아버지의 성서적 개념

유대인 자녀 교육에서는 구체적으로 누가 가장 중요한 교사인가? 흔히 어머니로 알고 있지만 그렇지가 않다. 물론 유대인 자녀 교육에서 어머니도 매우 중요하다(유대인의 어머니 교육 참조). 그러나 일차적인 선생의 의무는 아버지 몫이다. 아버지는 그 가정의 제사장이며, 교사(Stalnaker, 1977, p. 38)이다. 특히 탈무드에 의하면, 유대인의 토라 교육은 남성이 맡는다(Fuchs, 1985a, p. 148). 따라서 유대인 자녀들은 자신의 아버지를 아버지인 동시에 선생님으로 모신다. 그리고 그들은 자신의 아버지를 '우리 아버지인 선생님'으로 부르고 있다(Donin, 1977, p. 77; Shilo, 1993, p. 101).

히브리어로 '아버지'를 '아바(אַבָּא)'라 한다. '아바'는 히브리어의 알파벳 중 첫 자음과 두 번째 자음으로 형성된 단어이다. 이것은 아버지가 자녀의 올바른 성장을 위하여 얼마나 필요하고 기본적인 역할을 하는지를 말해 준다(Lamm, 1993, p. 146).

가정에서 아버지의 중요성을 설명하기 위해서는 우선 성서적인 입장에서 '아버지'란 단어가 의미하는 네 가지 뜻을 살펴보아야 한다. 아버지란 히브리어 단어는 가족 관계에서 사용되지만, 그 사역면에서는 네 가지 뜻을 갖고 있다. 첫째, 공급자(Supplier), 둘째, 보호자(Protector), 셋째, 인도자(Guider), 넷째, 교육하는 자 혹은 훈계하는 자(Instructor)이다(Brown, Driver & Briggs, 1979; Rashi, 1996, Vol. V. p. 81).

이 말은 성서적으로 가정의 아버지는 자녀에게 네 가지 사역을 감당해야 할 의무가 있다는 뜻이다. 즉, 성서적인 가정의 아버지가 자녀에게 행해야 할 네 가지 사역이란 자녀에게 일용할 양식을 공급하고, 자녀를 외부의 위험으로부터 보호해 주고, 자녀를 좋은 곳으로 인도해 주며, 자녀를 하나님의 형상을 닮도록 교육하여야 한다.

이는 우리가 흔히 하나님을 아버지라고 부를 때의 개념과 동일하다. 즉 가정에서 자녀들의 '아버지'와 신령한 교회에서 성도들이 부르는 '하나님 아버지'는 아버지의 사역적인 면에서 동일하다(Botterweck & Ringgren,

유대인의 아버지는 가정에서 대단한 권위를 갖고 있다. 아버지는 사상, 힘, 권위의 상징이다. 사진은 유월절 절기를 인도하는 유대인 가정의 가장 랍비 에들러스테인 씨가 유월절에 대하여 설명하고 있는 모습. 온 가족은 그의 지도하에 움직인다.

1975; Brown, 1975; Vine, 1985). 하나님 아버지는 우리에게 일용할 양식을 공급하시는 '공급자'이시고, 우리를 적의 위험에서 보호해 주시는 '보호자'가 되시며, 푸른 초장으로 인도해 주시는 '인도자(목자)'가 되신다. 그리고 하나님의 형상을 닮도록 교육하시는 '교육자'이시다. 즉, 가정의 아버지나, 하나님 아버지나 아버지는 모두 가르치시는 '교육자'란 뜻을 가지고 있다.

한 걸음 더 나아가 아버지는 어머니와 함께 자녀를 가르친다. 따라서 부모는 가정의 교사이다. 부모가 가정의 교사라는 개념은 히브리 단어에서도 잘 나타난다. 히브리어로 '교사들'을 '모림(מורים)'이라 하고, '부모들'

을 '호림(הוֹרִים)' 이라고 한다.

'선생'과 '부모'라는 단어는 똑같은 히브리어 어원을 갖고 있다. 이것은 또한 유대인의 성경인 '토라(תּוֹרָה)'란 단어의 뿌리이기도 하다.

이 단어들의 뿌리는 두 가지 뜻을 갖고 있다. 첫째는 가르치는 것이고, 둘째는 쏘는 것이다. 즉, 화살을 목표물에 조정하여 쏘는 것이다. 이 말은 우리의 부모와 선생은 모두 우리를 가르치려고 노력하고, 옳은 목표를 정하여 인도하는 역할을 한다는 뜻이다. 옳은 목표란 가장 건강하고, 가장 생산적이고, 가장 가치 있는 삶을 말한다(Lamm, 1993, pp. 118-119). 즉, 하나님의 형상을 닮도록 가르치는 성경적 자녀 교육을 말한다.

2. '권위'와 '권위주의'의 차이점

한국은 이제 가정이나 학교나 사회에서 마땅히 있어야 할 권위가 실종됨으로 말미암아 엄청난 혼돈 속에 있다. 가정에서는 부모의 권위가, 학교에서는 선생의 권위가, 사회에서는 상사의 권위가, 군대에서는 상관의 권위가, 나라에서는 대통령의 권위가 위기를 맞고 있다(중앙일보, '뒤집힌 윤리' 꼬리 물어, 1994년 11월 2일).

아버지는 가정에서 가장이다. 가장은 교사로서 권위가 있어야 한다. 그리고 사상과 힘이 있어야 한다. 유대인의 가정에서는 아버지의 권위를 절대시한다. 모든 일을 가족끼리 의논은 하지만 최종 결정은 아버지가 내린다. 그들은 아버지의 권위가 자녀들을 정신적으로 조리 있는 인간으로 성장시키는 중요한 요인으로 믿는다(Shilo, 1993, pp. 45-46).

가정에서 권위 있는 아버지가 되기 위해서는 아버지 스스로가 투철한 신본주의 사상을 갖고 있어야 하고, 매사에 가족을 보호할 수 있는 힘을 길러야 한다. 이것은 권위 있는 아버지의 의무이다. 가정에서의 아버지는 단지 돈만 벌어들이는 일벌레가 아님을 명심해야 한다.

전통적인 한국 가정에서의 아버지 역할도 유대인 아버지의 역할과 비슷했다. 그러나 아버지의 '권위'가 가정에서 점점 사라지면서 가정의 질서가 파괴되고 있다. 그 결과는 도덕과 윤리의 파괴이다. 가정에서의 아버지의 '권위'는 어머니가 세워 준다는 사실을 명심해야 한다. 즉 남편의 '권위'는 아내가 세워 주어야 한다. 아내가 남편의 권위를 무시하면 자녀들도 아버지의 권위를 무시한다.

여기에서 우리가 한 가지 짚고 넘어가야 할 문제가 있다. 흔히 한국인 가정에서 논쟁이 되는 초점은 남성의 '권위주의적 사고 방식'이다. 이것 때문에 아내와 자녀들이 아픔을 겪는 수가 종종 있다. 이는 남성이 자신에게 속한 '권위'를 남용하는 데서 오는 해독이다.

그렇다면 '권위'와 '권위주의'는 무엇이 다른가? '권위' 자체는 하나님께서 주신 좋은 선물이다(롬 13:1-2). 즉, 모든 '권위'의 출처는 하나님이시다. 따라서 남편이 소유하고 있는 권위는 하나님에게서 부여받은 신성한 것이다. 그러나 '권위주의'는 '권위'와 다르다. '권위주의'는 하나님에게서 부여받은 권위를 자신의 사욕을 위하여 남용하는 것이다.

예를 들어, 아버지가 하나님께서 주신 권위로 술에 취하여 아내와 자녀들을 폭행한다면 이것은 권위의 남용이다. 따라서 '권위' 자체가 나쁜 것이 아니고 그 '권위'를 잘못 남용하는 '권위주의'가 나쁜 것이다. 그러므로 가장은 하나님으로부터 부여받은 권위를 아내와 자녀를 사랑하는 데 사용하여 하나님께 영광을 돌려야 한다.

자녀들이 가정에서 아버지의 권위를 인정하고 권위에 순종하는 훈련을 받는 것은 대단히 중요하다. 이렇게 훈련받은 자녀들은 하나님의 권위도 쉽게 인정하고 순종한다. 그리고 한 걸음 더 나아가 학교나 사회에 나아가서도 윗사람의 권위를 인정하고 순종한다. 이것이 자신이 속해 있는 단체의 질서에 순응하며 적응하는 원만한 인간 관계의 가장 중요한 요소이다.

현재 한국에 만연하고 있는 문제는, 오랫동안 가정이나 정부나 사회에서 지탄의 대상으로 여겨 오던 '권위주의'를 타파하는 동안 '권위' 자체도 함께 타파했다는 사실이다. 따라서 현재 한국에는 '권위'가 실종 상태에 있다. '권위'와 '권위주의'를 구별하지 못한 무지의 소치이다.

이제 우리는 가정이나 정부나 사회에 마땅히 있어야 할 '권위'를 되찾아 질서를 회복하고, 쓰러진 도덕과 윤리를 바로 세워야 한다. 이를 위하여 성경을 믿는 우리 기독교인이 먼저 나서야 한다. 왜냐 하면 하나님이 이를 원하시기 때문이다.

3. 솔로몬의 선생은 아버지 다윗 왕이었다

구약 성경에서 유대인 가정에서의 선생은 누구인가? 유대인 가정의 선생은 자녀에게 토라를 가르친다. 토라를 가르치는 선생은 어머니가 아니고 아버지(Stalnaker, 1977, p. 37)이다. 구약의 개념으로는 여성은 토라를 만질 수 없다. 남성만이 토라를 만질 수 있다. 지금도 정통파 유대인 회당에서 예배시나 기도회 때에 두루마리 성경을 만지는 사람은 모두 남성이다.

가정에서의 제사장은 아버지이다. 아버지는 사상의 상징으로 자신의 사상을 자녀에게 심어 주어야 하는데, 유대인 아버지의 사상은 토라 사상,

즉 성경 사상이다. 이것은 신본주의 사상이다. 다윗 왕의 아들 솔로몬이 쓴 잠언 4장 1절에서 8절까지의 말씀을 보자.

> 1. 아들들아, 아비의 훈계를 들으며 명철을 얻기에 주의하라. 2. 내가 선한 도리를 너희에게 전하노니 내 법을 떠나지 말라. 3. 나도 내 아버지에게 아들이었었으며, 내 어머니 보기에 유약한 외아들이었었노라. 4. 아버지가 내게 가르쳐 이르기를 내 말을 네 마음에 두라. 내 명령을 지키라. 그리하면 살리라. 5. 지혜를 얻으며 명철을 얻으라. 내 입의 말을 잊지 말며 어기지 말라. 6. 지혜를 버리지 말라. 그가 너를 보호하리라. 그를 사랑하라. 그가 너를 지키리라. 7. 지혜가 제일이니 지혜를 얻으라. 무릇 너의 얻은 것을 가져 명철을 얻을지니라. 8. 그를 높이라. 그리하면 그가 너를 높이 들리라. 만일 그를 품으면 그가 너를 영화롭게 하리라.

위의 말씀 중에서 잠언 4장 1절에서 4절까지의 말씀을 보자. 1절에 "아들들아, 아비의 훈계를 들으며 명철을 얻기에 주의하라"는 말씀과 2절의 "내가 선한 도리를 너희에게 전하노니 내 법을 떠나지 말라", 그리고 4절의 "아버지가 내게 가르쳐 이르기를 내 말을 네 마음에 두라. 내 명령을 지키라. 그리하면 살리라"고 기록되어 있다.

이 말씀들의 공통점은 모두 아버지가 선생이며, 아들이 학생으로 되어 있다. 물론 이 말씀에서의 스승은 솔로몬의 아버지인 다윗 왕이고, 학생은 아들인 솔로몬이다. 이는 바로 솔로몬이 '선한 도리'를 어머니인 밧세바나 다른 제사장이나 족장에게서 배운 것이 아니라 자신의 아버지인 다윗에게서 배웠다는 것을 의미한다.

유대인 가정의 사상적 선생은 아버지이다. 유대인 아버지는 자녀가 많을지라도 한 사람씩 개인적으로 성경과 탈무드를 가르친다. 사진은 핫시딤 정통파 유대인이 밤에 아들에게 성경과 탈무드를 가르치는 모습. 옆에 있는 두 동생이 이를 지켜보고 있다.

유대인은 야외 종교 행사에서도 꼭 아버지가 아들에게 전통과 사상을 전수한다. 사진은 절기의 목적과 방법을 율법을 통하여 가르치는 정통파 유대인 아버지.

유대인 아버지가 유월절 절기 전날 집에서 찾은 누룩(빵 조각)을 태우기 위해 누룩 싼 포장지를 아이가 보는 앞에서 일일이 펴고 있다. 아버지는 2세가 이 전통을 배우고 실천할 수 있도록 가르친다. 어머니는 옆에서 구경만 하고 있다. 사상은 아버지가 전하는 것이다.

유대인은 종교적 절기 행사 때 꼭 3대가 같이 다닌다. 세대 차이 없는 자녀 교육의 비결이다. 사진은 한 가정의 3대가 절기 행사를 치르고 귀가하던 중 저자를 위하여 잠시 포즈를 취한 모습. 바지에 찌찌의 술이 보인다.

제3부 유대인의 가정 교육 59

또한 잠언 4장 1절에서 7절까지의 말씀을 보면 아버지 다윗이 일곱 번이나 솔로몬에게 지혜와 명철을 얻으라고 당부한다. 그 길이 '사는 길'이라고 강조한다. 유대인은 지혜를 성경 중 지혜 문서와 관련하여 여호와의 말씀으로도 해석한다(Birnbaum, 1991). 다시 말하면, 한 가정의 아버지가 죽지 않고 사는 길은 신본주의 사상을 자녀에게 가르쳐야 하는 책임을 완수하는 데 있다. 밥 먹여 주고 옷 입혀 주고 등록금만 내주면 부모 노릇 다 한 것처럼 생각하는 부모와 얼마나 다른가? 제자는 스승을 닮는다. 아버지가 자신의 신앙의 사상을 자녀에게 가르쳐 주지 않고 자신을 닮기를 기대하는 것 자체가 무리 아닌가?

이번에는 유대인의 풍습을 보자. 성경에 나오는 단어들 중에는 상징적인 단어가 있다. 양, 목자, 피, 무화과, 뱀, 포도나무 등이 그 예이다. 유대인의 종교 생활도 많은 부분이 교육적인 뜻을 포함한 상징으로 표현된다. 따라서 그들의 종교 생활을 이해하기 위해서는 그들의 사진이나 비디오를 보는 것이 유익하다. 그러나 그들의 종교 생활에 관한 사진을 구하기란 생각만큼 쉽지 않다. 특히 정통파 유대인에 관한 자료는 많지 않다. 그들에겐 안식일이나 주요 절기 때에 사진이나 비디오를 촬영하는 것이 일로 간주되어 금지되어 있기 때문이다. 따라서 유대인의 절기나 관습에 관해서는 만화나 그림으로 된 교재가 많다.

간혹 유대인에 관한 사진이나 그림을 구해 자세히 보면 아버지와 아들이 머리에 똑같은 동그란 키파를 쓰고 아버지가 아들에게 토라를 가르치는 장면을 볼 수 있다. 이는 유대인의 가정에서 자녀를 가르치는 선생이 아버지임을 말해 준다.

정통파 유대인이었던 사도 요한은 "내가 내 자녀들이 진리 안에서 행한다 함을 듣는 것보다 더한 즐거움이 없도다"(요삼 4)고 고백하였다. 이제

내 자녀들이 진리 안에서 행할 수 있도록 모든 아버지가 성경을 자녀에게 가르치도록 노력하자.

4. 저자의 부끄러운 깨달음과 가정의 변화

A. 자녀들에 대한 부끄러운 실수

이제 독자 여러분의 이해를 돕기 위하여 저자의 부끄러운 경험을 하나 소개해 보겠다. 저자는 오랫동안 평신도 생활을 했다. 하나님의 부름을 늦게 받아 목사가 된 사람이다. 미국에서 엔지니어로 직장도 다니며 틈틈이 사업도 했다. 그리고 교회에서 교회학교 교사로 봉사하며 주중에 틈을 내어 대학생 캠퍼스 선교를 맡아 했었다. 따라서 대부분 집에 들어오면 피곤하여 침대에 누워 쉬곤 하였다.

그 때에 혹시 어린 아들들이 저자의 방으로 들어오면 "피곤하니 할머니하고 놀아라" "엄마하고 놀아라" 하든가 그렇지 않으면 TV를 켜 주며 아이들끼리 보고 놀도록 타이르곤 하였다. 이렇게 저자는 밖에 나가서는 남들에게 좋은 하나님의 말씀을 많이 가르쳐 주면서 정작 내 아들들 가르치기에는 인색한 아버지였다.

어느 날 유대인의 자녀 교육을 연구하면서 정신이 번쩍 들었다. "아하 그렇구나! 하나님이 나에게 맡겨 주신 가장 귀중한 양 떼는 교회나 대학교에 있는 남의 집 학생들이 아니라 바로 우리 집의 귀여운 네 아들들이구나" 하는 것을 깨달았다. "왜 가장 귀한 복음을 가장 가까운 나의 아들들에게 먼저 전하지 않고 남에게 전하는가? 수평적인 이웃 전도보다 수직적인 자

저자는 아내와 자녀들에게 따뜻한 남편, 따뜻한 아버지가 아니었다. 충청도식 권위주의가 많았다. 그러나 유대인 자녀 교육을 연구한 후 나의 잘못을 회개하고 성경적인 아버지로 변하였다. 사진은 저자 내외와 네 아들들(1995년 여름). 모두 고등학생과 대학생이지만 교회에서 성경을 가르치는 AWANA 지도자로 성장했다. 하나님의 은혜이다.

녀 교육이 우선 순위가 아니겠는가?"

저자가 이 귀한 진리를 깨달았을 때는 이미 네 명의 아이들이 중·고등학교에 다닐 때였다. 그러나 깨달은 때가 가장 이른 때라고 하지 않았는가? 저자는 즉시 잘못을 뉘우치고 하나님께 회개 기도를 드렸다. 그리고 곧 문방구에서 칠판을 사고 아들들에게 성경 가르칠 준비를 마쳤다.

저녁에 아들들을 모두 불러 앉혔다. 먼저 아들들에게 "그간 너희들을 잘 가르치지 못한 것을 사과한다"고 솔직히 고백했다. 그리고는 "이제부터 내가 너희들의 육적 아버지뿐 아니라 영적, 사상적 아버지도 되겠다"고 말했다. 하나님의 말씀이 생각났다. "너희는 이 일을 너희 자녀에게 고하고 너희 자녀는 자기 자녀에게 고하고 그 자녀는 후시대에게 전할 것이라"(욜 1:3).

그 후 계속하여 자녀들에게 성경뿐만 아니라 유대인 자녀 교육에 대해서도 가르쳤다. 수직 문화와 수평 문화에 대하여 "너희는 이 세대를 본받지 말고…"라고 가르쳤다. 그리고 저자는 아들들에게 당부하기를 "내가 너희들을 손수 가르친 것처럼 너희들도 이 다음에 장가를 가서 자녀를 낳게 되면 너희들이 손수 그들에게 성경을 가르치고, 그 자녀들에게 이르기를 '할아버지가 말씀하시기를 너희들도 이 다음에 결혼하여 자녀를 낳으면 너희들이 손수 그들을 가르치어 현씨 가문 자손 대대로 주님 다시 오실 때까지 말씀이 전수될 수 있도록 아버지가 자녀를 가르치라' 고 말씀하셨다는 것을 잊지 말고 후대에게 가르쳐라"고 일렀다. 그리하여 우리 현씨의 자손 모두는 천국에서 다 같이 기쁨으로 만나자고 했다.

저자는 나의 자녀들이 나의 신앙을 유산으로 전수받기를 원한다. 혹자는 "자녀들이 예수만 잘 믿으면 되지, 구태여 아버지의 신앙을 본받아야 할 이유가 있겠는가?"라고 물을 수 있다. 얼핏 생각하면 맞는 말 같기도 하다. 그러나 똑같은 예수님을 믿는다 하여도 신앙의 색깔은 서로 다르다. 가령, 장로교와 감리교 그리고 순복음의 신앙의 색깔이 서로 다르듯 개인의 신앙의 색깔도 서로 다르다. 하나님은 여러분의 자녀들이 예수를 믿되 여러분의 신앙의 색깔이 배어 있어 신앙이 세대 차이 없이 전수되기를 원하신다.

저자는 더 늦기 전에 부족한 종에게 이러한 깨달음을 주셔서 나의 아들들을 내 손으로 직접 가르칠 수 있도록 기회를 주신 하나님의 은혜에 너무 감사하였다. 만약 더 늦었다면 나와 나의 아들들 사이에 얼마나 많은 세대 차이가 나겠는가?

그러나 지금도 저자에게는 두 가지 후회가 남아 있다. 하나는 더 일찍 이러한 성경적 자녀 교육을 깨달아 가르치지 못한 것이고, 다른 하나는 우리 아들들을 어릴 때부터 더 깊은 사랑으로 잘 보살펴 주지 못한 점이다.

먼 훗날 우리 아들들이나 독자 여러분의 자녀들이 아버지를 추억할 때, 아버지가 좋은 음식이나 좋은 차를 사 준 추억보다도 "다른 사람을 통해서가 아니라 바로 나의 아버지를 통하여 예수님을 발견했다"는 간증이 나와야 되지 않겠는가? 그리고 자녀에게 물려 주는 아버지의 가장 귀한 유산은 땅의 재산이 아니라 하나님의 말씀과 신본주의 사상이어야 되지 않겠는가?

B. 아내에 대한 부끄러운 실수

저자는 충청도 보수적인 기질이 많은 사람이다. 그리고 남존여비 사상 속에서 자랐다. 따라서 아내를 어떻게 사랑해야 하는지 그 방법을 잘 몰랐다. 이러한 단점은 성경적인 유대인 자녀 교육을 연구한 후 눈에 띄게 드러났다.

하나님이 저자로 하여금 저자의 아내도 다른 시각에서 볼 수 있는 눈을 허락해 주셨다. 교회의 성도들보다 아내를 더 귀하게 여기어 더 잘 해주고 함께 시간을 보내야 된다는 깨달음이다.

전통적인 한국인 남편은 자신의 아내를 너무 등한시하는 경향이 있다. 다른 여성을 만나면 고급 식당에서 가장 좋은 음식으로 대접하면서도 모처럼 아내와 외식을 할 때에는 중국집에 가서 아내가 비싼 것을 시킬까 두려워 먼저 "당신 자장면 먹을래, 우동 먹을래?" 하면서 선수치지는 않는지…. 하나님께서 창조하신 우리 가정이 먼저 거룩하고 아름다운 성소, 즉 천국의 모델이 되어야 하나님에게 부끄럽지 않은 기독교인의 삶이 되지 않겠는가?

　오래 전부터 한국인은 자신의 아내와 자녀를 등한시하고 희생시키는 목사를 훌륭한 성자처럼 존경해 왔다. 물론 자신의 가정만 아는 이기적인 목회자는 곤란하다. 그러나 많은 목회자가 교회 성도님의 가정에는 심방을 열심히 하면서도 자신의 가정은 바쁘다는 핑계로 돌보지 않는다. 이러한 모순된 환경 속에서 그래도 사모는 사명감으로 견딘다 해도, 이를 이해하지 못하는 자녀들은 탈선하기 쉽다. 많은 주의 종들의 자손들이 옆길로 가는 이유가 여기에 있다.

　비단 목사 가정뿐만이 아니다. 한국에서는 남을 가르치는 직업을 가진 교수, 교사들이 남의 자녀는 정성을 다하여 가르치면서도 정작 자신의 자녀를 등한시하는 경우가 많다. 분명히 잘못된 풍습이다.

　더 나아가 한국인 아버지들은 모든 자녀 교육을 아내에게만 짐 지우는데 이런 아버지의 모습은 성경적으로 분명히 잘못된 아버지상이다. 유대인이었던 바울도 예수를 믿으며 가정을 돌보지 않는 자는 불신자보다 더 악한 자(딤전 5:8)라고 말하지 않았는가?

　특히 남자들은 젊어서부터 자녀뿐만 아니라 아내에게도 잘 해주어야 한다. 한국 남성들은 이 부분을 게을리하기 때문에 늙어서 아내에게 구박(?)받는 경우가 많다.

　헨리 포드 병원 연구팀에 의하면, 나이 들수록 남자가 여자보다 빨리 늙는다(중앙일보, <u>나이 들수록 남자 뇌 여자보다 더 축소</u>, 1998년 2월 13일, 미주판). 그리고 부부가 늙으면 자녀들이 용돈도 아버지에게보다는 어머니에게 먼저 가져다 준다. 그 때는 남편이 아내에게 용돈도 타 써야 한다. 따라서 남성이 늙어서 아내의 따뜻한 사랑을 받기 위해서도 아내에게 가슴아픈 한(恨)을 남겨서는 안 된다. 남성이 젊었을 때부터 아내 사랑과 자녀 교육을 잘 시키는 것이 최선의 노후 대책이다.

남성이 꼭 늙어서 아내나 자녀의 덕을 보기 위해서라기보다는 먼저 하나님의 영광을 위해서라도 성경적인 아내 사랑과 자녀 교육은 반드시 필요한 것이다.

저자는 이제 부족하지만 아내에게도 잘 해주려고 노력한다. 나 한 사람이 변함으로 우리 가정은 새로운 모습으로 변하였다. 아내와 자녀들이 모두 긍정적으로 변하였다. 하나님을 위해서, 다른 가족들을 위해서 그리고 본인을 위해서 얼마나 감사한 일인가?

어느 이혼녀의 한 맺힌 고백이 생각난다. 남편의 핍박에 지쳐 판사 앞에서 이혼 판결을 받은 후였다. 재판소 건물을 나서자 이미 법적으로 남이 된 남편이 부드럽게 다가와 정중하게 말했다. "마지막으로 커피 한 잔 대접하고 싶은데요." 그녀는 "이혼 전에 이렇게 따뜻하게 해주었다면 이혼하지 않았을 텐데…" 하면서 눈물을 삼켰다는 것이다. 왜 한국 남자는 결혼 전에

정통파 유대인은 자녀가 많기 때문에 2층 침대를 사용한다. 자상한 아버지 크레프트 씨가 자녀들이 자기 전에 종교적 의무를 다했는지 점검하고 있다.

는 여자에게 잘 대해 주고 자신의 아내가 되면 함부로 대해도 된다고 생각하는가?

III. 유대인 아버지의 종교 교육

1. 유대인은 언제 자녀에게 성경을 가르치나

A. 식사 시간은 성경 공부 시간

유대인은 쉐마에 있는 말씀대로 항상 자녀에게 성경 가르치기를 힘쓴다. 그러나 그들도 시간을 정해 놓고 자녀에게 성경을 가르치는 때가 있다. 그들은 평상시 저녁 시간에 자녀에게 토라를 가르치지만 주로 안식일과 절기 때의 식사 시간을 이용한다.

유대인은 왜 절기 때마다 정성스런 절기 식사를 강조하는가? 탈무드는 이 물음에 대하여 "떡을 떼면서 토라를 자녀에게 가르치기 위해서"라고 답하고 있다. 그들은 절기 식사 시간에 부모와 자녀가 함께 매주 할당된 분량의 토라를 가족 단위로 공부한다(Donin, 1972; Ives, 1991).

그들의 식사 시간은 먹기 위한 시간이라기보다는 먼저 성경 공부와 율법을 실천하기 위한 시간으로 보아야 한다. "음식이 없는 곳에 토라도 없고, 토라가 없는 곳에 음식도 없다"(Cohen, 1995, p. 128). 이는 식사 시간에 여호와 하나님의 말씀이 있어야 함을 강조하는 말이다.

탈무드에 이런 이야기가 있다. "세 사람이 한 식탁에 앉아 식사를 하면

유대인의 초막절 절기 때 빵에 꿀을 바르는 아버지. 평소 안식일 절기에는 소금을 치지만 초막절 때는 추수 감사절과 겹치기 때문에 빵에 꿀을 발라 먹는다. 꿀은 기쁨을 상징한다. 유대인의 식사 시간은 성경 공부 시간이다.

서 토라에 대한 말을 한 마디도 하지 않을 때에는 죽은 우상의 제물을 먹는 것과 같다." 성경에는 하나님의 말씀 없는 식탁을 "모든 상에는 토한 것, 더러운 것이 가득하고 깨끗한 곳이 없도다"(사 28:8)라고 표현하였다.

그러나 세 사람이 한 식탁에 앉아 식사를 하며 토라에 관하여 의견을 교환하면 모든 것이 깨끗한 식탁에서 먹는 것과 같다. 성경에는 이에 대한 말씀이 있다. "그가 내게 이르되 이는 여호와 앞의 상이라 하더라"(겔 41:22b)(Cohen, 1995, p. 127). 본문에 나타난 '여호와 앞의 상(床)'은 여호와 앞의 '제단'(겔 41:22a)을 뜻한다. 유대인은 식탁을 제단으로 여긴다. 제단에는 여호와의 말씀이 있어야 하듯이, 성도의 식탁에는 여호와의 말씀이 있어야 한다. 따라서 하나님의 말씀이 있을 때 깨끗한 식탁이 된다.

그렇기 때문에 유대인에게는 절기 식사 때마다 그 절기에 맞는 순서와 교훈이 담긴 책자가 있다. 이는 여호와의 말씀에 근거하여 만든 책자로 이 책자들에 의하여 각 절기들이 진행된다.

이러한 식사 시간의 성경 교육은 유대인만의 전통이 아니었다. 유럽에서 건너온 미국의 보수 기독교인들도 식사 시간에 성경 공부를 시켰다. 그 예로 정신과 의사이며 댈러스 신학교 실천신학 교수인 마이어 교수의 회고를 들어 보자. 그는 어린 시절 자신의 가정에서 매일 드린 식탁 가정 예배 경험을 이렇게 술회했다.

> 저녁 식사 때 테이블에 둘러앉아 매일 드리는 예배였다. 이 예배 때 우리는 찬송가를 부르고 약 1장 정도의 성경 말씀을 읽은 다음 의자 옆에 무릎을 꿇고 각자 바라는 것들을 위하여 기도 드린다. 그것이 바로 나에게 25년 동안 나의 교육을 계속하도록 영향을 준 배경이었으며 육적인 가정보다는 영적인 가정이 되도록 돕고 싶은 소망을 가진 그리스도인 정신과 의사가 되게 해준 배경이다.(Meier, 1988, p. 15)

가정에서 식사 시간이 성경 공부 시간인 것은 초대 교회도 마찬가지였다. 사도행전에 나오는 신약의 초대 교회 때에도 가정마다 떡을 떼며 사귐의 시간을 가졌다(행 20: 7, 11). 이 시간은 물론 주님의 성찬식으로도 쓰였지만 초대 교인들이 유대인처럼 식사하면서 여호와의 말씀을 나누는 시간이었다.

따라서 가정에서 식사 시간에 자녀에게 성경을 가르치는 것은 성서적이다. 이러한 좋은 전통이 현대에 들어오면서 퇴색해졌다. 이제 우리도 가정마다 식사 시간에 성경 공부 시간을 갖는 전통을 세워 나가야 된다.

B. 철저한 식탁 예절 교육

유대인 아버지는 절기 식사 때에 어떻게 자녀들에게 말씀을 가르치나? 저자의 친구인 유대인 랍비, 코헨 씨의 가정에서 경험한 바를 소개해 보자(랍비 중에서도 코헨은 유대인들에게 더 존경을 받는다. 왜냐 하면 코헨은 아론의 후손으로 제사장 족속에 속해 있기 때문이다).

저자는 안식일(토요일), 코헨 랍비가 시무하는 유대인 회당의 오전 예배에 참석하였다. 기도회와 예배를 마친 후 간단한 스낵과 함께 유대인과의 교제를 갖고 랍비 코헨 씨의 아파트로 향했다. 거리는 오 리 정도 되는데 그 가정 다섯 식구와 저자 모두 걸어서 갔다. 그들은 유대인촌에 있는 조그만 서민 아파트 이층에 살고 있었다. 대부분의 유대인 랍비들은 수입이 적기 때문에 부인들이 일을 한다. 코헨 씨 부인도 유대인 병원에서 간호사로 일하고 있었다.

정성껏 차린 안식일 식사가 기다리고 있었다. 그 가정에는 네 살 된 아들과 일곱 살 된 딸 남매가 있었다. 온 가족이 정통파 유대인의 예식에 따라 식사를 했다. 그런데 아기가 음식을 먹다가 식탁에 놓여 있던 포도주잔을 손으로 쳤다. 포도주가 상에 엎질러졌다. 어머니가 재빨리 휴지로 닦았다. 조금 있으니까 이번에는 물컵을 엎질렀다. 어머니가 물을 닦은 후 재빨리 아기를 화장실로 데리고 가서 옷을 갈아입히고 나왔다. 조금 있으니까 또 기저귀가 젖었다. 이번에는 랍비인 아버지가 일어나 아기를 안고는 화장실로 갔다. 랍비 부인은 저자에게 미안해하면서 "아기는 아기예요. 아기는 유대인이나 이방인이나 똑같아요" 하면서 얼굴을 붉혔다.

여기에서 감동적인 장면은 그 아기가 그렇게 말썽을 일으키는데도 어머니는 화를 내지 않고 번번이 옷을 갈아입히고 식사가 모두 끝날 때까지 식탁에 앉혔다는 점이다. 상당한 인내였다. 유대인의 경우 학생을 가르치는 선생에게 요구되는 가장 큰 덕목은 인내이다. "쉽게 화를 내는 사람은 남을 가르칠 수 없다"(Donin, 1977, p. 222).

특히 유대인의 안식일에는 어떠한 경우라도 화를 내지 말라는 계율이 있다. 안식일은 하나님과 만나는 기쁜 잔칫날이기 때문에 화를 내지 말고 화기애애해야 한다. 그리고 부정적인 이야기를 삼가고 남을 비판하는 이야기도 삼가야 한다. 모두 긍정적인 이야기와 남을 칭찬하는 이야기로 꽃을 피워야 한다.

우리는 매사에 자신의 감정을 잘 알고 참으면서 인내하는 자기 절제 능력이 필요하다. 유대인의 지혜자 솔로몬 왕은 "자신의 마음을 제어하지 아니하는 자는 성읍이 무너지고 성벽이 없는 것 같으니라"(잠 25:28)고 말했다. '자기 절제 능력'은 가장 중요한 EQ 덕목 중의 하나이다(Goleman, 1995, pp. 42-46). 자기 절제 능력은 사회 생활을 성공적으로 이끄는 데 꼭 필요하다. 그렇다고 다 성장한 어른이 갑자기 매사에 자신의 감정을 절제하기란 힘들다.

유대인은 어떻게 하여 대인 관계에서 분노를 절제할 줄 알며 식당에서 식탁 매너도 좋은가? 갓난아기 때부터 철두철미한 교육을 받기 때문이다. 이렇게 반복적으로 훈련받은 아이는 성장하여 십대가 된 후에도 생활 습관이 흐트러지지 않고 규칙적이다. 그리고 다른 사람들이 많이 앉아 있는 식당이나 성전에서도 제멋대로 떠들거나 시끄럽게 돌아다니지 않는다. 유대인의 EQ 생활 습관은 어려서부터 어머니의 철저한 종교 교육에 의하여 훈

유대인의 바른 예절은 식탁에서부터 훈련된다. 아무리 오랜 기간 절기를 지켜도 옷매무새가 흐트러지지 않는다. 유대인은 자녀를 '들사람'으로 키우지 않고 '장막에서 길들인 자'로 키운다. 사진은 8시간 동안 진행되는 유월절 잔치 식탁에서 절기를 지키는 랍비 크레프트 씨 가족.

련되며 계발된 것이다.

이러한 유대인이 바로 창세기에 나오는 '장막에서 길들인 자' 야곱의 모습이다. '장막에서 길들인 자'란 '성전에서 길들인 자'를 뜻한다. 그는 '들사람' 야곱의 쌍둥이 형 에서와 구별된다(창 25:27). 유대인은 가정이라는 성전에서 나면서 무덤까지 여호와의 율례와 규례대로 길들여진 자들이다.

여기에서 한국인의 자녀와 비교해 보자. 대부분의 한국 부모는 손님과 같이 식사를 해야 할 경우 아이를 옆집에다 맡기든가 아니면 손님이 식사할 동안 어머니가 아이를 잠시 다른 방으로 데리고 가 함께 있지 않는가? 그러나 유대인은 다르다. 유대인 가정의 안식일 식탁은 구약의 성막을 상징하기 때문에 손님이 중요한 것이 아니라 온 가족이 함께 식사를 하면서 일 주일

간 읽은 성경과 신앙 생활에 관하여 토론하는 종교적인 의무가 더 중요하다.

어느 나라 아이들이 식당에서 그리고 교회 성전에서 가장 시끄럽게 행동하는가? 바로 우리들의 자녀들이다. 왜 그런가? 아이들의 잘못이 아니다. 부모가 어려서부터 철두철미하게 교육을 시키지 않았기 때문이다. 우수한 민족은 타고나는 것이 아니고, 우수한 종교 교육에 의해 만들어진다.

2. 유대인 아버지 코헨 씨의 천재(IQ) 교육 방법

A. 성경 공부의 때와 자세

유대인은 언제 아버지가 자녀에게 성경을 가르치나? 정통파 유대인은 거의 매일 저녁마다 그리고 시간이 허락되는 대로 성경을 자녀들에게 가르친다. 그리고 특별히 안식일이나 절기 때에는 꼭 가르친다. 안식일 때는 3번 절기 식사를 하는데 매 식사 때마다 성경을 가르친다. 차라리 "그들이 자녀들과 함께 지내는 일상 생활 자체가 성경적인 교육을 위한 삶이다"라고 하여도 과언은 아니다.

아버지가 자녀에게 성경을 가르치는 자세도 두 가지가 있다. 마음의 자세와 외형적인 자세이다.

첫째, 마음의 자세를 알아보자. 유대인 아버지가 자녀에게 성경을 가르치는 마음의 자세도 이방인과 다르다. 탈무드에 의하면, 누구든지 아들에게 토라를 가르치는 사람은 그가 마치 호렙 산상에서 율법(성경)을 직접 받은 것 같은 감동으로 가르치라고 말하고 있다. 즉, 성경을 IQ로만 가르치지 말

유대인의 경우 아버지가 어린 아들을 무릎에 앉히고 가르치는 교육의 방법도 조상 대대로 세대 차이가 없다. 사진은 정통파 유대인 아버지가 유월절 식사 시간에 아들을 다정히 무릎에 앉히고 성경을 가르치는 모습.

고 EQ를 이용해 가르치라는 뜻이다. 왜냐 하면, 하나님께서 모세에게 "너는 그 일들을 네 아들들과 네 손자들에게 알게 하라… 네가 호렙산에서 네 하나님 여호와 앞에 섰던 날"이라고 말씀하셨기 때문이다(신 4:9-10)(Cohen, 1995, p. 173).

　유대인 아버지가 이렇게 실감나게 자녀에게 성경을 가르칠 때에 하나님 말씀을 자녀의 마음판에 새길 수 있다. 그리고 성경의 내용이나 가르치는 정성에서 세대 차이를 막을 수 있다.

　이에 대한 실제적인 예를 들기 위하여 랍비 코헨 씨의 가정으로 돌아가 보자. 코헨 씨 가정의 안식일 점심 식사는 2시간 30분 만에 끝났다. 피차 질문이 많았기 때문이다. 그들은 식탁에서 가족끼리 혹은 손님과 토론을 많이 한다. 이러한 기회들을 통해 유대인들은 어려서부터 식탁 매너를 익히고 남과 어떻게 대화하는가 하는 인간 관계의 방법을 배우게 한다. 이것이 유대인 자녀를 국제화하는 비결 중 하나이다.

둘째, 유대인 아버지가 자녀에게 성경을 가르치는 외형적인 자세에 대하여 살펴보자. 유대인 아버지는 자녀를 엄하게 다룰까 아니면 부드럽게 다룰까?

오후 2시 반쯤 되었을 때였다. 아이들도 모두 자기 방으로 들어갔다. 곧이어 아버지가 일어나 네 살 된 아들을 아들 방에서 데리고 나왔다. 아버지가 자녀에게 성경을 가르치는 시간이다. 그들은 매주 안식일 아버지가 한 자녀에게 30분 이상 성경을 가르친다.

아버지는 식탁에 앉아서 아들을 정답게 자신의 무릎에 앉혔다. 아버지는 아들의 눈앞에 성경 교재를 펴 들었다. 아들이 일 주일 동안 유대인 유치원에서 배운 교재였다. 그런데 저자의 눈에는 아들을 대하는 아버지의 모습이 그렇게 부드럽게 보일 수가 없었다. 엄한 모습은 전혀 보이지 않았다. 그들은 자녀를 강압적으로 가르치는 것이 아니라 지혜로 가르친다. 성경 공부 시간에 아들을 무릎에 앉히고 껴안는 인자한 아버지의 모습은 전 세계 모든 정통파 유대인 아버지에게서 똑같이 볼 수 있다. 즉, 시간과 공간을 초월하여 세대 차이가 없는 것이다.

코헨 씨는 저자를 전혀 의식하지 않은 채 아들에게 성경을 가르치고 있었다. 그들에게는 이 시간이 누구에게도 양보할 수 없는 귀중한 자녀 교육 시간이다.

우리는 이런 경우 어떻게 행동할까? 손님을 초대했다면 설사 자녀 교육 시간이 예정되어 있더라도 다음으로 미루지 않을까? 혹시 아들이 예정된 성경 공부 시간에 아버지에게 와서 성경을 가르쳐 달라고 보채면 외국인 손님에게 미안해하며 아이를 되돌려보내지 않겠는가?

유대인은 절대로 이방인 때문에 자신들의 종교적 의무를 미루거나 거르지 않는다. 하나님과의 약속을 지키는 데 필요한 예정된 절기 행사 시간은 어떠한 것에도 양보할 수 없다. 그렇기 때문에 이러한 그들의 행위를 이해하지 못하는 이방인 친구들이 유대인에게 섭섭한 감정을 가질 수도 있다. 왜냐 하면, 그렇게 친하게 지내던 유대인 친구가 자신의 종교적 행사를 지킨다는 이유로 이방인 친구에게 야박하게 대할 때가 종종 있기 때문이다.

코헨 씨가 자녀에게 토라를 가르치는 시간을 가장 귀하게 여기는 진지함은 그들이 얼마나 열심히 토라를 자자손손 전하려고 하는지 그 참된 의지를 보여 준다.

쉐마에서 언급한 바와 같이 유대인에게는 자녀에게 성경을 가르치는 그 자체가 마음을 다하고 성품을 다하고 힘을 다하여 여호와 하나님을 사랑하는 길(신 6:5)이다. 이러한 유대인의 관습은 유대인으로 하여금 교육에 대한 전통적인 자세와 배우는 일에 대한 기본적인 태도를 더욱 다지게 해준다(Solomon, 1992, p. 92).

B. 귀납법적 성경 공부 방법: IQ 계발 방법

유대인 아버지는 어떠한 방법으로 자녀를 가르치나? 유대인의 자녀 교육 방법도 이방인의 그것과 다르다. 여기에서 그들의 천재 교육 방법을 코헨 씨 가정의 예를 들며 소개해 보자.

아버지는 네 살 된 아들에게 질문하기 시작했다. 아버지: "지난 주에 무엇을 배웠지?" 아들: "삼손." 아버지: "삼손이 누구지?" 아들: "이스라엘의 사사." 아버지: "왜 힘이 셌지?" 아들: "머리가 길어서…." 아들은 저자를 의식해서인지 손가락을 빨며 겸연쩍게 대답하였다. 역시 어린이는 어린이였다. 질문은 계속되었다. 아버지: "왜 힘이 없어졌지?" 아들: "이방 여자한테 머리를 깎여서." 아버지: "너는 어떻게 살아야 되지?" 아들: "이방 여자를 조심해야죠." 아버지: "착한 아들이지!" 약 20분에 걸친 성경 공부를 끝낸 아버지는 다시 일어나서 일곱 살 된 큰딸을 불렀다. 이제 아버지는 딸에게 성경을 가르칠 시간이기 때문이다.

그들의 학습은 처음부터 끝까지 거의 질문과 답변으로 이어졌다. 좋은 질문은 좋은 답을 이끌어 낸다. 이러한 귀납적 교육 방법(Inductive method)이 유대인을 어려서부터 천재로 만드는 데 크게 공헌한다. 그들의 탈무드 교육 자료들도 대부분 많은 질문을 한 다음 학생이 스스로 생각하게 하도록 내용이 전개돼 있다.

유대인 부모는 질문에 대한 답을 빨리 주지 않는다. 그리고는 왜 이 답이 맞고 저 답이 틀린가에 대해 논리적으로 질문하고 토론하며 스스로 깨닫게 만든다. 그들은 자녀가 항상 깊고 넓게 생각하도록 교육한다.

따라서 유대인은 어려서부터 자녀가 고도의 분석적인 사고 방식과 분별력 및 창의력을 갖도록 교육한다. 유대인 부모가 자녀에게 가르치는 내용도 지혜의 말씀인 성경이고, 가르치는 방법도 천재 교육의 방법을 조상 대대로 전수해 왔다[제4부 제1장 II. 3. '탈무드 논쟁법(IQ 계발 방법)' 참조]. 따라서 유대인의 IQ 교육은 아버지 몫이다.

만약 한국인 가정의 아버지가 자녀를 가르친다면 어떻게 가르칠까? 물론 예외도 있겠지만 대충 이러할 것이다. 먼저 한 자녀씩 가르치면 시간이 많이 소모되니까 모두 한 자리에 모을 것이다. 그리고는 엄숙하게 무릎을 꿇게 하고 찬송과 기도를 마친 후 아버지가 일방적으로 자녀들에게 "오늘은 삼손에 대하여 배운다. 삼손은 이스라엘의 사사였는데 힘이 장사였다. 그 힘은 그의 긴 머리카락에서 나왔다. 그러나 타락한 이방 여인 데릴라를 잘못 사귀어서 머리카락이 잘린 후 힘을 잃었다. 그러므로 너희들은 예수

안 믿는 불건전한 여성을 조심해야 돼. 알았어?" 자녀 일동: "예." 그리고 마지막 기도를 마친 후 한 마디 더 한다면, 아버지: "이제 빨리 나가서 학교 숙제 해라!" 자녀 일동: "예."

이러한 일방적인 연역적 교육 방법(Deductive method)은 귀납직 질문식 교육 방법에 비하여 자녀들이 내용을 확실히 이해하는 데 어려움을 줄 뿐만 아니라 깊게 생각하게 할 수도 없다. 그리고 배운 것도 쉽게 잊어버린다. 한국의 자녀들에게 그렇게 많은 시간과 노력을 투자했는데도 천재들이 나오지 않는 이유도 바로 잘못된 교육 방법에 있다.

C. 수준 낮은 질문에서 수준 높은 질문으로

질문에도 수준이 있다. 낮은 수준에서 높은 수준으로 6가지 수준(Bloom's Taxonomy)이 있다. 지식을 묻는 단답형 질문이 가장 수준이 낮다. 머리를 많이 사용하지 않아도 되기 때문이다. 그러나 사물을 분석, 통합 및 평가해야 하는 질문은 머리를 써야 하는 수준이 높은 질문이다(Bedwell, et al, 1984, p. 30).

예를 들어 보자. 1997년 '대선 후보 토론회'에서 어느 교육 전문가가 대선 후보에게 이런 질문을 했다. "후보께서는 교육부 예산이 한국 GNP의 몇 퍼센트인지 아십니까?" 이런 단답형 질문은 수준이 가장 낮은 것이다. 이런 것은 후보가 모를 수도 있다. 이럴 경우 후보가 만약 "모르니 가르쳐 달라"고 농담하면 질문자는 어찌할 것인가?

이보다 더 높은 수준의 질문은 "후보께서는 대선에서 당선되어 현재 국민 GNP의 2%인 교육비 예산을 5%로 증가시킨다면 3%를 어디에 집중적으로 투자하시겠습니까?"이다. 또한 이보다 더 어려운 질문은 "후보께서는

유대인 가정의 성경 공부 방법은 아버지와 아들 일 대 일 교육이며, 주로 아버지가 질문을 하고 아들이 답하는 형식이다. 저자가 평일에 예고 없이 서기관 랍비 크레프트 씨 가정을 방문했는데 때마침 크레프트 씨는 아이들을 하나씩 불러 성경을 가르치고 있었다(사진). 그는 서기관이면서 유대인 종교 서적 사업을 하는 사장으로 대단히 바쁜 사람이다. 그러나 자녀들의 신본주의 사상 교육은 그가 직접 담당하고 있다.

대선에서 당선되어 현재 국민 GNP의 2%인 교육비 예산을 5%로 증가시킨다면 3%를 대학 교육에 더 투자할 것입니까? 혹은 유아 교육에 더 투자할 것입니까? 그리고 그 이유는 무엇입니까?"

그리고 후보가 답변을 하면 그 답변의 논리의 허점을 계속 추궁하는 사람이 좋은 질문을 하는 사람이다. 그러나 그 당시 안타깝게도 이러한 수준 높은 질문은 많지 않았다. 한국 교육의 허(虛)의 일면이다.

유대인은 어려서부터 아버지에게서 이러한 토론 훈련을 수없이 받고 자란다. 교육의 내용도 성경, 즉 하나님의 지혜의 말씀이며, 교육 방법도 고도의 지혜의 방법이다. 이것이 유대인의 천재 교육의 비밀이다.

D. 유대인 아버지의 자애로운 성경 교육 분위기
1) 유대인 아버지는 지혜로 가르친다

역사적으로 두 개의 대조적인 교육 방법이 있었다. 하나는 스파르타식 교육이었고, 다른 하나는 느슨한 듯한 유대인식 교육이었다. 역사적으로 보면, 강하고 엄격한 스파르타식 교육이 성공할 것 같았으나 실상은 부드러운 유대인식 교육이 크게 성공했다(박희민, 저자의 IQ-EQ의 서평에서, 1996년 10월 26일). 이제 그 비밀을 유대인의 아버지 지혜 교육에서 찾아보자.

유대인의 교육 방법이 상당히 엄할 것으로 생각되지만 유대인 부모는 의외로 부드럽고 자유롭게 자녀를 보살핀다. 자녀가 노여움을 사지 않게 하기 위함이다. 그들은 자녀가 율법을 기쁨으로 자율적으로 지키도록 유도한다.

유대인은 자녀를 가르칠 때에도 일방적인 강압이 아니라 지혜를 써서 스스로 따라오도록 가르친다. 지혜 교육은 머리를 고도로 써서 가르치는 교육이다. 그들은 민족적 공동체 교육을 할 때도 자녀 스스로 생각하고 결정하여 잊혀지지 않도록 한다. 교육에 관한 유대인의 격언에는 "자녀가 성장해 가면서 부모를 잊는 것은 부모의 교육이 나빴기 때문이다"(Tokayer, 1989A, p. 234)라는 말이 있다.

일본에서 군종 장교로 근무하다가 현재 미국 동부에 거주하는 랍비 솔로몬은 〈유대인의 생존의 비밀〉이란 저서를 썼다. 그는 이 책에서 자신의 어린 시절 안식일 날 자애로운 아버지와 한 인상 깊은 성경 공부에 대해 이렇게 회고했다.

"내가 경험한 바에 따르면 아버지의 질문에 나는 만족할 만한 답을 드리

유대인 아버지는 자애로운 웃음을 띠고 자녀가 스스로 따라오도록 지혜로 가르친다. 그런데도 자녀들은 아버지의 권위에 항상 순종한다. 사진은 랍비 크레프트 씨가 초막절 초막 안에서 아들을 다정하게 안고 있는 모습.

지 못했지만 아버지는 화를 내거나 큰 소리로 야단을 치지 않았다. 아버지는 부드러운 태도로 당신이 다음 주에 기대해 보겠다는 것을 암시했다. 유대인의 아버지들은 모두 그랬다"(1992, p. 92). 현재 그는 박사 학위를 세 개나 갖고 있는 의사이며 랍비이다.

유대인의 철저한 식탁 예절 교육에서도 언급했듯이 유대인 부부는 웬만해서는 화를 안 낸다. 그리고 안식일을 포함한 절기 때에는 온 가족이 충만한 기쁨의 표정으로 일관한다. 부정적인 이야기도 금하고 긍정적이고 좋은 이야기만을 하도록 노력한다. 따라서 자녀나 남을 비방하는 이야기보다는 그들의 장점만을 이야기한다. 이는 하나님이 주신 좋은 날 성도가 마땅히 행해야 할 일이다.

유대인 아버지의 지혜 교육은 자녀들이 이방에 섞이지 않고 유대인 공동체에 머물게 하는 데 크게 공헌한다. 이것은 유대인의 고난의 역사에서도 증명된 사실이다.

국가를 구성하는 데에는 3가지 요소가 있다. 첫째는 국토요, 둘째는 국민이요, 셋째는 주권이다. 유대인은 역사적으로 민족만 있지 국토도 없고 주권도 없이 이 나라 저 나라를 유랑하는 피난민이었다. 그런데도 그들이 어떻게 이방에 섞이지 않고 살아남았는가?

그 비결 중 하나가 유대인 아버지의 지혜 교육이다. 설사 자녀들이 등 따습고 배부른 안이한 이방 속에 들어갔다 하더라도 다시 유대인 공동체로 돌아온다. 현재 고난을 당한다 하여도 자신의 부모 같은 분이 없음을 깨닫기 때문이다.

2) 권위주의적 성경 공부의 단점

한국의 기성 세대들은 대부분 권위주의적인 환경 속에서 자랐다. 물론 이러한 분위기가 모두 나쁜 것만은 아니다. 장점도 있다. 그러나 부모가 가정에서 너무 권위적이고 엄할 경우 어떠한 부작용이 있는가에 대하여 알아보자.

첫째, 엄하고 권위주의적인 연역법적 교육 방법은 교육학적으로 좋은 학습 방법이 아니다. 권위주의적인 연역법적 교육 방법은 아버지 혼자 말하고 자녀들에겐 조용히 듣기만을 강요한다. 이러한 교육 방법은 아버지의 힘에 눌리어 배우는 척하는 형식적인 교육이 되기 쉽다. 그리고 자녀의 창조적인 추리 능력을 제한한다.

따라서 이러한 교육 방법은 자녀들이 스스로 공부하고자 하는 자발적인 교육의 동기 유발을 저해하고, 창조적인 추리나 논리적인 능력을 계발하는 데 도움을 주지 못한다. 또한 이런 교육에 시달리면 자녀들이 쉽게 거부 반응을 일으키게 되고, 자녀들이 성장한 후 가정을 등지기 쉽다.

한국인은 외형적으로 강압적인 스파르타식 교육을 하면 가정에 강한 위계 질서가 생긴다고 생각하나 실상은 존경에 의한 상하의 질서가 희미하다. 그러나 유대인식 교육은 외형적으로 부드러운 교육이어서 가정의 질서가 없는 것같이 보이나 실상은 존경에 의한 상하 질서가 뚜렷하다. 왜냐 하면, 그들은 자발적으로 여호와의 율례와 법도를 따르는 삶을 살기 때문이다.

둘째, 부모가 자녀를 격노케 하면 자녀가 낙심할 수도 있다. 정통파 유대인이었던 바울도 "아비들아 너희 자녀를 격노케 말찌니 낙심할까 함이라"(골 3:21)고 말했다. 부모가 자녀를 너무 심한 언사로 꾸중할 경우 자녀가 낙심하여 자신을 무가치한 사람으로 여기고 인생을 포기하고 무능력한 사람이 될 수도 있다는 말이다.

한국인들은 무의식적으로 자녀나 배우자에게 마음에 없는 폭력적인 언어를 많이 사용한다. 물론 폭언을 하는 사람의 입장에서는 자신의 실제 마음과 다르기 때문에 대수롭지 않게 여길지 모르지만 당하는 사람의 입장에서는 이를 그대로 받아들여 자신의 입장을 비관할 수도 있다. 특히 나이 어린 자녀일수록 부모의 폭언을 그대로 믿어 낙심할 확률이 크다. 그렇게 되면 그들은 가출하여 인생을 포기하고 아무렇게나 살 위험이 있다.

이러한 현상은 어른들에게도 일어날 수 있다. 지난번 한보사태 때에 박석태 전 제일은행 상무의 자살건이 그 예이다. 그는 선비 사상을 갖고 청렴결백한 삶을 살아왔다고 자부하였다. 그러나 국회 청문회 때 의원들로부터 심한 폭언을 당한 후 자살하였다. 그는 유서에 이렇게 썼다. "아빠는 약했지만 너희는 굳세게 살아다오"(중앙일보, 1997년 4월 29일). 이는 우리 모두의 아픔이다.

혀의 폭언은 곧 보이지 않는 살인일 수 있다(마 5:21-22). 생명을 사랑하고 좋은 날 보기를 원하는 자는 혀를 금하여 악한 말을 그치며 그 입술로 궤휼을 말하지 말아야 한다(벧전 3:10).

성도의 자녀는 하나님의 자녀이다. 하나님의 자녀는 천하보다도 귀한 가치를 갖고 있다. 그렇기 때문에 자녀가 설사 실수를 했나 하여도 용서하고 용기를 북돋워 주는 아량이 필요하다. 따라서 부모는 폭언을 하는 행위를 절제하는 지혜의 삶이 필요하다.

셋째, 부모가 자녀를 이유 없이 너무 격노케 하면 자녀가 부모에 대해 원한을 가질 수도 있다. 정통파 유대인이었던 바울이 왜 "아비들아 너희 자녀를 노엽게 하지 말고 오직 주의 교양과 훈계로 양육하라"(엡 6:4)고 말씀하셨나? 그 이유를 살펴보자.

부모가 자녀를 야단칠 때 주먹으로 때리고 발로 차거나 인격적인 모욕을 해 자녀를 노엽게 할 경우 자녀의 마음에 원한이 맺힐 수 있다. 그렇게 되면 자녀가 힘이 약할 때에는 부모의 말을 듣는 것 같지만 커서는 부모에게 원수를 갚는 무례한 행동을 할 수도 있다.

한국에서도 가정 내 청소년 폭력이 위험 수위를 넘어서고 있다는 사실을 통해 이를 알 수 있다. 삼성생명부설 사회정신건강연구소(소장 이시형)에 의하면, 6개월 동안 전국 병원과 상담소의 청소년 상담 사례 2만 2천여 건을 분석한 결과 이 중 1천8백여 건(8.4%)이 자녀가 부모를 폭행한 건임이 밝혀졌다. 특히 이 중 1천5백여 건(85%)은 폭언이나 기물 던지기 등 비교적 가벼운 폭력 행사에 그쳤지만 흉기로 부모를 위협하거나 실제 부모를 때린 경우도 2백여 건(11.2%)에 달했다. 심지어 부모에 대한 앙심을 품고 자신을 때린 어머니의 손을 자르거나 아버지에게 무릎을 꿇고 사죄하라고 협박한 청소년도 있었다.

이 연구에 의하면, 이들 청소년은 주로 권위적인 아버지와 순종적인 어

유대인 아버지는 자녀에게 엄한 아버지가 아니라 자애로운 아버지로 기억된다. 사진은 정통파 유대인 아버지가 아들을 다정히 무릎에 앉히고 탈무드를 가르치는 모습.

머니를 두고 있으며, 성격적으로는 내성적이고 소심하면서 지나치게 성적에 집착하는 경향이 높은 것으로 분석됐다(중앙일보, '부모 폭행 자녀'에도 관심 가져야, 1997년 4월 16일).

이제 이런 일이 남의 일만이 아니다. 대학 교수가 자기 아버지를 살인한 사건도(1995년 3월 14일자 보도) 이 부류에 속한다. 자녀에게 성경이라는 교육의 내용을 사랑의 지혜로 가르치지 않을 경우 누구나 당할 수 있는 위험한 시대에 살고 있다.

혹 어떤 이는 "우리 어릴 때는 그렇지 않았다"고 항변할지도 모른다. 그러나 옛날에는 모든 사회 구조가 다 같이 엄했기 때문에 자녀들의 선택의 여지가 많지 않아서 전통적인 사회의 도덕과 윤리를 따를 수밖에 없었다.

그러나 현대에는 모든 면에서 개방되어 선택의 여지가 많아 편하고 쉽게 사는 세속 쪽으로 나가기 쉽다. 현대는 개인주의 시대이다. 따라서 이제는 우리의 자녀 교육 방법도 지혜 교육으로 바꾸어야 할 때이다.

E. 사랑의 매란 무엇인가

1) 사랑의 매의 성서적 배경

위에서 저자는 가정에서 부모는 사랑과 인내로 자녀를 양육하라고 말했다. 그렇다면 자녀가 잘못했을 때 매를 들 필요는 없는가? 현재 이에 관해서는 유대인이나 기독교인이나 서로 견해가 다르다. 그러나 성경에는 분명히 '사랑의 매'(잠 13:24, 19:18, 22:15, 23:13-14, 24:15, 17, 29:15)를 권하고 있다. 그렇다면 성서적 '사랑의 매'가 왜 필요한가?

부모가 자녀에게 '징계의 매'를 드는 첫째 이유는 자녀를 사랑하기 때문이다. 하나님이 '공의'와 '사랑'을 구별해 보여 주듯이 부모도 자녀에게 '공의'와 '사랑'을 구별되게 보여 주어야 한다. 부모가 자녀를 사랑하기 때문에 징계의 매가 필요하다. 부모가 자녀에게 "초달을 차마 못 하는 것은 그 자식을 미워함이다"(잠 13:24). 따라서 부모의 '징계의 매'는 '사랑의 매'이다.

둘째는 아이의 미련한 버릇을 쫓기 위함이다. 우선 잠언 22장 15절의 "아이의 마음에는 미련한 것이 얽혔으나, 징계하는 채찍이 이를 멀리 쫓아 내리라"는 말씀이 있다. 아이의 마음에는 미련함이 있고 이는 징계하는 채찍으로 멀리 쫓아 낼 수 있다는 말씀이다. 즉, 부모가 아이를 키우는 데에는 미련한 버릇을 고치기 위하여 '징계의 매'가 꼭 필요하다는 말씀이다.

또한 정통파 유대인이었던 바울이 "오직 주의 교양과 훈계로 양육하라"

(엡 6:4)고 말씀했는데 여기 나오는 '훈계'는 '채찍'과 '꾸지람'으로 볼 수 있다(잠 29:15)(Meier, 1988, p. 216). 즉, 솔로몬은 "채찍과 꾸지람이 지혜를 주거늘 임의로 하게 버려 두면 그 자식은 어미를 욕되게 하느니라"(잠 29:15)고 말하였다.

이 말씀은 '채찍'과 '꾸지람'은 자녀를 훈계하여 지혜를 주고 어미를 욕되지 않게 하기 위하여 꼭 필요한 것이란 뜻이다. 따라서 부모의 '채찍'과 '꾸지람'은 그 자체가 나쁜 것이 아니고 이를 남용하는 것이 나쁘다. 그러므로 부모는 이를 효과적으로 사용하는 지혜와 훈련이 필요하다.

2) 효과적인 사랑의 매란

성서적인 '사랑의 매'를 가정에서 어떻게 효과적으로 사용할 수 있을까? 이제 효과적인 '사랑의 매' 사용에 대하여 몇 가지로 나누어 살펴보자.

첫째, 사랑의 매는 언제 필요한가? 미국의 기독교인 상담가 제임스 답슨은 자녀가 부모의 권위에 도전하는 고의적인 불순종의 행동을 할 때 때려주라고 권한다. 어린 자녀는 일부러 종종 부모의 권위에 도전하는 매맞을 짓 하기를 좋아한다. 그러나 이럴 때에 한번 자녀에게 지면 다시 부모의 권위를 회복하기 힘들다(Dobson, 1992, pp. 18-30). 따라서 부모는 자녀에게 마땅히 행할 길을 가르쳐, 늙어도 그것을 떠나지 않도록 해야 한다(잠 22:6).

둘째, 사랑의 매의 강도는 어느 정도여야 하는가? 사랑의 매를 들 때에는 아이가 잘못하면 아픔이라는 벌을 받는다는 것을 완전히 깨달을 수 있도록 분명하게 때려야 한다. 물론 이는 아이에 따라 각각 다르게 적용해야 한다. 어떤 아이는 부모에게 칭찬받기를 원하여 부모를 기쁘게 해드리려고 노력할 뿐만 아니라 부모의 화난 얼굴만 보아도 뉘우친다(Meier, 1988, p. 218). 그러나 어떤 아이는 미련하여 그렇지 않다. 따라서 아이에 따라 매의 정도와 방법을 지혜롭게 달리해야 한다. 무조건 매가 좋은 것만은 아니다.

셋째, 사랑의 매를 드는 방법이다. 우선 부모가 자녀에게 감정적으로 매를 들지 말고 매를 들기 전에 자녀의 잘잘못을 지적해 주고 자녀가 잘못한 부분에 대해 벌을 주어야 한다. 아무리 부모이지만 어린 자녀도 인격적으로 대하라는 말이다. 그리고 중요한 것은 부모가 매를 드는 것 자체가 일종의 사랑의 표현임을 자녀에게 알려야 한다는 것이다.

저자가 자녀에게 사랑의 매로 사용한 매는 대나무자였다. 대나무자로 주로 손바닥을 때렸다. 손바닥은 때린 자국이 쉽게 드러나지 않아 좋다. 미국에서는 부모가 자녀에게 외관상 상처를 입혔을 경우 이유야 어떻든 '자녀 학대 혐의'로 경찰이 부모를 연행해 간다는 사실도 염두에 두어야 한다.

넷째, 매를 든 후에는 자녀에 대한 분을 품지 말고 꼭 자녀와 화해를 해야 한다. 유대인은 언제든지 오른손으로 벌을 주고 왼손으로 껴안으라고 가르친다. 그 이유는 부모에게도 하나님처럼 공의와 사랑이 함께 있다는 것을 보여 주기 위함이다. 벌을 주고, 그 다음에 사랑으로 껴안으면 자녀가 원한을 품을 리 없다. 오히려 부모를 더 공경하게 된다.

여기에서 또 한 가지 중요한 사실은 부모와 자녀 간에 의사 소통이 가장 잘 되는 때는 자녀를 징계한 후임을 기억해야 한다. 부모는 자신의 감정을 절제하지 못하여 이러한 좋은 기회를 놓치는 우를 범해서는 안 된다(Dobson, 1992, pp. 34-35).

다섯째, 사랑의 매는 언제 들어야 하는가? 사랑의 매가 효과를 보기 위해서는 두 가지 즉, 매를 드는 시기와 자녀의 연령이 중요하다.

정신과 의사인 마이어 교수에 의하면, 1) 사랑의 매는 아이가 어릴수록 효과가 있다고 한다. 마이어 교수에겐 고집센 아들이 있었는데 그 아들을 두 살(한국 나이 세 살) 때까지 버릇을 가르친 결과, 세 살 때부터는 그가 회초리를 가지러 가는 것만 보아도 울었다고 술회했다. 그래서 3세 이후에는 좀처럼 매가 필요 없었다고 한다. 그 때는 이미 부모에 대한 아이의 '사랑', '존경', '순종' 등 전반적인 태도가 잘 형성되었기 때문이다(Meier, 1988, pp. 218-219).

잠언의 저자 솔로몬도 "자식을 사랑하는 자는 근실히 징계하라"(잠 13:24)고 권면하였다. '근실히'란 말은 '일찍이'란 뜻이다. 따라서 자녀 버릇은 자녀가 어릴 때부터 바로 들이는 것이 중요한데 이를 위해 징계가 필요하며 이렇게 하는 것이 곧 자녀를 사랑하는 것이다(이상근, 1994, p. 96). 아이가 점점 커갈수록 물리적인 매보다는 적당한 벌을 세우는 방법이 좋다.

2) 사랑의 매는 아이가 잘못했을 그 당시에 바로 들어야 한다. 왜냐 하면 나중에 매를 들면 아이가 자신이 어떤 잘못을 했는지 잊어버리기 때문이다(pp. 216-217). 그리고 부모는 자녀에게 사랑의 매를 들 때에 꼭 일관성을 유지하는 원칙을 지켜야 한다. 항상 선악의 구분에 대한 일관성이 있어야 하고 그에 대한 보상과 꾸중을 할 때도 일관성이 있어야 한다. 만약 자녀가 너무 예쁜 나머지 장난처럼 매를 들 경우 아이의 버릇을 더 나쁘게 들일 수 있음을 명심해야 한다.

여기에서 우리는 사랑의 매가 초등학교 때까지는 효과가 있지만 중학교 이후, 즉 13세 이후에는 역효과를 볼 수도 있음을 명심해야 한다. 이 때는 매로 다스릴 때가 지났다. 중학교 이후에는 아이가 성인으로 진입하는 사춘기 시기이기 때문이다. 따라서 중학교 이후에는 자녀와의 문제를 대화로 푸는 것이 더 효과적이다.

유대인은 전통적으로 13세에 성년식을 한다. 그 이후에는 성년 대우를 받는다. 이는 역시 현대에도 유대인의 전통적인 교육이 옳다는 것을 증명하는 것이다.

자녀가 어릴 때라도 사랑의 매가 효과가 빠르다고 해서 습관화하여 너무 남용하면 안 된다. 꼭 필요할 때만 사용하는 절제가 필요하다. 먼저 사랑은 오래 참고 온유한 것임(고전 13:4)을 명심해야 한다. 오래 참는 사랑은 자녀에게 먼 훗날까지 깊은 감동을 준다.

따라서 저자는 매를 들어 가르치기보다는 할 수만 있으면 유대인처럼 인내로 반복하여 여호와의 율례와 법도를 지키도록 훈련시키기를 권하고 싶다. 이러한 교육을 받은 자녀는 성장하여 결혼한 후 아버지에게서 배운대로 인내하며 사랑으로 자녀를 교육시키게 된다. 자녀는 부모에게서 배운 대로 행하기 마련이다.

결론적으로 앞에서 얘기한 유대인 아버지의 성경 공부 교육에서 세 가지를 배울 수 있다. 첫째는 자녀에게 토라를 가르치는 시간을 가장 귀하게 여기는 진지함이다. 둘째는 귀납적 질문식 교육 방법(inductive method)이고, 셋째는 교사인 아버지의 아들에 대한 친근감이 가는 부드러운 접근이었다. 유대인은 힘 대신 지혜로 자녀를 키우기 때문에 자녀들이 커서도 자신들의 커뮤니티를 떠나지 않는다. 이것이 그들의 생존의 비밀 중 하나이다.

IV. 선생으로서의 부모의 역할

1. 교육 목회의 모델: 부모가 먼저 변한다

자녀는 부모를 닮는다. 미국 한인 가정에서 실제로 있었던 코미디 같은 일화 한 토막.

"귀하의 아들이 다른 학생을 때렸으니 학생을 대동하고 학교에 출두하시오." 학교에서 온 통지서였다. 아버지는 화가 나서, "이놈아! 창피하게 왜 남을 때려서 말썽이냐!?" "아버지가 때리라고 그랬잖아요?" "야! 내가 언제 남을 때리라고 그랬냐?" 아버지의 이 말에 아들은 날짜까지 대 가면서 아버지가 때리라고 했기 때문에 때려 주었으니 자기 책임은 아니라고 발뺌하였다.

아버지는 아차 했다. 처음 미국에 이민 와서 초등학교에 다니는 아들이 학교에 가서 적응을 잘 못 할 때였다. 어느 날 아들이, 한 백인 친구가 자신을 동양인이라고 얕보고 자꾸 놀린다고 아버지에게 보고하였다. 아버지는 그 말을 듣는 순간 앞뒤 생각하지 않고 "너 태권도 배웠잖아! 한번 두들겨 패!"라고 말했던 것이다. 아들은 아버지 말씀을 곧 실행에 옮겼다. 한국인 가정에서 흔히 있을 수 있는 일이다. 부모의 말 한 마디가 얼마나 자녀에게 커다란 영향을 주느냐 하는 것을 깨닫게 해주는 예화이다.

어떠한 아버지가 좋은 선생의 자격이 있는가? 가정에서 아버지가 자녀의 좋은 선생이 되기 위해서는 모든 면에서 모범이어야 한다. 선생은 학생보다 앞서야 한다. 그래야 좋은 선생이다. 좋은 선생의 자격은 첫째, 영적인 사람이어야 한다. 말씀과 기도에 충실해야 한다. 둘째, 아내와 자녀 앞에서 인격적인 사람이어야 한다. 도덕과 윤리면에서 모범이 되어야 한다. 셋째, 세상에서도 훌륭한 사회인이어야 한다. 가장이 가정과 사회에서 부끄러운 행동을 하면 자녀 앞에서 선생으로 떳떳하지 못하다. 아버지가 자녀를 가르치기

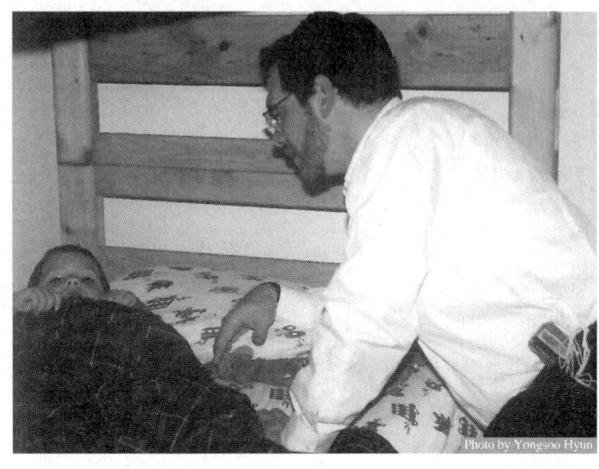

자기 전에 자녀에게 성경에 나타난 조상의 영웅 이야기를 해주는 유대인 아버지. 아버지가 모범이 되어야 자녀도 이를 배운다.

시작하면 아버지가 먼저 영적으로, 인격적으로 변하기 시작한다. 놀라운 축복이다.

아버지가 자녀를 가르치기 시작하면 전에 안 하던 일을 하기 시작한다. 아버지가 먼저 성경을 읽고 주석책을 사다 보고, 공부하는 모습을 자녀들에게 보여 준다. 그리고 교회 목사님의 설교나 성경 강해를 노트하기 시작한다. 자녀를 가르치기 위해서는 아버지 자신이 더 열심히 공부하지 않을 수 없다.

실제로 구약 시대의 유대인 아버지는 제사장이나 레위인, 그리고 선지자의 가르침을 받았다. 제사장이나 선지자는 각 가정의 아버지에게 공중 예배에 대한 지식, 절기를 지키는 방법, 말씀 해석, 선민으로서의 의무, 도덕적 및 윤리적 권면 등을 가르쳤다(Benson, 1943, p. 25; Eavey, 1964, p. 55).

따라서 오늘날에도 목회자는 교회에서 성인들을 가르치고 성인들은 집에 가서 자녀를 가르치는 모델이 성서적이다. '평신도를 깨우는 교육'은 이미 구약 유대인의 교육 모델에서 시작하여 현재까지 시행되고 있다. 따라서 자녀 교육은 부모 교육에서부터 시작돼야 한다.

　1995년 5월, 저자가 통합측 장신대 특강을 하러 가서 들은 얘기이다. 한국의 기독교 교육 지도자들 간에 "이제는 교회 교육을 폐지하자"는 의견이 있다고 들었다. 그 이유는 교회 성도들이 교회만 믿고 가정에서 도무지 가정 예배도 안 드리고 자녀들에게 종교 교육을 시킬 생각조차 하지 않는다는 것이다. 교회를 마치 과외 공부하는 학원쯤으로 여기고 모두 교회의 전도사나 목사에게 맡기는 풍토 때문이다. "교회 교육을 폐지하자"는 주장은 좀 과격하지만 일리가 있다.

　어느 한국 할아버지의 지혜로운 자녀 교육 방법 하나를 소개한다. 일평생 학문 연구만 하셨던 노교수가 TV 좌담회에 나왔다. 사회자가 물었다. "교수님은 어떻게 일평생 항상 그렇게 연구에 심취하실 수 있었습니까?" 노교수는 이렇게 대답했다. "나는 농촌에서 초등학교를 다녔습니다. 집안에는 아주 지혜로운 할아버지가 계셨습니다. 할아버지는 내가 초등학교 때부터 학교만 다녀오면 불러 세우시고 '○○야, 이 할애비는 무식해서 현대 학문을 하나도 모른단다. 그러니 네가 오늘 배운 것을 나에게 가르쳐 주지 않으련!' 하고 부탁하셨습니다. 그 때부터 나는 할아버지에게 내가 그 날 배운 것을 모두 할아버지에게 가르치기 시작했지요. 할아버지는 그 때마다 '우리 손자 참 똑똑하구나' 하시면서 칭찬해 주셨습니다. 그런데 나중에는 할아버지에게 더 많은 칭찬을 듣고 싶어 아예 학교 수업이 끝나면 집에 곧바로 들어가지를 않고, 근처 뒷산에 올라가 그 날 배운 것을 철저하게 복습하면서 할아버지에게 가르칠 교안을 작성하곤 했죠. 그 당시 그렇게 할아버지에게 가르칠 교안을 작성하기 시작하면서 나의 성적은 뛰어나게 향상되었고, 이런 습관이 지금까지 항상 공부하며 연구하는 학자가 되게 하였지요."

　아버지들이여! 가장 좋은 학습 방법은 자신이 남을 가르치는 것입니다.

오늘부터 자녀에게 성경을 가르치기 시작하십시오.

2. 유대인의 평생 교육

우리 나라 사람들은 독서를 잘 안 하는 경향이 있다. UN 통계에 의하면 한국인의 문맹률은 최선진국에 속하지만, 독서량은 후진국에 속한다. 매년 1인당 독서량이 미국의 경우 18권, 일본 12권인 데 반하여 한국은 5권에 불과하다(전인철, 1995년 8월 19일, p. 12). 한국의 학생들은 대학에 들어간 후 책과 멀어지고 또한 4학년 때 취직 시험을 보고는 책에서 손을 뗀다고 들었다. 대부분의 교수들도 박사 학위를 받고 나면 연구를 그친다(이원설, 총신목회신학원 특강, 1995년 1월).

유대인은 다르다. 그들은 대학에 들어가서도, 졸업을 하고 사회인이 되어서도 계속 공부한다. 성경뿐만이 아니고 일반 공부도 마찬가지이다. 그들은 박사 학위를 받은 후에도 연구를 쉬지 않는다. 그들은 평생 책을 사랑하는 것이 몸에 배어 있다. 그들은 궁핍하게 살더라도 "옷을 팔아 책을 사라"(Solomon, 1992, p. 93; Yuro, 1988, p. 325)고 가르친다. 14세기의 저명한 계몽가 임마누엘은 "만일 책과 돈을 동시에 땅에 떨어뜨렸거든 먼저 책부터 집어 올리라"(Solomon, 1992, p. 95; Yuro, 1988, p. 326)고 말했다.

유대인이 공부하는 목적은 세상의 출세를 위해서가 아니다. 하나님께서 귀중한 생명을 주셨기 때문에 생명이 있는 한 쉬지 않고 하나님의 진리를 발굴하여 인류에 공헌해야 한다는 신념을 가지고 있다. 시간은 하나님이 주신 신성한 것이다. 유대인은 게으름을 죄악으로 여긴다.

노벨상 수상 같은 업적은 그들의 피나는 노력의 결과이다. 노벨상 수상은

유대인은 평생 성경과 탈무드를 공부한다. 사진은 미드라쉬의 집에서 논쟁식으로 탈무드를 연구하는 두 성인 유대인.

　머리만 좋다고 이루어지는 것이 아니다. 그들은 노벨상을 목적으로 공부하는 것이 아니고, 신본주의 사상에 따라 열심히 노력하다 남에게 인정받아 노벨상을 타는 것이다. 만약 노벨상을 목표로 공부했다면 노벨상을 탄 후에는 쉬어도 된다는 말이 아닌가? 유대인이 얼마나 책을 좋아하며 평생 공부하는 민족인가는 뉴욕의 중·고등학교 선생의 약 50%가 유대인이라는 점만 보아도 잘 알 수 있다(1995).

　저자가 유대인 자녀 교육의 서론에서 유대인의 우수성을 몇 가지 소개한 바 있다. 역대 노벨상 수상자는 모두 3백 명 정도인데 그 중 93명이 유대인이다(1986년 통계). 그리고 미국의 하버드나 스탠포드, 예일대 의대와 법대 교수 중 50% 이상이 유대인이다.

　저자는 이 사실을 정통파 유대인 랍비들에게 말하면서 유대인의 우수한 두뇌를 칭찬한 적이 있었다. 그러나 그 당시 랍비는 빙그레 웃으며, "유대인 중 역사적으로 더 우수한 천재는 세상 학문을 연구하는 유대인보다 성경을 연구하는 유대인 랍비 중에 훨씬 더 많았다"고 말했다. 유명한 랍비 중에는 구약 성경을 모두 외울 뿐만 아니라 모든 성경에 통달한 사람도 많다고 말했다.

　그는 일반 세상 대학의 우수한 유대인에 대하여 그리 달갑지 않게 생각했다. 이유인즉 그들은 대부분 유대교 신앙에 충실치 않은 그룹에 속해 있다는 사실 때문이었다. 그들은 점점 더 세상 학문에 몰두하다 보면 자신도 모르게 하나님을 떠날 수도 있다고 말했다. 즉, 말만 유대인이지 종교적으로 유대인다운 유대인은 아니라는 말이다. 그들이 귀하게 여기는 진정한 가치는 세상 학문에서의 출세보다도 정신적 토라 사상을 지키는 것이라는 자부심을 느낄 수 있었다.

　철저한 성경 교육이 유대인을 진정한 천재로 키운다는 지론을 뒷받침하는 좋은 예가 미국의 제16대 링컨 대통령이다. 그는 초등학교밖에 안 나왔으나 어려서부터 가정에서 성경 공부를 많이 했다. 신약이든 구약이든 성경은 하나님의 감동으로 쓰여진 책이기 때문에 하나님은 성경을 읽는 이에게 지혜를 주신다. 하나님의 미련함이 인간의 지혜로움보다 훨씬 더 지혜롭다는 사실을 명심하고 자녀에게 성경을 가르쳐야 한다.

3. 유대인은 나이 많은 교사를 원한다

　유대인은 젊은 교사보다는 나이 많은 교사를 원한다. 유대인은 교사의 질을 따질 때 지식보다는 그 교사의 인격적, 신앙적인 성숙을 더 귀하게 여기기 때문이다. 이 말은 유대인 스승에게는 지고한 도덕과 깊이 있는 사상이 요구된다는 말도 된다. 따라서 스승은 연령에 비례하는 자기 수신(修身)이 필요하다. 이는 스승인 부모에게도 해당되는 말이다.

　탈무드에 권위 있는 유대인이 나이 많은 교사를 칭찬하는 장면이 나온다.

"젊은 교사에게서 배운 사람과 나이 든 교사에게서 교육받은 사람은 어떠한 차이가 있을까? 젊은 교사에게 배우는 것은 마치 설익은 포도를 먹고 방금 저장한 포도주를 마시는 것과 같고, 나이 든 교사에게서 교육받은 사람은 익은 포도를 따 먹으며 오래 된 포도주를 마시는 것과 같다"(Cohen, 1995, p. 176).

젊은 사람은 세상적 신학문에는 능통할지 모르나 묵직하고 완숙한 인격과 사상은 부족하다. 세상 학문은 수평 문화이고, 사상은 수직 문화이다. 유대인은 수평 문화인 세상 문화도 수용하나 그 세상 학문을 담는 그릇인 사상을 더 중요하게 여긴다. 수직 문화인 사상이 올바로 되어 있을 때 세상 학문

유대인 유치원 교사는 아이를 낳아 길러 본 5,60대 어머니나 할머니로서 성숙한 EQ의 소유자들이다. 유대인은 대학을 갓 졸업한 IQ 위주의 미혼 여성들은 교사 채용에서 제외한다. 사진은 정통파 유대인 유치원에서 아이들을 가르치는 EQ가 풍성한 50대 어머니 교사와 학생들.

도, 권력도, 물질도, 명예도 충분히 수용할 수 있다. 유대인의 수직 문화는 신본주의 사상이다.

이러한 완숙한 신본주의 사상은 젊은이에게서는 찾아보기 힘들다. 인간의 인격 성장은 갑자기 되는 것이 아니고 오랜 연륜과 경험을 요하기 때문이다. 인간이 진리를 발견하고 이를 소화하여 습관화하는 데에도 오랜 시간이 필요하다. 또한 현실에서의 실제적인 경험이 필요하다.

젊은 사람과 나이 든 사람의 차이는 또 있다. 젊은 사람은 나이 든 사람보다 성격이 급하다. 탈무드는 성미가 급한 사람은 가르칠 수가 없으므로 "인내심은 교사 자격의 필수 조건이다"라고 말하고 있다(Cohen, 1995, p. 176). 따라서 너무 어린 남녀의 결혼은 바람직하지 못하다. 아이가 아이를 가르치는 격이 되기 때문이다. 그런 면에서 요즘 10대 임신은 사회의 커다란 문제로 제기된다.

결론적으로 부모는 자녀의 교사이다. 부모는 훌륭한 교사의 조건으로 신본주의 사상을 가질 뿐만 아니라, 연령에 맞는 완숙한 교사가 되도록 노력해야 한다. 이는 부단한 노력으로 가능하다.

V. 결론: 아버지가 자녀를 직접 가르칠 경우 얻는 다섯 가지 유익함

'바나나 인생'이란 말이 있다. 미국에서 교포 자녀끼리 쓰는 속어이다. 바나나는 겉은 노란데 속은 하얗다. 즉, 이 말은 겉은 황인종인 한국인인데 속은 백인의 문화에 젖은 사람을 빗대어 부르는 말이다. 이제 '바나나 인생'이란 말은 한국에서 서구의 수평 문화에 물든 젊은 청소년들에게도 그대로 적용된다. 우리 자녀 중에도 신앙, 사상, 인격면에서 바나나 인생이 얼마든지 있을 수 있다. 얼굴은 내 아들인데 속은 이 세대를 본받아 도대체 부자지간에 대화가 되지 않는 경우를 말한다.

신앙, 사상, 인격면에서 세대 차이를 막기 위해서는 자녀가 어렸을 때부터 아버지가 직접 성경을 가르치는 길밖에 없다. 아버지가 자녀를 직접 가르칠 경우 대략 다섯 가지의 교육학적인 유익함이 있다.

첫째, 부모가 자녀를 충분히 이해할 수 있다. 선생은 개인적으로 가르치는 학생을 더 잘 이해할 수 있다. 따라서 부모는 자녀의 모든 행위를 선악간에 분별하여 하나님의 형상을 닮도록 지도할 수 있다. 상대방을 이해하지 않고는 상대방을 효과적으로 지도할 수 없다.

둘째, 아버지가 자녀를 직접 가르칠 경우 자녀는 매 안식일마다 아버지의 교육을 받기 위하여 늘 준비하는 버릇을 기르게 된다. 다시 말하면, 자녀는 일 주일 동안 배운 내용을 복습하게 된다(Solomon, 1992, p. 92). 아이는 어렸을 때 부모의 관심을 끌기 위하여 최선을 다하는 경향이 있다. 이럴 때 아버지로부터 '잘 했다'는 칭찬을 받게 되면 다음부터는 더 잘 하려고 노력한다.

이는 마치 교회 주일 학교 선생이 자신이 담당하고 있는 학생 중 철수란 학생에게 다음 주 기도를 부탁하게 되면 철수는 기도를 준비하기 위하여 일주일 내내 기도문을 쓰기도 하고 고치기도 하고 외우기도 하며 더 좋은 기도를 위하여 노력하는 것과 같은 원리이다. 얼마나 좋은 교육 효과인가? 이는 자녀를 모범생으로 만드는 비결이 된다.

셋째, 아버지가 자녀를 직접 가르칠 경우 유대인 아버지의 교육 방법은 귀납법적 질문의 형식이기 때문에 이보다 더 좋은 조기 천재 교육의 방법은 없다. 그것도 교육의 내용이 성경이니 얼마나 좋은 인간 교육이며, 영재 교육 방법인가? 일석이조의 효과를 거둘 수 있다.

넷째, 아버지가 자녀를 주기적으로 가르칠 경우 자녀는 아버지의 영향을 강하게 받아 아버지의 사상과 생활 풍습을 닮게 된다. 즉, 영·육 간에 세대 차이가 없게 된다.

다섯째, 유대인 자녀는 이러한 아버지의 사상과 더불어 교육의 방법도 그대로 본받는다. 그러므로 그들은 성장하여 자녀를 낳을 경우 아버지의 교육 내용과 교육 방법을 배운 대로 자녀에게 가르치고 실천한다. 이렇게 될 때에 그들은 아무런 거리낌 없이 당연한 것으로 알고 외부 문화가 어떻든 이에 동화되지 않고 최선을 다한다.

그런데 정통파 유대인의 모든 아버지가 위에 서술한 랍비처럼 자녀를 직접 가르치는가? 물론 예외도 있다. 부모가 가르치는 은사가 없거나 너무 바쁜 경우이다. 이런 경우 그들은 아버지의 사상을 자녀에게 어떻게 가르치는가?

차선의 방법을 선택한다. 그들은 이럴 때 같은 사상을 가진 랍비에게 부탁하여 사례비를 주고 자녀에게 탈무드 개인 수업을 시킨다. 이러한 탈무드 개인 수업은 가정에서, 유대인 탈무드 연구실에서, 혹은 직장에서 행해진다. 이래저래 유대인 랍비는 바쁘다.

한국에도 입시를 위한 과외 공부보다는 성경 과외 공부가 더 성행하여 목사님들이 더 바쁜 날이 하루 빨리 오도록 기도해야 한다.
　우리는 하나님의 준엄한 경고를 늘 기억해야 한다. "그가 아비의 마음을 자녀에게로 돌이키게 하고 자녀들의 마음을 그들의 아비에게로 돌이키게 하리라. 돌이키지 아니하면 두렵건데 내가 와서 저주로 그 땅을 칠까 하노라 하시니라"(말 4:6).

아버님이 돌아가신 후
'나의 아버님은 이렇게 말씀하셨다'고 말하지 말고
'나의 스승이신 아버님은 이렇게 말씀하셨다'고 말하라.
(Cohen, 1995, p. 183)

제4부

유대인 자녀 교육의 내용은 토라와 탈무드

제1장

토라와 탈무드

Ⅰ. 서론: '선한 도리'의 뜻

　청소년들을 보면 천차만별이다. 자유분방한 학생이 있는가 하면 행동이 잘 정돈된 학생도 있다. 행동이 잘 정돈된 학생들은 주위의 영향에 잘 흔들리지 않는다. 왜냐 하면 정신적 사상이 뚜렷하기 때문이다. 정신적 사상이 뚜렷하면 삶의 주관도 뚜렷해진다.

　정통파 유대인 자녀들이 그렇다. 세계 어느 나라를 가도 유대인촌에 들어가면 그들의 삶에서 이러한 인상을 강하게 받는다. 그들은 다른 이방인들과 생활하면서도 함께 섞이지 않고, 세상의 것에 초연하다. 그들은 자신의 것에 대한 자부심이 강하며 이를 지키며 꿋꿋이 살아간다.

　도대체 유대인은 자녀를 어떻게 교육시킬까? 그들은 자녀에게 무엇을 교육시킬까? 그들은 태어날 때부터 이미 이러한 사상과 행동이 몸에 배인 것이 아니라 교육에 의하여 형성되었다. 부모가 자녀에게 마땅히 행할 길을 가르치면 늙어서도 이를 지킨다는 것을 알기 때문에 어려서부터 그런 교육을 시키는 것이다(잠 22:6). 이것은 또한 유대인에게 명한 하나님의 절대 명령이다. 이 명령은 유대 자손이 대를 이어 지켜야 한다. "너희는 이 일을 너희 자녀에게 고하고, 너희 자녀는 자기 자녀에게 고하고, 그 자녀는 후시대에 고할 것이니라"(욜 1:3). "너로 내가 애굽에서 행한 일들, 곧 내가 그 가운데서 행한 표징을 네 아들과 네 자손의 귀에 전하게 하려 함이라"(출 10:2).

여기에서 하나님이 유대인에게 명령한 "너희 자녀에게 대를 이어 전하라"에서 의미하는 전체적인 교육의 내용은 무엇인가? 그것은 하나님이 이스라엘 백성에게 행하신 사건과 명하신 말씀을 말한다. "여호와께서 증거를 야곱에게 세우시며 법도를 이스라엘에게 정하시고 우리 열조에게 명하사 저희 자손에게 알게 하라 하셨으니"(시 78:5). 이 말씀에서 말하는 증거와 법도를 유대인은 '토라' 라 부른다.

다윗 왕의 아들 솔로몬은 이를 잠언 4장 2절에 자녀에게 가르치는 '선한 도리(sound teaching)' 라고 요약하였다. "내가 선한 도리를 너희에게 전하노니 내 법을 떠나지 말라"(잠 4:2). '선한 도리' 는 히브리 말로 '레콰토브' 이다. 이 말에는 '누구에게서 받은 것(to receive from someone)' 이란 의미가 담겨 있다(Stalnaker, 1977, p. 38). 즉, '부모는 선조에게서 물려받은 율법을 가감하지 말고 그 내용을 그대로 자녀에게 유산으로 물려주라' 는 뜻이다.

이를 뒷받침하는 시편 기자 아삽의 말을 들어 보자. 그는 자신이 발표하는 '옛 비밀한 말' 은 "우리가 들은 바요, 아는 바요, 우리 열조가 우리에게 전한 바"(시 78:2-3)임을 밝혔다. 그리고 이 받은 말씀을 유대인 자손에게 가르치는 이유는 "저희로 그 소망을 하나님께 두며 하나님의 행사를 잊지 아니하게 하려 하심이다"(시 78:7).

유대인의 철두철미한 정신은 모세가 시내산에서 받았던 그 말씀 자체를 어떻게 하면 인간의 인본주의적인 철학을 가미하지 않고 후대에 그대로 전수하느냐에 있다. 그들은 만약 후세에 전달하는 과정에서 여호와의 말씀에 일 점 일 획이라도 더하거나 빼면 저주를 받는다고 굳게 믿는다.

따라서 그들이 성경을 다른 외국어로 번역하는 과정에서도 신세대에 맞게 히브리 사본의 글자를 다른 말로 바꾸는 것은 꿈에도 생각할 수 없는 일이다. 성경뿐만 아니라 그들의 구약 성경 주석도 바빌론 포로기 후 기원전 에스라 시대에 쓴 미드라쉬(Midrash; 연구와 해석이란 뜻)나 11세기의 라쉬(Rashi)가 쓴 모세오경 주석이 아직도 세대 차이 없이 그대로 권위 있게 사용된다. 다른 말로 말하면, 그들의 교육 내용은 시간과 공간을 초월하여 모세 때부터 현재까지 변하지 않았다.

이는 5년 단위로 자주 바뀌는 현대 신학 사조와 좋은 대조를 이룬다. 현대의 병폐는 옛것을 너무 쉽게 버리는 데 있다. 끝없이 새것을 갈망한다. 신학이 보수를 잃어버리고 말씀을 떠나 너무 인본주의적인 새것을 따라가면 자유주의화된다. 신학교가 자유주의화되면 그 곳에서 배출되는 목사가 자유주의화된다. 목사가 자유주의화되면 평신도가 자유주의화된다. 그리고 마침내 교회는 죽어 가게 된다. 성령께서 그런 교회를 떠나시기 때문이다. 이는 교회사를 통하여 과거 유럽에서 보아 왔고, 현재 미국에서도 보고 있지 않는가? 그러므로 한국의 신학교가 보수를 유지할 수 있도록 온 국민이 기도해야 한다. 하나님은 어제나 오늘이나 영원토록 동일한 분이시다.

II. 토라와 탈무드

1. 토라란 무엇인가

　유대인은 세계사 속에서 세대 차이 없는 신앙을 전수한 모델로서 타민족의 추종을 불허한다. 과연 유대인은 무엇을 가르칠까? 우리가 흔히 유대인의 자녀 교육을 말한다면, 어떤 세상적인 학문적 입장에서 그들의 교훈이나 교육 방법만을 생각할 수 있다. 그러나 그들의 교육 내용과 방법을 알아보면 이러한 선입관은 여지없이 무너진다. 그렇다면 그들의 교육은 근본적으로 어디에 근거하고 있는가? 이에 대한 답은 그들의 구약 성경이다.
　유대인의 자녀 교육의 내용은 한 시대를 두고 완성된 것이 아니다. 물론 토라, 즉 모세오경을 중심으로 이루어졌지만 오늘의 탈무드가 있기까지는 오랫동안의 역사가 필요했다. 토라를 포함한 이러한 탈무드가 현재 그들의 영적 말씀이며, 지혜서이며, 삶의 교과서이다. 이제 그 내용을 알아보

유대인에게는 모세오경, 토라가 가장 중요한 하나님의 말씀이다. 사진은 두루마리 성경 토라를 껴안고 회당을 도는 유대인 소년.

자.

유대인이 말하는 토라라는 단어는 세 가지의 뜻을 포함하고 있다. 첫째, 좁은 의미에서 모세가 저술한 모세오경, 즉 창세기, 출애굽기, 레위기, 민수기 및 신명기를 말한다. 둘째, 전체 구약 성경, 즉 모세오경에 성문서 및 선지서를 더한 것이다. 유대인은 그들의 성경을 TANAKH이라고 부른다. 이는 Torah(모세오경), Nevi'im(선지서: Prophets), 그리고 Kethuvim(성문서: Writings)의 머릿자를 딴 것이다(The Jewish Bible, TANAKH, 1985; Lamm, 1993, p. 90). 셋째, 넓은 의미에서 탈무드를 포함한 유대인 교육 전체를 말한다(Kolatch, 1988; Lamm, 1993).

2. 성경 교육과 탈무드의 역사

A. 유대인의 신앙 생활: 성전 중심에서 말씀 중심으로의 변천 과정

유대인은 광야 생활에서부터 성전(성막) 중심의 종교 생활을 해왔다. 그러면 그들은 성전(성막) 중심의 종교 생활에서 탈피하여 언제부터 하나님 말씀 중심의 교육을 온 백성들에게 강조하였나? 이를 알기 위해서는 유대인 교육의 역사적 변천 과정을 알아야 한다.

유대인은 출애굽한 후 시내산에서 모세를 통하여 율법의 말씀을 받는다. 그들은 정확히 유월절 날 애굽에서 해방되어 그 후 50일이 지난 오순절 날 시내산에서 말씀을 받았다. 이는 신약에서 예수님이 유월절 어린양으로 십자가에 돌아가시고 그 후 50일째, 오순절 날 성령이 강림하실 것에 대한 그림자, 즉 예표이다. 유대인이 율법을 받아 영원한 안식의 땅 가나안

탈무드의 집에서 탈무드를 소리내어 읽고 있는 유대인 소년. 뒤는 온통 탈무드와 성경에 관한 책으로 꽉 차 있다. 이 소년은 매우 전통적인 핫시딤 정통파이다. 머리는 밀고 귀밑머리는 길러 정성껏 땋았다. 이들은 특별한 경우를 제외하고는 사진 찍기를 거부한다.

에 도착한 것처럼 신약의 성도들은 성령을 받아 예수 믿고 영원한 안식의 가나안 땅 천국에 도착하였다. 따라서 유대인다운 유대인 교육은 율법(말씀)을 받고부터 시작되었고 신약의 교회는 성령 강림 이후에 시작되었다.

유대인 교육의 가장 큰 변화는 포로기 전과 포로기 후로 나뉘어진다. 출애굽 이후 포로기 이전까지는 제사 중심의 종교 교육이었다. 당시 유대인은 그들의 종교적 죄사함과 헌신의 방법을 광야 시대의 성막이나 솔로몬 성전에서 오직 여호와께 각종 제사를 드리는 것만으로 알았다. 따라서 그들의 성전은 그들의 신앙 생활의 중심지가 되어 왔다. 그리고 그들은 솔로몬 성전을 자신들의 생명처럼 귀하게 여겼다.

그러나 B.C. 586년 바빌로니아의 침공으로 솔로몬 성전이 파괴당했다. 유대인은 바빌론의 포로로 잡혀 갔다. 그들이 성전을 잃은 후에는 제사드릴 곳이 없어졌다. 그 이후 자신들의 성전을 잃어버린 데 대한 놀라

움과 당혹감은 실로 컸다. 따라서 그들의 신앙 생활에 커다란 변화가 오기 시작했다.

이스라엘 백성에게는 그들의 죄가 아무리 크다 할지라도 예루살렘 성전이 이방 나라인 바빌론에게 파괴당한다는 것이 도저히 이해가 되지 않았다. 그리고 하나님이 아브라함 때부터 약속하시고 모세와 여호수아가 정복한 영원한 안식의 땅 가나안을 떠난다는 것은 꿈에도 생각할 수 없었다. 그만큼 그들은 예루살렘의 솔로몬 성전에 대한 애착이 강했다.

포로로 잡혀가 노예 신분에 처한 그들은 절기에 따른 성전 제사를 드리지 못하게 되자 하나님에 대한 믿음이 점차 식어 갔다. 그러면서 그들에게 두 가지 의문이 생겼다. 첫째는 정말로 하나님은 이스라엘 백성과 함께하시나? 하나님은 우리를 영원히 버리신 것은 아닌가? 둘째, 하나님은 과연 이방 신보다도 힘이 센 분이신가? 유대인은 점점 타락하기 시작하였다. 성전을 잃은 후 자녀들에 대한 교육 지침도 분명하지 않았다. 그들은 자신들의 신앙을 잃어 갔고 이방인과 결혼하거나 동화하는 속도도 빨라졌다.

그래서 유대인 종교 지도자들은 성전이 없는 바빌론 포로 기간에 어떻게 유대인의 해이해진 신앙을 돌이킬 수 있을까를 연구하게 되었다. 이를 위해 그들이 생각해 낸 종교 교육이 바로 성전 제사 대신 모세오경의 율법과 장로의 유전을 가르치는 것이었다. 이를 위해 설립한 것이 바로 회당 교육 제도와 랍비 제도이다(Benson, 1943; Eavey, 1964; Gangel & Benson, 1983).

유대인의 회당은 종교적 모임뿐만 아니라 그들의 사회적 모임 장소로도 사용된다. '랍비'는 히브리 말로 '나의 스승'이란 뜻을 가지고 있으며 가르칠 뿐만 아니라 재판할 권리도 있다. 그 당시 학사와 제사장이었던 에스라가 첫번째 랍비가 되었다(Benson, 1943, p. 25).

이 제도가 구약 성경에는 나타나지 않지만 예수님 당시에도 있었고, 오늘날까지 지속되어 오고 있다. 기독교 교육의 역사에서 이러한 회당과 랍비 제도는 유대인 종교 교육의 대변혁이었다.

B. 탈무드의 태동과 내용

성전 없이 신앙적으로 방황하는 이스라엘 백성을 하나님 앞으로 돌아오게 할 수 있는 방법은 무엇인가? 그 방법은 백성에게 하나님의 율법(말씀)을 가르치는 것이다. 하나님의 말씀을 가르치기 위하여 유대인 지도자들은 회당을 세우고 랍비를 양성하였다. 이제 필요한 것은 체계화된 교육의 내용이다. 그 체계화된 교육의 내용이 바로 미드라쉬와 탈무드이다. 당시의 이러한 제도와 미드라쉬와 탈무드의 태동에 대하여 알아보자. 이를 설명하기 위해서는 유대인의 성경에 대하여 알아야 한다. 유대인에게는 두 가지 구약 성경이 있다. 하나는 쓰여진 성경(The Written Laws) '토라'이고, 다른 하나는 구전으로 내려오는 '장로의 유전(The Oral Laws)'이다. 모두 모세가 시내산에서 받은 하나님의 말씀들이다. 포로기 전까지는 이 두 가지 성경이 해석되어 주석되지 못했다. 그러나 포로기인 B.C. 500년 이후부터 당시 학사 겸 제사장인 에스라는 토라와 장로의 유전을 유대인 종교 교육의 내용으로 체계화하는 데 지대한 공헌을 했다.

당시 에스라는 율법을 연구하고 해석하여 무지한 백성들을 가르치기 시작하였다(스 7:10-12). 이는 토라를 주석했다는 의미에서 탈무드의 첫 씨가 탄생되는 사건이었다. 토라에 주석의 방법을 연구하고 주석한 것을 '미드라쉬(Midrash)'라고 부른다(Cohen, 1983). 미드라쉬는 '연구(Study)'와 '해석(Interpretation)'이란 뜻이다.

탈무드는 모세의 업적과 에스라의 업적을 공정하게 비교한다. 모세가 광야에서 하나님으로부터 율법의 말씀을 받아 방황하는 유대인에게 전수한 선지자라면, 에스라는 유대인이 바빌론 포로 시기에 성전 없이 타락한 유대인에게 율법을 해석하여 그들의 실생활에 적용할 수 있는 안내자로 발전시켜 후대에 전한 학자이다(Cohen, 1983, p. 17). 따라서 유대인 율법 학자들은 모세와 에스라 두 사람을 율법 보존의 은인으로 존경한다.

탈무드의 편집은 가운데 미쉬나와 게마라, 그리고 그 주위에 현자들의 주석으로 구성되어 있다.

'장로의 유전'은 처음에는 입에서 입으로 자자손손 전해져 내려왔다. 그러나 기원전·후 시기에 심한 외세의 핍박으로 말씀 전수가 위기에 처하게 되었다. 그 때에 '장로의 유전'을 보존하기 위하여 기억하기 쉽게 요약하여 정리하기 시작하였다. 이 작업은 B.C. 200년부터 논의되기 시작하여 A.D. 220년경에 마무리되었다(Cohen, 1983; Kolatch, 1981, pp. 4-5).

그것이 '미쉬나(Mishna)'이다. 미쉬나는 히브리어로 '반복하다(to repeat)' 혹은 '가르치다(to teach)'라는 뜻이다(Lamm, 1993, pp. 88-97). 이것이 탈무드 태동의 직접적인 원인이 되었다.

A.D. 200-500년 사이에는 미쉬나에 주해 및 해설, 즉 일종의 주석을 더하기 시작하였다. 이것이 '게마라(Gemara; 배움이란 뜻)'이다. 후에 미쉬나와 게마라에 현자들의 주석을 달아 완성한 것이 탈무드이다(Lamm, 1993, pp. 88-97). 탈무드는 히브리어 음역으로 '교훈' 혹은 '교의'란 뜻이다(Cohen, 1983).

'쓰여진 성경'과 구전으로 내려오는 '장로의 유전'은 무엇이 다른가? 유대인은 '쓰여진 성경'을 '율법(mitzvos, the commandments)'이라고 부르며, 구전으로 내려오는 '장로의 유전'을 '설명(Explanation)'이라고 부른다.

하나님은 시내산에서 모세에게 매 율법을 주신 후 그 율법에 대한 설명을 주셨다. 매 '율법'은 '토라'로, '설명'은 '장로의 유전'으로 전승되었다. 모든 토라의 절 속에는 하나님의 지혜가 있다(Lampel, 1975, p. 35).

그렇다면 '율법'과 '설명'은 무엇이 다른가? 그 예를 들어 보자. 하나님이 초막절 절기 때에 모세에게 "너희는 칠일 동안 초막에 거하되…"(레 23:42)란 '율법의 말씀'을 주셨다. 그 후 하나님은 초막을 짓는 방법에 대하여 '설명'하셨다. 여기에서 '율법의 말씀'은 쓰여진 성경, '토라'에 기록되어 있고, 초막을 짓는 방법에 대한 '설명'은 '장로의 유전'으로 입에서 입으로 구전하여 내려왔다. 초막에 대한 '장로의 유전'의 설명에 의하면, 초막은 여자가 아니라 남자가 지을 것이며, 병든 자나 여행자는 안 된다. 초막의 지붕은 땅에서 거둔 소산으로 덮을 것이며, 베갯잇이나 의복을 포함한 털이나 실크로 덮어서는 안 된다. 그리고 초막의 최소한 넓이와 높이 등이 포함되어 있다.

　이 하나님의 말씀들은 모세, 아론, 아론의 두 아들(엘르아살과 이다말), 70인 장로, 그리고 백성들의 순으로 전해졌다. 이것이 구전의 시초이다(Lampel, 1975, pp. 35-37).

　이렇게 구전으로 내려오던 장로의 유전이 기록된 탈무드에는 편집 과정에서 토라인 모세오경에 대한 설명 외에도 지혜로운 조상들의 지혜 모음을 첨가하였다. 따라서 탈무드는 크게 두 부분으로 나뉜다. 첫째는 모세오경의 해석 부분으로 전체의 약 2/3를 차지한다. 이를 '할라카(halacha)'라고 한다. 둘째는 조상들의 지혜 모음이다. 지혜 모음은 대부분이 인생을 깊이 생각하게 하는 난해한 비유들로 쓰여 있다. 흔히 한국의 서점가에서 볼 수 있는 '탈무드의 지혜'가 바로 그것이다. 탈무드의 약 1/3 분량을 차지한다. 이를 '아가다(agada)'라고 한다. 탈무드는 4세기경에 편집된 〈팔레스타인(예루살렘) 탈무드〉와 6세기경에 편집된 〈바빌론 탈무드〉가 있다(Cohen, 1983; Lampel, 1987).

　탈무드는 2천여 명의 유대인 지혜자들이 약 1천 년에 걸쳐 편찬한 총 1만 2천 쪽에 달하는 방대한 책이다. 탈무드는 6부, 63제, 525장, 4,187절로 구성되었다(Cohen, 1983; Yuro, 1988). 유대인 정신 문화의 총집합체이다. 그들의 사상과 철학, 문학, 역사, 과학, 의학, 법률, 율법, 일반 생활 등 모든 것이 망라되어 있다.

　유대인은 기록으로 남겨진 모세오경뿐만 아니라 구전으로 내려오던 미쉬나에 지혜자들의 글과 주석까지, 그리고 이에 성문서나 선지서 등을 총 망라한 탈무드를 평생 교육 교과서로 삼는다. 왜냐 하면 그들은 탈무드 전체를 토라와 구분하지 않고 똑같은 성경으로 간주한다.

　이것은 그들의 탈무드 제1권 제1쪽의 쪽수 숫자에서도 나타난다. 탈무드 제1권 제1쪽을 보면 1쪽은 없고 2쪽부터 시작한다. 그 이유는 탈무드, 즉 하나님의 말씀은 항상 밤이나 낮이나 반복하여 평생 읽는 책이지 시작과 끝이 있는 책이 아니라는 의미이다. '1'이란 숫자는 시작을 뜻하므로 탈무드의 쪽수에서 '1'을 뺀 것이다. 유대인 랍비들은 탈무드가 내용이 너무 어렵기 때문에 읽는(reading) 책이 아니라 연구(study)하는 책이라고 말한다.

3. 탈무드 논쟁법(IQ 계발 교육)

A. 토론식 탈무드 공부

정통파 유대인들이 모여서 탈무드를 공부하는 데 참여해 보면 우리 입장에서 도저히 이해하지 못하는 부분도 많이 있다. 저자가 탈무드 고급반에 참석하여 경험한 예를 하나 들어 보겠다. 탈무드 중에서 경제 문제를 다루는 반이었다. 학생은 열 명 정도 되었다. 주제는 경영주와 노무자와의 관계였다. 실례는 농업을 경영하는 농촌에서 시작된다.

농장주가 일꾼들에게 내일 아침에 밭에 나와 일을 하도록 부탁하였다. 그런데 아침에 들에 나가 보니 비가 와서 일을 할 수가 없었다. 이런 경우 주인이 일꾼들에게 일당을 주어야 하느냐 그렇지 않으면 안 주어도 되느냐, 일당을 주거나 혹은 안 줄 때 그 근거는 무엇인가 하는 문제였다.

정답은 이렇다. 만약 주인이 일꾼들에게 일일이 내일 할 일들과 비가 올 경우를 대비할 수 있는 일의 조건들을 확실히 얘기했으면 주인의 책임은 없다. 그러나 막연히 일하러 오라고만 했다면 주인이 일당을 변상해야 된다. 왜 그런가? 이에 대한 현자들의 풀이(주석) 또한 자세히 나와 있다.

저자가 그들과 함께 탈무드를 공부하며 놀란 점은 두 가지였다.

첫째는 이 주제 하나를 놓고 랍비와 학생들이 토론해 가는 과정과 토론 내용에 놀랐다. 토론은 끝없는 질문과 답변으로 이어졌다. 그들은 이 주제로 한 시간 반을 토론하였다. 한 주제를 놓고 있을 수 있는 모든 가능성을 생각하며 이에 대하여 서로 갑론을박하며 변론한다. 암기식 학습법에 따라 빨리빨리 '정답'을 내는 데 익숙한 한국인에게는 이런 토론 수업이 지루하고 답답할 뿐이다. 그러나 유대인의 교육 방법을 이해하면 왜 유대인은 까다로운가, 유대인 변호사는 왜 유능하며, 유대인 학자는 왜 우수한가에 대

유대인의 탈무드 교육은 강의식이 아니라 시끌벅적한 토론식이다. 랍비와 학생들 간에 끝없는 질문과 논쟁으로 일관한다. 따라서 더 좋은 질문에 답하기 위하여 선생은 강의 준비를 더 많이 해야 하고 학생들은 더 많은 예습과 복습을 해야 한다. 사진은 랍비의 설명에 반론을 펴는 학생이 그 증거를 제시하고 있는 장면.

한 답을 얻을 수 있다.

유대인 변호사와 다른 나라 변호사가 어떻게 다른가를 보여 주는 예를 들어 보자. 다른 나라 변호사들이 계약서를 작성하면 분량이 고작 2-3쪽 되는 것도 유대인 변호사가 작성하면 수십 쪽이 되어 책으로 나온다. 유대인 변호사는 그 계약이 발효되었을 경우 발생할 수 있는 모든 위험 부담들을 일일이 나열하여 대비책을 세우기 때문이다.

둘째, 그들은 탈무드도 하나님이 선민인 자신들에게 주신 법이라고 여긴다는 점이다. 농장주와 일꾼들 간의 임금에 관한 이야기는 신학적인 입장에서 영적 구원론과 전혀 관계가 없다. 그러나 이것은 그들이 선민으로 올바르게 살아가기 위해 지켜야 할 윤리적인 법이다.

이것은 하나의 예에 불과하다. 탈무드의 많은 부분들이 이렇게 각 분야마다 구체적인 질문과 응답으로 구성되어 있다. 따라서 율법에 약한 유대인은 일일이 랍비에게 물어 생활한다. 물론 그들에게 십계명을 포함한 모세오경이 제일 중요하다. 그러나 탈무드의 교육 내용은 가정, 교육, 정치, 의학, 법학, 경제 등 지혜로운 삶을 영위하는 데 필요한 모든 분야를 망라한다. 바로 그들로 하여금 구원의 세계뿐만 아니라 각 분야에서 두각을 나타내게 해준다. 그리고 우주를 품는 넓은 마음을 갖게 해준다. 하나님은 실로 우주를 주관하시는 분이 아니신가?

B. 탈무드식 논쟁법(The Talmudic Debate)

유대인에게는 전통적으로 탈무드식 논쟁법(The Talmudic Debate)이라는 것이 있다. 이는 두 사람이 짝을 지어 책상을 마주하고 탈무드를 연구하는 교육 방법이다. 둘이 탈무드를 읽어 가다가 모르는 것은 서로 의논한

정통파 유대인은 탈무드를 공부할 때 때때로 둘씩 짝을 지어 논쟁식으로 공부한다. 상대방의 허점을 사정없이 날카롭게 공격한다. 이를 '탈무드식 논쟁'이라고 한다. 일종의 천재 교육 방법이다. 이러한 교육 방법에도 조상 대대로 세대 차이가 없다. 사진은 어른들이 '탈무드식 논쟁'을 벌이며 공부하는 모습이다.

어린이들이 '탈무드식 논쟁'을 벌이며 탈무드를 공부하고 있다.

다. 그리고 한 사람이 해석한 것을 다른 사람이 반박한다. 상대방이 허점을 보이면, 사정없이 날카롭게 질문하며 공격하는 방법이다. 서로 최선을 다하여 질문하고 응답한다. 때로는 상대방을 곤경에 빠뜨리곤 한다. 그리고 가능한 한 모든 가정(假定)을 제시하며 그 경우마다 대책을 제시한다.

탈무드식 논쟁법의 토론 방법도 상대방과 서로 큰 소리로 언쟁을 벌이며 토론한다. 옆에서 보면 마치 서로 싸우는 듯하다. 그러므로 유대인이 탈무드를 공부하는 방은 항상 시끄럽다. 그러나 누구도 이에 관여하지 않는다. 토론자들은 상대방의 학습 태도나 방법을 존경한다. 토론이 끝난 후에는 언제 논쟁을 했느냐는 듯이 금방 다정해진다. 유대인은 따질 때 따질 줄 알고 절제가 필요할 때 절제하는 능력을 어려서부터 키워 온 사람들이다. 위아래 질서가 없는 자유스런 분위기 속에서도 엄격한 질서가 있다. 이는 엄격한 질서가 있는 것 같은데도 질서가 없는 우리와 엄연히 다르다.

유대인 아버지들은 자녀가 어릴 때부터 이러한 탈무드식 논쟁법을 자녀에게 훈련시킨다. 교육 방법에는 과거나 현재나 세대 차이가 없다(사진 참조). 토론식 교육 방법은 자녀의 머리를 비평적이며 분석적이고, 조직적이며 통합적이 되도록 해 자녀의 IQ 계발에 지대한 공헌을 한다.

유대인은 질문하기를 좋아하는 민족이다. 따라서 세계에서 가장 말이 많은 민족도 유대인이다. 말 많은 민족의 지도자도 힘들다. 1948년은 이스라엘이 독립한 해이다. 미국의 트루먼 대통령과 이스라엘의 벤 구리온 수상이 만났을 때였다. 트루먼 대통령이 1억 5천만 미국 국민의 지도자가 된 후 "실직자 때문에 골치 아프다"고 말했더니, 벤 구리온(Ben-Gurion)은 "이스라엘 인구는 2백만밖에 안 되는데도 미국보다 더 골치 아프다"고 말했다.

유대인의 교육 내용도 하나님이 주신 지혜의 말씀이지만 교육의 방법에 있어서도 인간의 IQ 계발에 최상의 방법을 조상 대대로 사용하여 왔다. 따라서 그들의 우수성은 종교 교육에 기인한다.

기독교인도 이러한 교육 방법을 성경 공부에 도입하여 자녀들이 성경 공부도 하면서 IQ도 계발할 수 있도록 해야 한다.

III. 유대인의 토라와 법 사상

1. 유대인의 언약 사상은 계약 사상이다

유대인의 사고 구조를 이루는 중요한 요소가 법 사상이다. 왜 이러한 투철한 법 사상이 그들에게 생활화되었는가? 유대인의 선민 사상과 법 사상과의 상관 관계는 무엇인가 알아보자.

유대인의 선민 사상은 언약의 개념(Covenant Concept)이다(Lampel, 1975). 언약은 하나님 편에서 볼 때 인간과 상의 없이 일방적으로 행해졌다. 따라서 하나님에게 선택된 인간은 하나님의 언약을 받아들일 수밖에 없다. 그러나 인간 편에서 이 하나님의 언약을 받아들이면 '언약의 백성' 이라는 특권을 갖게 된다. 언약의 백성은 이 특권을 누리기 위해서 인간에게 부과되는 언약의 내용인 약속을 지켜야 했다(이상근, 갈-히브리 주해 8, 1990a, pp. 96-97).

하나님의 언약은 바로 계약의 형식이다. 그들의 토라와 탈무드는 계약 사상으로 이루어졌다. 하나님이 아브라함을 부르신 때부터 언약으로 시작된다 (창 12:1-3). 이는 일종의 계약이다. 계약이란 단어 자체가 계약을 맺을 때

유대인은 계약의 법 사상을 갖고 있다. 결혼식 전 주례인 랍비가 결혼 계약서 '케투바'를 작성하고 있다.

신랑이 랍비가 작성한 '케투바'에 서명하고 있다. 서명할 때 꼭 랍비와 두 증인 앞에서 해야 한다. 신부는 이 '케투바' 계약서를 잘 보관해 둔다.

두 당사자가 있고, 계약의 조건이 있음을 전제로 한다. 하나님의 선민인 유대인이 하나님께서 말씀하시는 언약(계약)의 내용을 이행했을 때 말씀의 언약에 나타난 축복의 말씀들을 이행하신다는 말씀이다. 만약 계약을 이행하지 않았을 때는 계약에 의하여 그에 상응한 심판과 징계가 따랐다(유대인의 쉐마 참조). 이것은 유대인의 역사에서 증명된 사실이다.

따라서 그들의 계약 사상은 그들의 중요한 생활 철학이 되었다. 계약 사상은 일종의 법 사상이다(Yuro, 1988). 그러나 이 법 사상은 약자를 보호하는 하나님의 사랑에 근거하여 형성되었기 때문에 원칙적으로 선하고 신령하게 보아야 한다(롬 7:12-13).

저자가 이스라엘에서 결혼한 유대인 신혼 부부 집에 초대되어 갔을 때였다. 그들은 안식일 음식을 먹은 후 결혼 사진을 보여 주었다. 그런데 그 결혼 앨범 마지막에는 결혼 계약서가 있었다. 계약서에는 이혼금인 '케투바'가 적혀 있었다. 미화 1만 2천 달러였다. 원래 결혼법에 의한 법정 금액은 은 2백이다(US $300, 1983년 기준). 신부가 뒤늦게 이 사실을 발견하고는 정색을 하며 남편에게 왜 그렇게 많으냐고 물었다. 결혼식 땐 남편이 얼마를 써넣었는지 몰랐다고 했다. 남편을 믿었기 때문에 돈의 액수에 관심이 없었다는 것이다. 남편은 신부에게 당신을 사랑하기 때문이라고 말했다. 결혼 계약서에 기재된 이혼금인 '케투바'는 연약한 신부를 보호하기 위한 법적 장치이다.

유대인이 말하는 법은 세 가지로 구분된다. 첫째, 모세오경에 쓰인 613개의 율법이다. 613개의 율법은 '행하라'는 긍정적인 법 248개와 '하지 말라'는 부정적인 법 365개로 구성되어 있다(Touger, 1988). 둘째, 장로의 유전인 미쉬나이다(Lampel, 1975). 이는 장로의 입에서 입으로 전해 내려오던 율법이다. 그러나 유대인은 이 역시 문자로 기록된 토라처럼 귀하게 여긴다. 셋째, 그들이 율법을 더 잘 지키기 위하여 만든 관습이 있다. 예를 들면, 안식일에 하지 말아야 할 금지에 관한 법만도 39가지가 있다. 그러므로 그들의 생활은 매사가 법이다. 구약에 흔히 쓰인 '여호와의 율례와 법도'란 말씀이 우리에게는 성경 말씀이지만 유대인에게는 율법으로 이해된다.

법을 아는 사람들은 모든 일을 법으로 해결한다. 이처럼 유대인은 자신이나 가정이나 사회나 국가에서 일어나는 모든 행동 지침이나 문제의 해결 방법을 꼭 율법인 성경에서 찾는다. 이를 다시 좋게 말하면, 그들은 모든 문제가 발생할 때마다 성경에서 성경은 뭐라고 답하는가를 찾아본다는 뜻이다. 그리고 성경의 말씀대로 결정한다. 이러한 습관이 아예 몸에 배어 있다. 만약 부모가 성경을 잘 모를 때에는 꼭 랍비에게 묻는다. 유대인에게 있어서 랍비는 모든 일상 생활사의 상담자이다.

또한 지도자적 권위도 대단하다. 오늘날 기독교인은 무슨 일이 일어날 때 성경 대신에 사회 학문이나 인간적 방법에 너무 의존하지 않나 하는 느낌이다. 우리가 율법적일 필요는 없다 하여도 유대인이 모든 문제의 해답을 성경에서 찾으려고 노력하는 태도는 우리가 꼭 배워야 한다. 또한 부모가 자녀를 교육시킬 때에도 성경 말씀을 인용하면서 가르쳐야 신본주의적 가르침이다. 이것이 바로 정확 무오한 성경의 권위에 절대적 가치를 두는 보수·개혁 신앙의 교육이다.

2. 교육학적인 측면에서 본 유대인의 법 사상 교육

유대인의 율법 교육을 교육학적 측면에서 더 심층적으로 파헤쳐 보자. 그들의 율법 교육은 유대인이 하나님의 선민으로서 이방인과 달리 선악을 분별하는 법도와 규례를 공부하는 것이다(시 1:1-2).

선악을 분별하는 율법 공부를 통해 그들의 두뇌는 어려서부터 발달하기 시작하며 비판 능력과 창조력도 함께 키워진다. 그러면서 많은 생각을 하고 조직적으로 사물을 연구하며 정리하는 능력이 키워진다. 그리고 그들은 말

'613 미쯔바 상점' 앞에 선 랍비 에들러스테인 씨와 저자. 613 미쯔바 상점이란 '613 율법 책방'을 뜻한다. 유대인은 율법을 사랑하며 책을 사랑한다.

로 일을 끝내는 것이 아니라 모든 일을 증거로 보관하기 위하여 문서화하는 습관을 갖게 된다. 이러한 자세야말로 현대 학문을 연구하는 데 절대적으로 필요한 요소들이다.

그들이 단연 세상 학문에서도 다른 민족보다 앞서가는 이유가 여기에 있다. 어려서부터 분별 없이 제멋대로 자란 사람과 비교가 안 된다. 훌륭한 법조인은 으레 유대인이라는 통념이 있다. 한창 세계의 이목을 끌었던 (1994~95년) 세기적인 미국의 미식 축구 선수 O.J. 심슨 재판의 변호사 샤피로와 그와 맞서 싸웠던 여검사 마르시아 클락도 모두 유대인이다.

유대인은 어려서부터 기본적인 613개의 율법을 배우므로 그것을 통달하고 나면 각 나라의 어떤 난해한 법도 쉽게 이해할 수 있다고 한 유대인 친구의 말이 생각난다. 수긍이 가는 말이다.

저자의 친구 정통파 유대인 랍비는 미국 서부의 명문 대학 법대 교수이다. 그는 많은 법조인들에게도 유대인의 율법에 대하여 강의한다. 그의 말에 의하면, 그의 강의를 들은 후 많은 법조인들이 "유대인들은 이런 법을 수천 년 전부터 만들어 지켰는데 우리는 이제 이 법을 연구하고 있다니…" 하며 웃는다. 법뿐만이 아니고 세상 만사 모든 면에서 유대인이 우수한 것은 하나님이 유대인에게 주신 토라와 탈무드 때문이라고 그 랍비는 말했다.

미국 웨스트 로스앤젤레스 유대인촌에는 정통파 사람들을 위한 책방이 하나 있다. 그런데 그 책방 이름도 '613 율법들'이다. 그 정도로 그들은 율법을 사랑한다. 그들은 율법이란 말 자체를 '선한 행위'로 간주한다. 여호와의 정의, 즉 율법이 통하는 세상을 만들어야 한다. 의인은 여호와의 법을 지킨다.

3. 한국인과 유대인의 법 사상 비교

이러한 유대인의 법 정신은 미국에서 생활하는 한국인의 생활 습관과도 대조적인 모습을 보여 준다. 예를 하나 들어 보자. 만약 어떠한 상점을 사고 판 후 문제가 발생했다고 가정하자. 이럴 경우, 한국인과 유대인의 대처 방법이 다르다.

한국인은 소개한 복덕방 주인에게 모든 책임을 떠맡긴다. 그리고 "선생님만 믿고 샀다"고 하면서 그 사람만을 원망한다. 왜냐 하면 한국인은 사기 전에 계약서는 읽어 보지 않고 소개한 사람만 믿고 계약했기 때문이다. 그러나 유대인은 우선 차분히 계약서를 꺼내 읽어 본다. 그리고 필요할 경우 법을 전문으로 하는 변호사와 상의한다.

한국인의 이러한 습관은 어디에서 왔는가? 한국인의 사고는 공동체의 수직적 개념이다. 전통적인 한국인 마을에서 어떤 일이 생겼을 경우 법에 의하여 결정되는 것보다는 덕이 있는 마을 어른의 결정에 따르는 것이 옳은 윤리였다. 즉, 한국은 유교 전통상 법보다 윤리와 도덕을 내세우는 경향이 있다(이회창, 월간 조선, 1995년 1월호, p. 142). 저자가 고향에서 자랄 때에도 경찰서에 가본 적도 없거니와 중학교 갈 때까지 경찰서가 왜 있는지조차도 몰랐다. 그만큼 한국인은 법보다는 윤리와 도덕에 의한 인맥 위주의 삶이 강했다.

이러한 한국인의 삶은 민주주의 국가에서 사는 한국인의 위법 통계에서도 잘 나타난다. 1995년 10월, 광복 50주년을 맞이하여 김영삼 대통령이 대사면을 발표했을 때였다. 일반 사면의 대상자가 1천만 명이었다. 즉 국민 네 사람 중 한 명이 전과자였다는 말이다. 온 국민이 놀란 통계였다. 물론 일반 사면에는 경범죄 처벌법, 도로 교통법, 향군법, 주민등록법, 민방위법 등 행정법규 위반 사안이 포함되었다고 한다(중앙일보, 사설: 1천만 명이 전과자였다니, 1995년 8월 14일).

수준 높은 질서 의식은 선진 국민의 모습이다. 질서는 국민이 법을 지킬 때 이루어진다. 법조인이었던 이회창 전 국무총리는 한국인의 약한 법 정신을 개탄하면서 법은 윤리와 도덕 위에 있는데도 불구하고 현재 한국의 법은 정치에도 약하다면서 정치가 법을 만들지만 법치는 정치 위에 있다고 역설하였다(이회창, 월간 조선, 1995년 1월호, p. 138). 한국 사회의 질서를 정립하기 위하여 기독교인이 먼저 법을 지키도록 노력해야 한다.

물론 유대인의 법 사상이 무조건 좋다는 얘기는 아니다. 이러한 법의 사고 속에서 자란 유대인들이 하나님의 사랑 없이 깐깐한 법을 잘못 남용하면 남을 골탕먹이는 교활한 율법주의자가 될 수도 있다. 이것은 EQ 없는 IQ의 위험성이다. 예수님 당시에 율법을 합법적으로 어기기 위하여 온갖 꾀를 다

유대인의 법 사상 교육은 세 살 때부터 시작된다. 사진은 유대인 아버지가 세 살 된 아들을 무릎에 앉힌 채 토라를 가르치고 있는 모습. 그들은 평생 동안 까다로운 법을 암기하고 실천하며 살아가기 때문에 학계나 법조계 유명 인사들을 많이 배출한다.

쓴, 타락한 바리새파가 그 예다. 유대인 지도자들도 그것을 인정한다.

저자가 유대인 교수의 집에 초대받아 갔을 때의 얘기다. 그가 유대인들이 비판받고 있음을 의식하면서 미국에 거주하는 한국인들이 유대인들과 사회적 거래를 많이 하느냐고 물었다. 저자는 "한국인이 사업하기 위해 임대한 흑인 지역의 많은 건물 주인들이 유대인이다. 의류 업계에서 하청을 주는 사업가들이 거의 유대인이다"라고 말했다. 그러면서 저자는 그의 입장을 생각하여 "가끔 까다로운 유대인들도 있지만 어느 민족이나 좋은 사람과 나쁜 사람이 있지 않으냐"고 말해 주었다. 그는 긍정은 하면서도 퍽 미안해하는 눈치였다.

　유대인의 율법 교육은 암기 교육이다. 그들은 하나님의 말씀에 대해 엄청난 경외심을 가지고 있다. 따라서 그들은 하나님 말씀을 잘못 외우면 안 되기 때문에 반복하여 정확하게 외운다. 탈무드에서 랍비 힐렐(Hillel)은 "100번 연습하는 것보다 101번 연습하는 것이 낫다"고 말했다(Drazin, 1940, p. 112). 유대인은 '정확하다' '까다롭다' '잘 따진다' 등의 말을 많이 듣는다. 또한 유대인은 '지독하다' 라는 소리도 듣는다. 그러나 그들의 교육 배경을 연구해 보면 모든 것이 이해가 된다.

　저자는 유대인들과 생활해 보면서 그들의 이러한 생활 자세의 원인을 또 다른 면에서도 찾아볼 수 있었다. 물론 주원인이 그들의 혹독한 율법 공부이기도 하지만, 또 다른 이유는 그들이 세계 곳곳으로 피난 다니면서 형성된 피난민 습관과도 무관하지 않다. 그들은 오랜 피난민 생활에서 너무나 고생을 많이 했기 때문이다.

　우리 나라 사람도 남한 사람보다는 이북에서 피난 나온 사람이 더 현실적이다. 그리고 내핍 생활에도 더 익숙하고 매사에, 특히 물질 관리에 지독하다는 말을 듣지 않는가? 인간은 고난을 겪으면서 자기 관리가 철저해진다. 요즘 2세 교육의 가장 큰 문제 중 하나가 너무 고난을 모르고 자라게 하는 환경이다.

4. 유대교와 기독교의 구원과 성화는 어떻게 다른가

정통파 유대인이 사용하는 성경 해석을 유심히 연구하다 보면 유대인과 기독교인의 성경 해석 방법에서 커다란 차이를 발견하게 된다. 그 중 가장 뚜렷한 차이는 무엇인가? 유대인은 성화의 과정을 강조한다. 그리고 말씀 받은 선민의 대를 이은 역사성을 강조한다. 따라서 이러한 교육의 목표를 이루기 위해서는 철저한 자녀 교육을 강조할 수밖에 없다. 그러나 기독교 신학자들은 신약 성경은 물론 구약 성경도 구원론적 입장에서 많이 해석한다.

유대인과 기독교인은 성경을 보는 관점이 다르다. 그 이유는 유대인과 기독교인이 각각 하나님의 백성이 되는 방법이 다르기 때문이다. 유대인은 혈통적인 유대인임을 강조한다. 그들은 이미 태어날 때부터 하나님께 선택받은 선민이다. 그들에겐 출생에서부터 필요한 교육이 구원에 대한 교리가 아니다. 그들에겐 선민으로 어떻게 이방인과 구별되게 살아가느냐, 즉 하나님의 형상을 어떻게 닮아 가느냐가 문제이다. 따라서 그들에게는 율법이 중요하다. 그들은 그들의 613개의 율법을 지킴으로 하나님께 선택받은 선민의 영적 순결과 도덕적 가치를 추구하고 있다. 따라서 그들은 모세의 율법을 성경이라고 부른다.

신약 시대의 기독교인은 다르다. 기독교인은 누구든지 출생하여 이방인으로 살다가 예수 믿는 시간부터 선민이 된다. 기독교인은 목사의 아들이라고 해도 그 개인이 예수님을 구주로 영접하지 않으면 구원을 받을 수가 없다. 기독교는 유대인이나 헬라인이나 차별 없이 먼저 개인 구원을 강조한다. 그리고 기독교는 개인 구원과 이웃 전도, 세계 선교를 강조한다. 따라서 기독교의 구원론에 의거하여 신약 시대에 예수님을 구세주로 영접하지 않은 유대교에 속한 유대인에게는 구원이 없다고 보아야 옳다.

신약 시대에 유대인의 성경 해석의 오류는 미완성의 성경인 구약만으로

유대인은 하나님과 맺은 언약을 지키기 위하여 오늘도 쉐마를 실천한다. 사진은 초·중·고등학생들이 가까운 회당에서 새벽 기도를 드리는 모습. 성인식을 치른 13세 이상 학생들만 기도할 때에 쉐마를 이마와 팔에 맨다.

하나님의 주권적 역사를 해석하는 데 있다. 이에 반하여 기독교는 신구약의 완성된 성경으로 하나님의 주권적 역사를 해석하는 놀라운 축복을 받았다. 그러나 한 가지 기독교인들에게 부족한 점은 예수 믿고 구원받은 이후 기독교인의 삶인 성화의 과정, 즉 행함을 소홀히 하는 데 있다. 그러므로 기독교의 구원론과 유대인의 성화를 위한 자녀 교육의 개념을 조화시켜야 올바른 기독교 교육이 정립될 수 있다.

IV. 유대인의 성경관과 대인 기질

1. 우주를 품는 성경관

　유대인은 성경적 삶을 평생 임무로 안다. 자신이 공부하고 배운 것을 또 자녀에게 가르친다. 그리고 그들의 하루 일과 중 많은 시간을 자녀의 종교 교육에 투자한다. 어떻게 생각해 보면 이 바쁜 시대에 꽤 바보 같은 교육인 것처럼 보인다. 그 시간에 학교 공부 하기도 힘든데 성경을 가르치다니…. 그런데도 그들은 전 세계를 주름잡는 우수 민족으로 우뚝 서 있지 아니한가? 왜 그럴까?

　유대인의 교육 내용을 보면 우리 기독교인과 다른 점이 있다. 우리 기독교인은 전 성경을 기독론 및 구원론에 초점을 맞추어 해석하려고 노력한다. 그렇기 때문에 구원과 특별히 관계가 없는 구약의 역사서, 성문서 및 선지서 등을 소홀히 할 수도 있다. 그러나 유대인은 실생활에 필요한 여호와의 율례와 법도, 성문서, 그리고 선지서 등을 광범위하게 강조한다. 물론 성경은 하나님이 인간을 구원하시기 위하여 쓰신 책이다. 그러나 좀더 넓게 생각하면 성경은 우주를 품은 책이다. 또한 하나님의 백성이 이 세상을 살아가는 데 필요한 삶의 지혜를 담은 책이기도 하다.

　인간이 하나님의 은혜를 받고 성경을 알게 되면, 하나님의 성품으로 변하게 된다. 그렇게 되면 하나님의 영광을 위하여 사는 삶이 된다. 이를 다른 말로 표현하면, 하나님의 사람은 '나를 위하여 사는 것이 아니고 남을 위하여 사는 삶'이 된다. 이에 대한 실천은 가정에서부터 시작하여 학교로, 사회로, 국가로, 그리고 전 세계로 퍼져 나가야 한다.

　유대인들은 성경의 창세기를 통하여 하나님이 처음 인간을 만들어 그에게 이 세상을 맡길 때 더 살기 좋게 만들라는 책임을 받았다고 믿는다. 따라서 이 책임은 하나님의 선민인 유대인의 몫이라고 가르친다(Tokayer, 1989, p. 218). 더 좋은 사회와 세계를 위한 꿈과 도전, 이것은 유대인의 삶의 모토이다. 유대인은 그들 스스로 인류 역사에 가장 많이 공헌한 민족이라고 자부한다. 사실이 그렇다.

그들의 눈부신 업적은 실로 놀라운 기적 같은 일이다. 비록 그들의 성경이 신약 없는 구약뿐이지만 이는 여호와 하나님 말씀의 능력이다. 그들은 남의 나라에서 종 노릇을 하면서도 정복한 나라에 어려운 일이 있을 때마다 그 나라의 권력자들을 돕곤 했다. 다니엘이 느부갓네살 왕을 도운 것이 그 예이다. 그들은 하나님이 주신 가나안 땅을 정복한 후, 영토를 넓히기 위해 남의 땅을 침략한 적이 한 번도 없었다. 그러나 온 인류를 위한 공헌은 많이 했다.

유대인의 지혜는 역사적으로 유명하다. 그 지혜의 근원은 성경이다. 사진은 성경과 탈무드를 연구하는 정통파 미드라쉬의 집 소년들. 시간만 있으면 이 곳에 모여 공부한다. 우주를 품은 성경은 그들을 대인으로 만든다.

유대인은 세계를 품는다. 어떻게 그들은 세계를 품는 넓은 마음을 가질 수 있었을까? 성경 때문이다. 성경은 우주적이고 광대하다. 인간의 처음과 끝을, 그리고 우주의 시작과 끝을 확실하게 가르쳐 준다. 무궁무진한 인류 역사의 파노라마가 창세기 1장 1절부터 요한 계시록 끝에까지 나타난다. 성경은 단지 구속사적 입장에서 성도가 구원받고 천국 가는 데 필요한 것만이 아니고 인간의 근본 지혜를 얻는 비결의 책이기도 하다. 성경은 하나님의 감동으로 쓰여졌기 때문에 성도가 성경을 많이 읽으면 하나님의 지혜를 많이 받을 수 있다. 그러므로 하나님의 사람들은 사고의 폭이 커지므로 깊고 넓게 사리를 판단하고 사물을 관찰할 수 있는 능력을 갖게 된다.

인간을 깊고 넓은 사람으로 키워야 한다. 땅을 깊이 파려면 처음부터 넓게 파야 한다. 다시 말하면, 깊이 있는 사람만이 땅의 것도 넓게 가질 수 있다. 깊이가 없고 얕은 사람은 땅의 것도 조금밖에 가질 수 없다. 설사 깊은 척 해도 금방 탄로난다. 정치가도, 과학자도, 사업가도, 농부도, 목사도 깊이 있는 사람으로 키워야 한다.

성경 속에서 모든 시대의 흐름과 과학이 풀지 못하는 해답을 얻을 수 있다. 기독교 역사 2천 년이 이를 증명하고 있지 않은가? 어느 가정, 어느 민족, 그리고 어느 국가든 하나님 말씀이 들어가면 처음에는 고난이 있지만 나중에는 번창하고 세계를 제패했다. 독일이 그랬고, 영국이 그랬고, 미국이 그랬다.

2. 성경의 지혜 문학과 유대인

유대인이 세계를 품는 데는 또 하나의 이유가 있다. 그들은 성경의 시편, 잠언, 전도서, 아가서, 그리고 욥기 등의 지혜 문학서를 귀하게 여기기 때문이다. 그리고 그 말씀들을 인격의 그릇을 키우는 데 적용하며 스스로 훈련한다.

대인과 소인의 인격은 무엇이 다른가? 그것은 교만과 겸손의 차이다. 인간은 스스로 높아지려고 하는 것이 문제이다. 인간을 큰 그릇으로 만드는 잠언 말씀 몇 가지를 들어 보자. "타인으로 너를 칭찬하게 하고 네 입으로는 말며 외인으로 너를 칭찬하게 하고 네 입술로는 말지니라"(잠 27:2). "그를 높이라. 그리하면 그가 너를 높이 들리라"(잠 4:8). "무릇 지킬 만한 것보다 더욱 네 마음을 지키라. 생명의 근원이 이에서 남이니라"(잠 4:23). "스스로 부한 체 하여도 아무것도 없는 자가 있고, 스스로 가난한 체 하여도 재물이 많은 자가 있느니라"(잠 13:7).

유대인은 자신을 다스리는 훈련이 잘 되어 있다. 대인 관계에서 좀처럼 화를 안 낸다. 그들의 훈련 교재 자체가 성경과 탈무드이다. "미련한 자는 분노를 당장에 나타내거니와 슬기로운 자는 수욕을 참느니라"(잠 12:16). "유순한 대답은 분노를 쉬게 하여도 과격한 말은 노를 격동하느니라"(잠 15:1). "훈계를 좋아하는 자는 지식을 좋아하나 징계를 싫어하는 자는 짐승과 같으니라"(잠 12:1). "남의 말 하기를 좋아하는 자의 말은 별식과 같아서 뱃속 깊은 데로 내려가느니라"(잠 18:8).

저자가 오래 전 한국을 방문할 때였다. 비행기에 오르면서부터 김포공항에 내릴 때까지 오직 잠언서와 전도서를 세심하게 몇 번이고 읽은 적이 있다. 저자는 그 당시 말씀 하나하나가 너무나 귀해서 마치 처음 접하는 말씀처럼 은혜를 받았다. 잠언서와 전도서가 이렇게 귀한 책인지 예전엔 미처 몰랐다.

과연 저자인 솔로몬의 지혜는 하나님의 지혜였다. 그는 대인이었다.

저자는 지혜 문학서를 연구한 후에 유대인과 사귀었다. 놀라운 것은 그들은 탈무드 교육 덕분으로 이미 대인이 되는 모든 잠언적인 말씀을 알 뿐만 아니라 이미 오래 전부터 이를 실천하고 있었다는 점이다. 나는 유대인들이 왜 그들 스스로 우수한 민족임을 다른 민족에게 자랑하지 않는지 그 이유를 알게 되었다.

한국 교회가 그 동안 모든 성경을 너무 구속사적인 측면에서 설교하고 전도에만 열심을 내지 않았나 하는 느낌이 든다. 또한 은혜와 사랑을 너무 강조한 나머지 하나님의 자녀로서 지켜야 할 계율에는 너무 약하다. 유대인은 그들의 의를 이루기 위하여 율법을 지키지만, 기독교인은 예수로 말미암아 이미 의인이 되었으므로 이제 의인다운 삶을 살기 위하여 기독교인이 지켜야 할 계율을 지켜야 한다. 그리고 성령의 열매를 행위로 맺어 한국 기독교의 도덕성과 윤리적 수준을 높여야 한다. 은혜 없는 율법도 문제지만 율법 없는 은혜도 문제이다. 은혜 없는 율법은 율법주의가 문제이고, 율법 없는 은혜는 방종이 문제이다. 은혜와 율법은 균형을 맞추어야 한다. 하나님은 어지러움의 하나님이 아니고 화평의 하나님이시다(고전 14:33). 화평은 법의 질서를 지키는 데에서 온다.

인간에 따라서 자신이 알고 있거나 소유한 것 중 20%만 내어놓고 80%는 속에 묻어 두는 이가 있는가 하면, 어떤 이는 자신이 가진 것보다 더 많은 120%를 노출시키려고 한다. 인간의 무게는 노출된 20%보다도 숨겨진 80%에 더 있다. 알래스카를 운행하는 선박은 해빙기에 바다 위로 얼음덩어리가 조금 보일 때 조심해야 한다. 경험 없는 선장은 바다 위에 떠 있는 얼음만 보고 얼음이 조그만 줄 알고 얼음 근처를 항해하다가 큰 낭패를 입는다. 그러나 노련한 선장은 바다 위로 떠오른 10%의 얼음을 보는 것이 아니고 바다 속에

잠긴 90% 이상의 육중한 얼음을 볼 줄 안다.

바둑을 둘 때에도 대인은 처음에 잃는 것 같지만 나중에 집 계산을 해 보면 큰 집을 다 차지하고 있다. 그러나 급수가 낮은 사람은 처음에 몇 알씩 열심히 따는 것 같지만 나중에 대패한다. 유대인은 대인의 사상을 가지고 있기 때문에 무섭다. 그들을 무조건 욕할 것이 아니라 우리 스스로도 대인이 되도록 노력해야 한다. '나'는 어떠한 사람인가? 각자가 스스로 점검해 볼 일이다. 원래 자랑은 가진 게 없는 이나 아무것도 가진 게 없다가 갑자기 많은 것을 소유하게 된 자가 하게 마련이다.

디모데후서 3장 16절과 17절에 보면 "모든 성경은 하나님의 감동으로 된 것으로 교훈과 책망과 바르게 함과 의로 교육하기에 유익하니, 이는 하나님의 사람으로 온전케 하며…"라고 쓰여 있다.

바울이 디모데에게 편지를 쓸 당시에는 신약 성경이 형성되기 전이었다. 그러므로 이 말씀에서 언급한 성경은 유대인이 읽었던 율법을 주로 한 구약 성경을 말한다. 따라서 구약이나 신약이나 모든 성경이 다 중요하다. 어려서부터 성경을 가르친다는 것, 이것은 아무리 강조한다 해도 지나치지 않는 말이다.

마땅히 행할 길을 아이에게 가르치라.
그리하면 늙어도
그것을 떠나지 아니하리라. (잠 22:6)

제2장

유대인의 지혜 교육

Ⅰ. 유대인은 교육에 민족의 사활을 건다

옛 유대인들의 설교로 구성된 전설들이 있다. 그 중에 오노마오스 (Oenomaos)에 관한 일화가 나온다. 모든 이교도들이 오노마오스에게 물었다. "이스라엘 사람과 싸워 이길 수 있는 방법을 말해 주시오." 그의 대답은 이러했다. "그들의 공회당과 학교에 학생들의 우렁찬 글 소리가 들리면 그들을 당해 낼 수 없다네. 왜냐 하면 그들의 족장인 이삭이 말하기를 '목소리는 야곱인데 손은 에서의 손이구나' 라고 말했다네. 이 말의 뜻은 야곱의 목소리가 회중에게 들리면 에서의 손에 힘이 빠진다는 뜻이라네"(Cohen, 1983, p. 67).

야곱은 선민의 상징이고, 에서는 이방인의 상징이다. 야곱은 영의 사람을, 에서는 육(肉)의 사람을 뜻한다. 따라서 선민인 야곱의 자녀들이 여호와 하나님의 말씀을 읽는 소리가 높으면 이방인인 에서의 육적 손의 힘은 맥을 못 춘다는 뜻이다. 이와 마찬가지로 기독교인도 영적 이스라엘 민족이므로 하나님의 말씀 교육에 충실하면 세상을 이길 수 있다.

유대인은 얼마나 교육을 중요시하나? 이를 독자에게 설명하기 위하여 유대인의 두 랍비에 관한 일화를 소개하겠다(Ben-Sasson, 1976; Solomon, 1992; Tokayer, 1989a; Yuro, 1988). 유대인에게는 역사적으로 훌륭한 랍비들이 많다. 그 중에서도 특히 탈무드에 나오는 유명한 세 사람을 꼽으라면 랍비 힐렐(Hillel), 랍비 요하난 벤 자카이(Johanan ben Zakkai), 랍비 아키바(R. Akiva)이다. 이들은 거의 2천 년 전의 유대 민족의 지도자들이었다. 그들은 모두 유대 민족의 위기를 교육으로 극복하고 교육에 헌신한 지도자들이었다.

1. 랍비 아키바(Rabban Akiva)의 일화

랍비 아키바는 탈무드를 편집한 학자였다(Ben-Sasson, 1976, pp. 340-342). 기원후 132년, 유대 민족이 로마의 지배로부터 벗어나기 위하여 난을 일으켰을 때였다. 로마는 유대 민족을 역사 속에서 영원히 망하게 하기 위하여 "로마인은 학문하는 유대인을 누구라도 사형에 처할 수 있다"고 공포하였다. 왜냐 하면 로마인은 유대인이 교육의 힘 때문에 살아남는다는 사실을 알았기 때문이었다.

이 때에 랍비 아키바는 여우에 관한 이야기를 했다.

어느 날 여우가 냇가를 거닐다가 물 속에서 물고기들이 바쁘게 헤엄쳐 다니는 것을 보았다. 여우는 물고기한테 "왜 그렇게 바쁘게 다니느냐"고 물었다. 그러자 물고기는 "우리를 낚으러 달려드는 그물이 무서워서 그런다"고 대답했다. 여우는 친절한 척하면서 "그럼 땅으로 나오렴, 내가 너희들을 지켜 줄 테니까" 하고 말하였다.

물고기는 여우의 말에 "여우들은 꽤나 영리하다고 들었는데, 이제 보니 그렇지도 않구나. 우리가 살고 있는 물 속에서도 이렇게 무서워 떨고 있는데 땅 위로 올라가 무슨 변을 당하려고 올라가는가?"라고 말하며 코방귀를 뀌었다.

여기에서 아키바는 '유대인과 학문'은 '물고기와 물'의 관계이므로, 물고기가 물을 떠나 잠시도 살 수 없듯이 유대인은 학문을 떠나서는 잠시도 살 수 없음을 강조했다. 물론 여기에서 말하는 학문의 내용은 세상 학문이 아니고 성경 말씀이었다.

2. 랍비 요하난 벤 자카이(Rabban Johanan ben Zakkai) 의 일화

랍비 요하난 벤 자카이는 예루살렘의 대표 지도자였다. 그는 기원후 70년, 포악한 로마군이 유대인의 성전은 물론 모든 도시를 파괴시키고 유대 민족을 전멸시키고자 했을 당시 비둘기파에 속하는 유대인 지도자였다. 바빌로니아의 후기 탈무드에 의하면, 그는 야브네에 있었던 랍비 가말리엘의 정신적 유산을 지킨 학자였다(Ben-Sasson, 1976, pp. 319-324).

로마군에 의해 모든 예루살렘 성이 포위되면서 유대 민족의 최후가 다가오고 있었다. 랍비 벤 자카이는 유대인이 로마를 이길 수 있는 방법을 궁리하였다. 유대인이 로마를 이기려면 로마 군대가 갖고 있는 칼보다 강한 무기가 있어야만 했다. 이 때 랍비 요하난 벤 자카이가 생각해 낸 것이 바로 교육이었다. 로마인의 칼보다 강하면서도 그들이 파괴할 수 없는 것, 그것은 곧 하나님의 지혜와 지식이었다. 그것은 교육을 통해서만 가질 수 있었다. 당장은 로마에 진다 하여도 유대 민족이 장차 로마를 이기기 위해서는 유대 민족에

유대인은 2세 교육에 민족의 사활이 걸려 있다고 믿는다. 그들은 세상 교육보다 종교 교육을 우선시하고 더 중요하게 생각한다. 사진은 예시바 대학 부속 고등학교의 탈무드 수업 광경.

게 토라 말씀과 그에 대한 교육이 있어야 한다. 왜냐 하면 토라는 유대 민족의 신앙과 지혜의 원천이기 때문이다.

그 후 랍비 벤 자카이는 유대인이 소유하고 있던 학교와 도서관 및 학자들을 지키기 위하여 당시 로마군의 사령관, 베스파시아누스를 만나야 했다. 그러나 예루살렘 성이 포위된 상태에서 밖으로 나가기는 쉽지 않았다. 로마군이 성의 출입을 금하고 또한 성 내에서도 유대인 반대파('가나임'이라는 과격파, 열성당)들이 유대인이 성 밖으로 빠져나가는 것을 물 샐 틈 없이 감시했다.

랍비 벤 자카이는 사환을 불러 자신이 중병에 걸렸다는 소문을 내게 했다. 얼마 후 랍비 벤 자카이가 죽었다는 소문이 퍼졌다. 묘지는 성 밖에 있었다. 랍비 벤 자카이가 누워 있는 관이 성 밖으로 나가려 하자 의심하는 로마군과 유대인 반대파가 두 번이나 관을 칼로 찔러 랍비 벤 자카이의 죽음을 확인하려 하였다. 이 때 자카이의 측근은 유대인 반대파에게 "죽은 사람을 칼로 찌르는 행위는 죽은 사람을 모독하는 행위"라고 말하여 화를 면하고, 로마 군인에게는 "당신들의 사령관이 죽었다면 그 시체를 칼로 찌르겠느냐"고 따져서 화를 면하였다.

밖으로 무사히 빠져나온 랍비 벤 자카이는 최전선에 있는 베스파시아누스 로마군 사령관에게 면회를 요청하였다. 로마군 사령관도 유명한 학자인 랍비 벤 자카이를 잘 알았으므로 흔쾌히 면담에 응해 주었다. 랍비 벤 자카이는 로마군 사령관을 만나자마자 "황제여!"라고 불렀다. 군사령관을 '황제'로 부르는 일은 해괴한 일이었다. 잠시 후 전령이 와서 로마의 황제가 죽고 원로원에서 베스파시아누스 로마군 사령관을 새 황제로 선출했음을 알렸다.

랍비의 예언을 기이하게 생각했던 로마 사령관은 그에게 자신이 할 수 있는 일이면 무엇이든지 들어 주겠다고 말했다. 랍비 벤 자카이는 예루살렘 성을 파괴시키지 말 것을 간구하고 싶었다. 그러나 그것은 불가능했다. 왜냐 하면 당시 로마군은 전쟁에 나가면 반드시 정복지의 시가를 약탈하고 불지르고 파괴해야만 했다. 그래도 로마군이 건물 하나만은 남겨 줄 수 있을지도 모른다고 랍비 벤 자카이는 생각했다. 그는 이 경우 유대인이 마지막까지 보존해야 할 건물이 예루살렘 성전이어야 하는가, 아니면 토라와 학자들이 있는 도서관과 학교 건물이어야 하는가로 망설였다. 그는 마침내 도서관과 학교 건물을 택했다.

랍비 벤 자카이는 로마 사령관에게 지중해 해변에 있는 인구도 적고 생산성도 없는 작은 야브네 거리를 파괴하지 말아 달라고 부탁하였다. 로마 사령관은 그러마고 승낙하면서도 어이없는 표정을 지었다. 왜냐 하면 랍비 벤 자카이가 그에게 간청한 일은 너무 쉬운 것이었기 때문이었다. 따라서 온 예루살렘 성은 초토화되었으나 야브네 거리는 피해 없이 고스란히 남았다(Ben-

Sasson, 1976; Solomon, 1992; Tokayer, 1989a). 그 조그만 거리에는 유대인의 탈무드가 있는 도서관과 학교 건물 그리고 많은 탈무드 학자들이 있었다(Ben-Sasson, 1976). 우리 모두 '나' 같으면 어디를 파괴하지 말아 달라고 간청했을까 생각해 보아야 하겠다.

그 후 야브네 거리에는 유대인의 최고 재판소가 설립되었고, 역사적인 유대 민족 교육의 산실이 되었다. 그리고 랍비 벤 자카이와 랍비 가말리엘, 랍비 아키바 등이 야브네 거리에서 탈무드를 편집하며 2세를 위한 교육에 전념하였다(Ben-Sasson, 1976, pp. 119-330). 눈에 보이는 성전보다 유대인의 마음을 변하게 하며 지키게 하는 하나님의 말씀인 토라 학교를 택한 랍비 벤 자카이. 그는 로마 제국의 거대한 칼의 힘을 물리치고 패배의 아픔을 극복해 미래에 이기는 길은 오직 '2세의 성경 교육'임을 안 사람이었다. 오늘날 로마는 망하여 역사의 뒤안길로 사라졌으나 유대인은 세계를 지혜로 정복하고 있다. 2세의 성경 교육! 그것은 유대인의 생명 자체이다. 유대인은 교육에 민족의 사활을 건다.

3. 유대인은 평생 배움을 사랑한다

유대인 부모는 자녀에게 세 살 때부터 히브리 알파벳를 가르치며 그것이 숙달되면 곧이어 기도문을 읽게 하고 그 다음에 성경을 읽게 한다. 유대인은 전 세계에서 제일 문맹률이 낮다. 그들이 글을 배우는 첫째 목적이 조상 대대로 내려온 여호와의 말씀을 읽고 배우기 위해서이기 때문에 문맹률이 낮을 수밖에 없다(Solomon, 1992, pp. 87-88). 이는 초기 한국 기독교 교회들이 부녀자들과 아동들에게 한글 교육을 시킨 목적이 성경을 읽게 하기 위함이

유대인은 평생 배움을 사랑한다. 특히 토라를 일평생 배우는 것을 생의 목적으로 삼는다. 사진은 유대인 소년이 토라의 말씀을 꿀처럼 빨아 먹듯이 토라에 키스하는 모습.

었던 점과 비슷하다.

    유대인 어린이가 처음 학교에 가면 교사는 히브리어 알파벳에 꿀을 발라 놓고 빨게 한다. 이는 "하나님의 말씀이 어찌 그리 단지요"(시 119:103)를 경험하게 하는 데 그 목적이 있다(Solomon, 1992; Tokayer, 1988a). 그들은 자녀들을 억지로 공부하게 하는 것이 아니고 스스로 좋아서 공부하도록 유도한다.

    유대인 부모는 자녀를 어려서부터 공부시키기 위하여 연령에 따른 조직적인 학과 과정을 만든다. 5세에 성경 연구를, 10세에 미쉬나 연구를, 13세에 계명의 완성에 관한 연구를, 15세에 탈무드 연구를 할 수 있도록 해야 한다. 그들은 자녀에게 끊임없이 학문할 것을 권고한다. 연구의 중단은 성장의 멈춤이며, 죽음이라고까지 말한다.

    그들은 성경뿐만 아니라 좋은 책에 대한 애착이 대단하다. 이에 대한 에

피소드를 하나 소개하겠다. 저자는 유대인에 관한 책을 구하기 위하여 유대인 책방에 종종 들른다. 유대인에 관한 책들은 독자층이 한정되어 있기 때문에 일반 책보다도 비싸다. 하루는 유대인에 관한 책이 하도 비싸서 잘 아는 랍비와 식사를 할 때에 "유대인의 헌책방이 어디에 있느냐"고 물었다. 랍비의 대답은 간단했다. "유대인 헌책방은 거의 없습니다. 왜냐 하면 유대인은 한번 책을 사면 책에 대한 애착이 대단하여 좀처럼 팔지 않습니다." 그들은 식량을 구하기 위하여 책과 옷 중 어느 것을 팔까를 결정할 때, 옷을 팔고 책은 마지막까지 갖고 있도록 교육시킨다. 그들은 옷을 팔아 책을 사는 민족이다(Solomon, 1992).

유대인들의 책을 읽는 습관과 연구열은 평생 과업이다. 그들은 얼마나 많은 지식을 갖고 있느냐보다도 학문을 하려고 하는 의지를 더 귀중하게 여긴다(Solomon, 1992; Yuro, 1988). 유대인들은 "현인은 따로 있는 것이 아니며 현명하게 공부하는 사람이 있을 뿐이다"라고 가르친다. "인간은 하나님에 의하여 평생 배우도록 만들어졌다"는 것이 유대인의 교육 철학이다.

유대인의 격언에 "20년 배운 것도 배우기를 중단하면 2년이면 다 잊는다"는 말이 있다. 우리의 현재의 위치를 고수하기 위해서 부단히 공부해야 하는데에도 불구하고 배우기를 중단한다면 그 순간부터 인생의 내리막길이 시작되는 것이다. 중세 유럽의 유대인 거리인 게토에서 사람이 가장 많이 모이고 드나드는 곳은 도서관이었다. 그러나 그 주위의 이방 사람들이 제일 많이 모이는 곳은 술집이었다고 한다(Yuro, 1988, p. 327). "사람은 책을 만들고 책은 사람을 만든다"는 말이 실감난다(더 자세한 유대인의 평생 교육은 제3부 5장 IV, 2번 참조). 우리 나라의 현실은 어떠한가?

II. 지혜는 칼보다 강하다

1. 지식과 지혜의 차이

　유대인은 유달리 지혜를 강조한다. 지식과 지혜는 언뜻 생각하기에 같은 것 같으나 다르다. 지식은 도서관이나 학교에서 배우지만 지혜는 성경에서, 그리고 가정과 생활의 현장에서 배운다. 지식은 배운 것을 잊어버리지만 지혜는 경륜이 더할수록 더 많아지고 세련되어진다.

　지식이 '무엇이냐(What)'에 대한 공부라면 지혜는 '어떻게 대처하느냐(How)'는 방법을 배우는 것이다. 지식이 수평 문화라면, 지혜는 수직 문화이다. 예를 들면 컴퓨터는 지식에 속한다. 따라서 변하는 컴퓨터는 수평 문화에 속한다. 그러나 성경 말씀은 지혜에 속한다. 따라서 변하지 않는 성경 말씀은 수직 문화에 속한다. 물론 지식도 지혜자가 쓰는 도구로서 중요한 역할을 한다. 따라서 지식도 배워 두어야 한다. 컴퓨터도 배워야 되는 것처럼.

　지혜 교육은 사리를 분별하는 판단력을 배우는 것이다. 지혜로운 판단력은 삶을 승리로 이끄는 스승이다. 개인이나 조직 혹은 국가에는 시시각각의 위기가 닥친다. 그 때마다 위기를 전화위복으로 바꾸는 데는 무엇보다도 지혜가 필요하다. 유대인은 "지혜는 칼보다 강하다"고 믿는다(Solomon, 1992, p. 22). 그렇기 때문에 그들은 권력자나 부자보다도 지혜자를 존경한다. 현대 유대인의 지혜자는 랍비이다.

　유대인 자녀들은 어디에서 지혜 교육을 받나? 세속 학교 교육에서보다는 가정에서 할아버지와 부모에게서 배운다. 그들은 가정에서의 종교 교육을 통하여 도덕과 윤리 및 지혜 교육을 터득한다. 또한 부모는 지혜자인 랍비에게서 배운다.

　유대인들은 백발을 존경한다. 그 이유는 그들의 경로 사상(레 19:32)에도 있지만 연세 많은 분들은 일생 동안 실패와 성공을 되풀이하면서 얻은 체험담, 즉 지혜가 있기 때문이다. 웃어른의 말씀을 듣지 않고 어떻게 2세가 1세의 신앙의 유산을 전수받을 수 있겠는가? 참지혜자는 자신의 주장보다는 어른들의 말씀을 귀담아 들을 줄 알아야 한다. 그리고 그들의 지혜를 배우도록 노력해야 한다.

성경의 예를 보자. 솔로몬의 아들 르호보암이 왕이 된 후에 두 그룹, 즉 아버지 솔로몬과 가까이 했던 노인들과 자신과 함께 자라난 젊은 소년들에게 백성을 어떻게 교도했으면 좋겠느냐고 물었다. 이에 대하여 노인들은 르

유대인 어린이들은 백발에게 지혜와 전통을 배운다. 따라서 유대인의 경로 사상은 대단하다. 사진은 기도하는 유대인 노인.

호보암에게 "왕이 만일 오늘날 이 백성의 종이 되어 저희를 섬기고 좋은 말로 대답하여 이르시면 저희가 영영히 왕의 종이 되리이다"라고 대답하였다. 반면에 소년들은 "나는 너희의 멍에를 더욱 무겁게 할지라. 내 부친은 채찍으로 너희를 징치하였으나 나는 전갈로 너희를 징치하리라 하소서"라고 대답하였다. 르호보암은 '노인의 교도를 버리고 소년의 가르침을 좇아' 국가가

위기에 처하게 되었다(왕상 12:6-15).

왜 그런가? '노인의 교도'는 단순한 지식에서 나온 것이 아니라 인생을 살아오면서 터득한 지혜에서 나온 것인데 르호보암은 이를 무시했기 때문이다. 대학까지 나온 신세대보다 초등학교도 안 나온 할머니나 어머니들에게 삶의 지혜가 더 많은 것도 같은 이치이다. 요즈음 한국의 젊은이들이 신학문을 좀 했다고 어른들의 식견을 업신여기는 풍조는 바람직하지 못하다.

특히 현대를 살아가고 있는 한국의 노인들은 한민족 역사에서 볼 때 문화적으로, 학문적으로, 도덕적으로, 사상적으로 그리고 전쟁사적으로 가장 커다란 격동기를 겪은 분들이다. 일본군, 중국군, 인민군, 한국군 등 4개 나라의 군인 경력을 가진 사람이 하나둘이 아니다. 조국의 광복, 공산주의와 자유민주주의의 이데올로기 대립을 겪은 분들이다. 또한 한국 역사에서 볼 때 신학문을 접하고 한국을 경제대국으로 일으킨 최초의 세대이다. 도덕과 윤리적 측면에서 볼 때, 그들은 한국 근대사의 사상을 가장 많이 지닌 마지막 세대이다. 기독교사적으로 볼 때에도 그들은 왜정 시대의 신사 참배 강압과 6·25 전쟁시의 공산주의의 탄압을 경험한 세대이다. 그들은 절대로 현대인들이 돈 주고도 살 수 없는 비싼 경험들을 갖고 있다.

젊은이들은 이러한 역사의 소용돌이를 거쳐 온 분들에게 뜨거운 박수를 보내며 그들이 돌아가시기 전에 그들의 지혜를 경청하여 배워야 한다. 그리고 한국 역사의 커다란 분수령의 증인들을 연구 정리하여 우리 민족의 저력과 자랑으로 승화시켜야 할 책임이 있다. '신한국'이란 정의와 과업은 먼저 이런 면에서 이루어져야 한다.

위대한 사상이나 명작은 역사적 환경이 만들어 낸다. 러시아의 문호 톨스토이의 작품인 〈부활〉의 역사적 배경이 그랬고, 도스토예프스키의 작품인 〈죄와 벌〉의 역사적 배경이 그랬다. 한국의 근대 및 현대사의 배경에도 불구하고 한국인이 노벨상을 탈 수 있는 문학 작품 하나를 남기지 못한 것이 못내 아쉽다. 우리 것을 귀하게 여기지 않고 외국 것만 너무 귀하게 여긴 탓일까? 그렇지 않으면 우리 민족의 사상적인 그릇이 작기 때문일까? 이제라도 젊은 이들이 마음을 바꿔 우리의 할아버지, 할머니에게서 귀한 경험과 지혜의 유산을 물려받아야 한다.

탈무드는 랍비들의 질문을 통해 하나님이 인간을 창조할 때에 "왜 입은 하나, 귀는 둘을 만드셨나?"라고 묻는다. "이는 인간이 말을 하는 것보다는 두 배나 남의 말을 들어야 하기 때문이다"라고 가르친다(Solomon, 1992; Tokayer, 1988a).

2. 유대인은 왜 지혜를 강조하나

"머리를 써라!" 이 말은 유대인 아이들이 부모에게 무수히 듣는 말이다. 그렇기 때문에 유대인 어머니는 어린아이를 때릴 때 뺨은 때릴지언정 머리는 안 때린다. 그 이유는 혹시 아이의 머리에 이상이 생기지 않을까 두려워해서이다(Shilo, 1993, p. 32).

유대인은 왜 특별히 지혜를 강조하는가?

첫째, 그들의 역사는 마음놓고 살 수 없는 위기의 연속이었다. 그들은 이방인의 침입으로 말미암아 모든 재산이 하루 아침에 날아갈지 모르는 위기 속에서 살아왔다.

따라서 유대인 부모는 화재나 홍수 혹은 전쟁으로 전 재산을 잃었을 때에도 잃지 않는 것은 지식과 지혜라고 자녀에게 가르친다(Solomon, 1992; Tokayer, 1989a, 1989b; Yuro, 1988).

유대인은 역사적으로 나그네 인생이었다. 항상 이 방의 전쟁에 쫓기며 살아왔다. 이러한 환경에서 살아남는 비결은 머리를 써서 사는 길이다. 사진은 이방 땅에서 아버지의 손을 잡은 두 아들이 사방을 주시하고 있는 모습(예시바 대학 복도에 걸려 있다).

 그들이 흔히 사용하는 탈무드의 비유 중에 이런 것이 있다. 돈 많은 부자들이 랍비와 함께 배를 타고 여행길에 올랐다. 먼 뱃길에서 부자들이 한참 동안 자신들이 갖고 있는 돈 보따리를 꺼내 보이며 서로 뽐내었다. 이 광경을 지켜보던 랍비가 빙긋이 웃으며 그들에게 말했다. "현재 가장 돈이 많은 사람은 나요. 그러나 현재는 보여 줄 수가 없소. 나중에 보여 주겠소." 얼마를 가다가 도적 떼를 만나 부자들은 갖고 있던 돈 보따리를 모두 빼앗겼다. 마침내 도착지에 내렸을 때 랍비는 곧 그 곳에 모인 학생을 가르쳐 생계를 이어갈 수 있었으나 다른 부자 출신들은 낙담에 빠졌다.
 이 예화가 주는 교훈은 무엇인가? 눈에 보이는 물질을 재산으로 삼은 사람들은 언제 그 재산을 잃을지 모른다. 그러나 눈에 보이지 않는 지혜를 재산으로 갖고 있는 사람은 아무에게도 그것을 빼앗길 염려가 없다. 그러므로 지혜는 인간이 죽을 때까지 소유할 수 있는 최고의 재산이다.

유대인은 수천 년의 박해의 역사 속에서 눈에 보이는 세상의 물질은 한낱 물거품과 같다는 것을 절실히 깨달았고, 이 귀한 진리를 또한 자녀에게 대를 이어 가르쳤다. 언제라도 맨손 들고 또다시 일어나기 위해서는 물질보다도 삶의 지혜가 필요하다는 것을 깨달은 것이다.

둘째, 그들이 지혜를 구할 수밖에 없는 또 다른 이유가 있다. 그들은 인구 수가 지극히 적고 땅이 작기 때문에 힘으로는 도저히 그들을 둘러싼 강한 이방인의 침공 속에서 살아남을 수 없었다. 특히 유대인이 살고 있는 가나안, 지금의 팔레스타인 땅은 국가로서 강대국이 될 수 있는 조건, 첫째, 넓은 국토, 둘째, 많은 인구 수, 셋째, 풍부한 자원, 넷째, 지형적 요새지 등 어느 하나 적합하지 않다. 이스라엘의 면적은 강원도와 경기도를 합친 정도다. 한국 남한 인구의 1/3에 해당하는 1천5백만 명에 불과한 인구, 더구나 그들 중 절반은 미국에 산다. 게다가 그들의 땅은 대부분 사막인 박토이고 항상 주변 적대 국가의 침략 위험이 있다. 따라서 이러한 악조건에서 역사적으로 강적을 이기고 살아남을 수 있는 길은 오직 지혜를 구하는 길밖에 없었다. 특히 하나님의 지혜이다.

잠언서에 보면, 솔로몬의 아버지 다윗이 솔로몬에게 "지혜가 제일이니 지혜를 얻으라"고 가르쳤다(잠 4:7). 유대인은 지혜를 하나님 혹은 하나님의 말씀으로 해석한다. 선민은 말씀 속에서 하늘의 지혜를 얻을 수 있다. 약자는 하나님의 도움, 즉 하나님이 주시는 지혜로만이 강자를 이길 수 있다는 뜻이다. 그러므로 유대인의 회당에서 최초로 배우는 성경 구절 중 하나는 "여호와를 경외하는 것이 지식의 근본이어늘"(잠 1:7)이다.

3. '남을 이기라'가 아니고 '남과 다르게 돼라'

유대인은 "남을 이기기 위해 노력하라"가 아니고 "남과 다르게 돼라"고 가르친다(Solomon, 1992; Tokayer, 1989a). 이 말의 개념 자체는 "하나님을 위하여 구별된 유대인은 이방인과 구별되게 살아야 된다"는 데에서 나왔다. 그들은 부단히 남과 다르게 되려고 노력한다. 따라서 그들은 구두끈을 매어도 이방인과 다르게 맨다. 그들의 생활 방식이 이방인과 다른 이유가 바로 여기에 있다.

그들의 이러한 사고방식은 남과는 뭔가 다른 개개인의 창조성을 가져오게 했다. 따라서 그들 중에는 독특한 개성을 개발한 재주꾼들이 많다. 유대인의 신본주의적인 삶의 추구가 그들의 천재 교육의 한 방법이 되었다. 그렇기 때문에 그들의 종교 교육을 이해하지 않고는 그들의 천재 교육을 설명할 길이 없다.

유대인 과학자 알베르트 아인슈타인(Einstein, 1978-1955)은 8세까지 열등아였다. 그는 어릴 때에 정신적으로 부진한 상태가 너무 심해 부모나 학교 교사들 모두 '저능아'라고 믿었을 정도였다. 그러나 유대인은 저능아를 저능아로 놔두지 않고 그 상태에서 아이의 독창적인 개성을 발견하여 키워준다. 아인슈타인은 후에 회고하기를 그가 15세가 되었을 때에는 강한 지식욕을 갖고 많은 고전을 독파했다고 한다. 그 후 그는 상대성 이론을 발견하여 세기적인 과학자가 되었다. 만약 그를 저능아로 제쳐놓고 교육을 중단했다면 그것은 인류사의 커다란 손실이 되었을 것임이 분명하다(Shilo, 1993, pp. 22-23).

인간은 누구나 장점과 단점이 있다. 지능 지수(IQ)는 인간 능력의 일부분을 테스트하는 것이지 전인적인 능력을 테스트하지 못한다. 어떤 자녀는 수학에, 어떤 자녀는 운동, 그리고 어떤 자녀는 예술에 소질이 있을 수 있다. 또한 사람에 따라서는 암기력에 능한 사람도 있고, 암기력은 둔하나 사고가 남보다 깊은 사람도 있다. 따라서 유대인 부모는 자녀들의 지능 지수를 비교하지 않고 각 자녀가 갖고 있는 개성을 중요시한다. 형제의 지능 지수 비교는 양쪽을 죽이지만 개성 비교는 양쪽을 살린다(pp. 62-63).

지식보다 지혜를 특별히 강조하는 유대인 교육은 그들의 삶에도 적용된다. 그들은 새로운 종류의 사업이나 상품을 개발하는 데에 천재적인 소질을 갖고 있다. 그들은 창조적 지혜 교육에 힘입어 역사적으로 남이 생각하지 않는 분야를 많이 개발하여 인류에 공헌했다. 오늘날의 금융업을 처음으로 창안한 로스차일드뿐만 아니라 경제, 사회, 학계, 심지어 할리우드의 영화 산업까지 다양하다.

한 가지 예로 최근 할리우드 영화계를 주름잡는 유대계 출신 스필버그(Steven Spielberg) 감독이 그 중의 한 사람이다. 그는 UCLA에 재학중이던 20세부터 특출한 영화를 만들어 주목을 끌다가 지구인이 우주인과 만나는 '만남(Encounter)'에 이어 한 소년이 우주인을 만나 우정을 나누는 'E.T.'를 만들어 온 세계의 화제가 되었다. 그 후 '쥐라기 공원'으로 더 유명해졌다.

또한 그는 1987년부터 사양 산업으로 제쳐놓았던 만화 영화 업계에서 실사 영화와 만화 영화의 접목 작품인 '누가 로저 래빗을 모함했는가'를 만들어 만화 영화 업계를 활성화시켰다. 그는 또한 유대인의 대학살에 관한 영화 '쉰들러 리스트'로도 유명하다. 여기에서 주목할 것은 그가 손대는 작품마다 기성 영화인이 생각하지 않는 다른 것에 몰두함으로 성공했다는 점이다.

4. 지혜로 남의 땅을 향유하는 유대인

유대인은 왜 타인에게 친절한가? 그 이유는 간단하다. 여호와의 율례와 법도가 그렇게 가르치고 있기 때문이다. 유대인의 친절 교육은 성경에 많이 나타나 있다. 유대인은 창세기의 아브라함이 나그네였던 천사를 대접하여 축복받은 사실(창세기 18장)과 반대로 소돔 땅 거민들이 나그네였던 천사를 잘 대접하지 않아 그 땅에 저주가 임한 사건(창세기 19장)을 기억한다.

유대인은 종교적인 교훈을 실제 삶에 실천한다. 따라서 하나님이 유대인에게 준 나그네와 고아와 과부를 대접하라는 말씀(출 22:22-24; 신 16:14, 24:17, 19-21, 27:19; 렘 7:6)을 지키고자 노력하고, 환자 방문을 권장한다(Cohen, 1983; Donin, 1972). 그러나 저자의 경험으로는 이러한 일들을 그들 민족끼리는 잘 하지만 이방 사람들에게는 가려 가면서 하는 것을 보아 왔다. 가장 사귀기 힘든 사람들이 정통파 유대인들이다. 그들과는 다른 사람의 소개 없이 속을 터놓고 사귀기가 참 힘들다.

저자가 하루는 유대인 교수의 소개로 안식일 어느 정통파 회당에 참석하였다. 그 날 오전 집회가 끝나고 랍비가 저자를 모든 사람 앞에서 정중히 소개하였다. 저자의 직업과 교육학 전공까지 소개해 주었다. 그 후 뒷마당에서 간단한 스낵 시간이 있었다. 많은 사람들이 저자에게 와서 인사를 하였다. 그 중 네 사람이나 자신들의 안식일 점심 식사에 저자를 초대하였다. 물론 랍비와 선약이 되어 있어서 정중히 사양했다.

저자는 랍비에게 "왜 그렇게 많은 사람들이 처음 보는 사람을 초대하는가?"라고 물었다. 랍비는 두 가지로 대답하였다. 하나는 여호와의 율법 중 나그네를 대접하라는 계명을 지키기 위함이고, 둘째는 저자가 그들이 존경하는 유대인 지도자의 소개를 받았기 때문이라고 설명해 주었다. 이 일을 통해 그들이 행함을 강조하여 율법을 지키려는 강한 의지를 볼 수 있었고, 또한 유대인 사회에서의 '소개'의 위력을 볼 수 있었다.

저자의 경험에 의하면 유대인과의 사귐에는 세 단계의 과정이 필요하다. 그들은 처음에는 정말 친절하다. 그러나 좀 알고 나면 까다롭게 느껴지고, 어떤 선 이상으로 가까워질 수 없는 한계를 느낀다. 그러나 일단 그 선을 넘고 나면 그렇게 좋을 수가 없다. 그들이 이방인에게 쉽게 마음을 안 주는 이유 중에는 물론 그들의 선민 의식도 많이 작용하지만, 랍비들의 말에 의하면 자신들은 역사적으로 이방인에게 너무 많이 당한 민족이기 때문에 이방인을 잘 믿지 못한다고 한다.

유대인은 평화를 사랑하는 민족이다. 역사적으로 아무리 부강했을 때도 하나님이 허락하신 가나안 땅 이외의 다른 나라를 침범한 적이 없다. 제사장의 축복도 "평강 주시기를 원하노라"(민 6:26)로 끝난다. 그들은 "인류가 한 사람에게서 시작된 것은 서로 다투지 않게 함이다"라고 설명한다. 인류가 한 사람에게서 나왔는데도 이처럼 다투는데, 만약 두 사람에게서 시작되었다면 얼마나 많은 분쟁이 일어났겠는가(Cohen, 1983, p. 110).

평화가 없는 곳에 번영과 복지가 있을 수 없다. "땅은 소산을 내고"(레 26:4), 적어도 너희는 우리에게 먹을 것과 마실 것이 있다고 말할 수 있어야 한다(무엇을 더 바라겠는가). 그러나 만약 평화가 없으면 아무것도 없다. 평화는 모든 것에 동일한 가치가 있다고 선언한다(Cohen, 1995, p. 204).

유대인은 타민족과 섞이지 않으면서 더불어 살아가는 데에 천재적 소질을 가지고 있다. 매사에 지혜로 위험을 최소화한다. 우리가 흔히 말하는 인간관계 차원을 넘어 타민족과의 관계도 능수능란하다. 한 가지 예를 들어 보자. 1992년 미국 L.A.에서 있었던 4·29 폭동 후 한인에 대한 흑인들의 불만이 언론에 부각되었다. 그 으뜸 되는 원인은 한인 상인들이 흑인을 멸시한다는 것이다. 고객에게 화를 자주 내고 본인들이 안 보는 데서 욕을 한다는 것이다.

　유대인들도 흑인을 상대로 장사를 많이 해왔다. 그런 의미에서 그들은 한인의 선배이다. 로스앤젤레스나 뉴욕의 경우 대부분의 한국인 상인은 유대인의 사업체를 인수받았다. 똑같은 장소에서 똑같은 사업을 하는데 왜 한인들은 더 많은 피해를 보는가?

　유대인은 고객에게 거의 화를 안 낸다. 설사 흑인들이 물건을 훔치고 못된 짓을 한다 하여도 경찰을 부르거나 나중에 변호사를 통하여 고소를 할망정 면전에서는 부드럽다. 실상 그들은 비즈니스를 할 때는 너무나 고객에게 야박하다. 반면 한국인들은 기분에 따라 인심이 후하기도 하고 야박하기도 하다. 결국 한국 사람들은 물질은 물질대로 손해를 보면서 흑인들에게 욕을 먹고, 유대인은 물질은 물질대로 챙기면서 흑인들에게 환심을 산다. 이것이 유대인의 지혜이다.

　유대인의 이러한 지혜는 그들이 성경 말씀에 순종하여 사는 동안 몸에 배인 것이다. 유대인이 말하는 친절(hesed)의 개념은 다른 사람을 위하여 노력하는 모든 종류의 친절의 형태들(forms)을 포함한다. 다른 사람을 섬길 때, 불편함이나 불이익을 당할지라도 성경이나 탈무드는 우리 주위의 모두에게 친절을 표시하도록 명령하고 있다(Donin, 1972, p. 47).

　1992년 8월로 기억된다. 4·29 폭동 후 각 인종별 종교계 대표들이 모여 인종 갈등에 관한 좌담회를 했는데 미국 텔레비전에 방송되었다. 거기에는 기독교인, 불교인, 이슬람교인, 힌두교인 및 유대인 등 많은 인사들이 참석했다. 한참 이야기가 진행되면서 사회자가 유대인 랍비에게 이런 질문을 했다. "당신들이 믿어 온 하나님은 선민인 당신들만 천국에 보낸다고 생각하느냐?" 뜻밖의 질문이었다. 잘못 답변하면 유대인의 선민 사상으로 타민족의 미움을 살지도 모르는 일이었다. 긴장이 도는 순간이었다. 유대인 랍비는 잠시 망설이더니 웃으면서 "글쎄요. 다른 종교를 믿는 사람들도 천국에 간다고 가르치는데 그들은 어느 천국에 갈런지 모르지만, 간다고 해도 우리가 거주하는 천국과는 다른 도성에서 살겠지요"라고 대답했다. 얼마나 지혜로운 대답인가? 만약 그 자리에 여러분이나 저자가 앉아 있었다면 그 질문에 무엇이라고 대답했겠는가? 그들은 타민족의 마음을 해치지 않는 지혜를 갖고 있다. 그들은 그 지혜로 남의 땅에 살면서도 모든 것들을 향유하며 지낸다.

한국에서 어느 신학생이 절에 놀러 가서 중들이 보는 데서 돌부처의 뺨을 이쪽 저쪽 때리며 "네가 신이냐"고 말했다고 들었다. 우리의 싸움은 혈과 육의 싸움이 아니다. 영의 싸움이다. 중들을 전도하기 위해서는 지혜로 그들보다 수준 높은 인격의 모습을 보여 주어야 한다. 토라의 말씀에 의하면, "너의 이웃을 네 몸처럼 사랑하라"(레 19:18)고 가르쳤다. 이 말씀을 실행하는 방법에 대하여 랍비 힐렐은 "네가 싫어하는 것을 남에게 하지 말라"고 가르쳤다 (Donin, 1972, p. 47).

5. 유대인은 위험과 대항해 싸우지 않고 피한다

유대인은 이스라엘이란 국가에서 사는 인구보다 이방 땅에서 사는 인구가 더 많다. 이방 땅에서 사는 유대인은 정보를 미리 입수하여 위험을 미리 방지할 뿐만 아니라 위험이 닥칠 때 재빨리 피한다. 이것 역시 그들이 박해의 역사 속에서 터득한, 이방인과 싸워 봐야 별 이득 될 것이 없다는 판단에서 비롯되었을 것이다.

1992년 미국에 4·29 흑인 폭동이 일어났을 때였다. 당시 폭동이 일어난 사우스 센트럴 로스앤젤레스 지역은 27년 전인 1965년도에 유대인이 흑인을 상대로 장사하다가 똑같이 당했던 지역이다. 유대인들은 27년 전 흑인 폭동을 당한 후 거의 모두가 자진해서 흑인 지역을 떠났다. 그러나 한국인 대부분은 4·29 폭동 후에도 여전히 그 자리에 머물러 있을 뿐만 아니라 어떤 이는 투자를 더 한다.

어떤 이는 유대인보다 한국인이 더 지독하다고 말한다. 예를 들어 유대인이 운영하는 세탁소 옆에 한국인 세탁소가 서면 유대인이 두려워한다는 것이다. 그 이유는 똑같은 환경에서 유대인은 가격 경쟁에서 "너는 죽고 나는 살자"인데, 한국인은 "너 죽고 나 죽자"이기 때문에 당할 수가 없다고 한다. 이런 사고는 적극적인 장점도 있지만 반면에 희생도 크다.

저자가 겪은 예를 하나 더 들어 보겠다. 4·29 폭동 다음날부터 며칠 간 흑인 밀집 지역의 초·중·고등학교를 제외한 거의 모든 공립 학교가 정상 수업을 했다. 저자의 집은 백인 지역에 있기 때문에 저자의 아들이 다니는 학교는 그대로 정상 수업을 시작했다. 그러나 아침 10시쯤 중학교에 다니는 저자의 아들한테서 전화가 왔다. 대부분의 학부형들이 위험을 느낀 나머지 학교에 와서 자녀들을 데리고 간다고 했다. 그 학교에는 인종 통합 정책에 따라 멀리서 버스로 통학하는 흑인 학생들도 많았기 때문에 그들과 타인종 학생들과의 분쟁의 위험이 있었다.

저자도 아들의 전화를 받고 아들을 데리러 학교로 갔다. 저자의 아들 옆에서 우리 집 아이와 가장 친한 유대인 학생도 어머니를 기다리고 있었다. 저자는 아들을 데리고 가기 전에 교감 선생에게 아이를 그냥 학교에 놔둘 경우 위험한지 혹은 괜찮은지를 물었다. 교감 선생의 말인즉 경비원이 만일의 사태에 대비해 모든 준비를 다 하고 있고, 아직까지 그 어떤 피해 상황도 보고되지 않았기 때문에 괜찮다고 했다.

그 말을 듣고 저자는 괜찮으니 남아서 공부하라고 아들을 타일렀다. 그런 중에 유대인 학생의 어머니가 들어왔다. 그 어머니는 들어서자마자 그 아이에게 한마디도 묻지 않고 아이를 데리고 나갔다. 이 일은 저자가 유대인을 이해하는 데 좋은 계기가 되었다. 그들은 땅의 이익보다는 생명을 더 귀하게 여긴다. 따라서 그들은 생명의 위험이 있는 일은 조그만 일이라도 피한다.

III. 까다로운 가정 교육은 자기 훈련이다

탈무드에는 이런 말이 있다. "유대인의 기쁨은 나태함이나 슬픔, 경박함, 경솔함 또는 게으른 잡담 가운데서 내리비치는 것이 아니라 예배의 기쁨 가운데 비치는 것이다. 왜냐 하면 하나님이 계시는 곳에는 슬픔이 없기 때문이다"(Cohen, 1983, p. 148). 이러한 기쁨을 누리기 위해서는 하나님의 말씀 속에서 살아야 한다. 이는 하나님의 말씀 속에서의 절제를 요구한다. 이방인과 같은 무절제한 방종을 통한 기쁨이 아니기 때문이다. 따라서 유대인은 율법을 암기하는 것으로 그치지 않고 행함을 강조한다.

유대인 집에 초대되어 가서 보면 아이들은 군인보다 더 철저히 생활 규율을 지킨다. 그러나 그들이 규율을 지킬 때의 모습은 강압적인 분위기가 아니고 부드러운 분위기이다. 가령 식사를 할 때의 순서는 물론 새벽 기도할 때도 쉐마를 손목에 매고 이마에 매고 하는 등 순서가 복잡하다. 그들은 잘 훈련된 바울과 같은 군사로 키워진다.

이런 교육은 한국의 옛날 양반 교육보다 더 엄하다. 제멋대로 먹고 마시고 자는 이방인과 얼마나 커다란 차이가 나는가? 타인종과 비교해 볼 때 행위, 즉 도덕 및 윤리면에서 우수성을 보인다. 이러한 교육을 받은 유대인 하나하나가 합쳐져 전 국민의 우수성으로 저력이 나타난다.

유대인은 첫째, 청결한 생활, 둘째, 정직한 생활, 셋째, 내핍 생활, 넷째, 근면 생활, 그리고 다섯째, 남을 돕는 생활이 몸에 배어

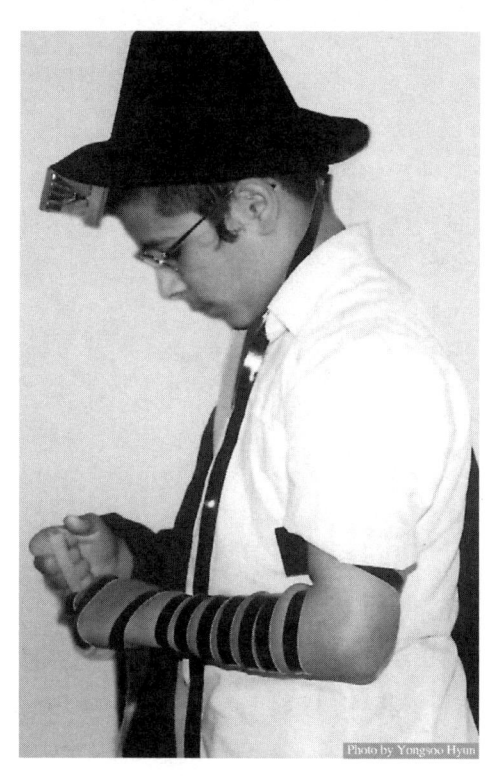

팔과 이마에 쉐마 경문을 붙이고 회당에서 새벽 기도하는 유대인 소년. 까다로운 자기 훈련은 그들의 생활 방식이다.

있다. 이 다섯 가지 요소는 성경적인 삶의 기준들이다. 이 기준들은 그 국가가 얼마나 선진국이냐를 가늠하는 척도로 쓰일 수 있다. 유대인들의 이러한 성경적인 생활 습관은 출애굽한 후부터 광야 생활과 오랜 박해와 방랑 생활에서 살아남는 데 공헌했다. 그들과 함께 지내다 보면 혹시 내가 그 동안 시간을 허비하여 손해 보지 않았나 하는 느낌이 들 정도로 그들은 시간 관리에 철저하다.

저자는 한국에서 대학을 나오고 미국에서도 여러 대학에서 공부했다. 그러나 그 중 가장 엄격하고 정직한 학교는 유대인의 랍비 신학대학으로 기억된다. 가령 시험을 볼 때, 아무도 감시하는 사람이 없어도 학생들은 커닝을 안 한다. 한번은 한 학생이 타주로 가는 비행기 시간 때문에 다른 학생들보다 먼저 시험을 봐야 했다. 담당 교수는 그 학생에게 시험 문제를 그대로 다 주고 옆방에 가서 혼자 시험을 치르도록 했다. 물론 그 곳엔 아무도 없었고, 그 학생의 가방도 거기에 다 있었다. 그러나 커닝이라는 부정 행위는 없었다. 실제로 그 곳에 모인 학생들도 미국의 저명한 대학 출신이었다. 그들 스스로도 일반 대학에서 공부할 때에 겪었던 이방인의 부정직한 커닝을 안 좋게 평했다.

이런 정직성은 한국의 대학 및 신학교에서 배워야 하지 않을까? 우리 개신교에서는 은혜와 사랑만 너무 강조한 나머지 행함을 소홀히 하는 경향이 많다. 물론 행함으로 의로와지지는 않는다. 예수님의 피로 구원받아 죄사함을 받아야 의인이 된다. 그러나 구원받은 성도가 성숙한 신앙인의 열매로 행함의 차원을 높여야 한다. 세상의 빛과 소금 역할을 감당하기 위해서이다. 행함이 없는 믿음은 죽은 믿음이라고 하지 않았는가(약 2:17). 요즘 한국에는 개혁의 사정이 한창이다. 교회에서 오히려 부끄러운 점이 많다. 교회가 사회나 정부에 본을 못 보인 것은 아닌가? 남을 흉볼 때가 아니라 '나' 부터 자성

할 때이다.

유대인들의 철저한 가정 교육은 이방인들의 교육 환경과 좋은 대조를 이룬다. 유대인들이 중세기에 유럽에서 생활할 때에는 법적으로 땅을 차지하지 못했다. 그들은 항상 수용소 같은 한정된 '게토'에서만 살도록 강요당했다. 그리고 그 속에서 많은 핍박을 당했다. 그러나 유대인 지도자들은 하나님 말씀에 의한 자녀 교육에 희망을 걸고 정진하였다.

유대인의 교육과 이방인 교육의 차이는 자녀들의 나들이에서 확인되었다. 때때로 유대인 자녀들은 도심지로 나와 이방인들의 무질서한 모습을 보고는 '왜 이방인의 아이들은 저렇게 무질서하고 술과 도박에 취해 있을까?'를 생각한다고 한다. 그리고 자신들을 성결하게 키워 주신 부모님에게 감사한다고 한다(Yuro, 1988).

한국의 초기 교회사에도 이러한 예가 있었다. 초기 선교사들이 한국에 왔을 때 농촌 젊은이들이 농번기가 끝난 겨울에 술판을 벌이고 투전 노름을 일삼는 것을 보고는 건전한 오락과 교양 교육으로 한국의 젊은이들을 교육시켜야겠다고 생각하게 되었다. 그러한 이유로 도입된 기독교 운동이 한국의 YMCA 운동의 효시이다.

철저한 가정 교육을 받고 자란 유대인은 게토에서 해방되자 자신들의 세상을 만난 듯이 과학, 경제, 의학, 문학 및 예술 등 모든 분야를 삽시간에 장악했다. 그들의 급격한 성공은 이방인의 질투를 받기에 충분했다. 이것은 곧 어떤 문제가 일어났을 때에 이방인의 모함을 받아 그들이 핍박을 받는 이유가 되곤 하였다. 이방인들이 그들의 모든 것들을 빼앗기 위해서는 그럴 듯한 명분을 세워야 했기 때문이다. 그들이 미국에 와서 성공을 했으면서도 언론이나 이방인들에게 자신들의 성공 사례가 드러나지 않도록 노력하는 이유도 바로 여기에 있다. 우리가 조금만 성공해도 타민족에게 자랑하고 싶어하는 것과는 대조적이다. 사실 한국도 경제 성장을 너무 과도하게 국내외에 자랑하여, 미국이 일본 수준으로 한국의 무역을 제재하는 것이다. "한국은 샴페인을 너무 일찍 터뜨렸다"는 외신에 부끄러움을 느껴야 한다. 오늘날 한국에서 일어나는 노동 운동도 그 여파로 보아야 할 것이다. 가졌어도 안 가진 것처럼 겸손히 살 수는 없을까?

IV. 유대인의 공동체 의식

1. 모든 유대인은 서로 사랑해야 할 한몸이다

A. 유대인 하나가 고통을 당하면 모든 유대인이 아프다

"만일 몸은 하나인데 머리가 둘 있는 아이가 태어났다면 그 아이를 한 사람으로 보아야 할까, 아니면 두 사람으로 보아야 할까?" 유대인의 탈무드에 나오는 질문이다. 유대인 랍비의 대답은 이러하다. "뜨거운 물을 한쪽 머리에 닿게 할 때 두 머리가 모두 비명을 지르면 한 사람이고, 뜨거운 물 닿은 머리만 소리를 지르면 두 사람이다." 이는 유대인 하나가 고통을 당하면 모든 유대인이 아프다는 그들 특유의 공동체 의식을 설명하기 위한 예화이다.

유대인의 공동체 의식은 대단하다. 한 개인이 잘못되면 모두가 아픔을 나누어 갖는다. 1995년 6월 2일, 미국의 뉴욕에 거주하는 존경받는 정통파 랍비 그룬월드와 그의 보좌관 프리랜더가 오스트레일리아에서 강의를 마치고 미국 뉴욕으로 돌아가는 길에 로스앤젤레스에서 FBI에 체포되었다. 혐의 내용은 그들이 오스트레일리아에서 로스앤젤레스까지 오는 장거리 비행기 안에서 옆좌석에 있던 15세 된 백인 소녀를 성희롱한 죄목이었다(Los Angeles Times, June 2, 1995).

도덕의식이 세계에서 가장 높다는 유대인, 유대인 중에서도 가장 율법을 잘 지킨다는 정통파 유대인, 그 중에서도 존경의 대상인 랍비, 랍비 중에서도 가장 존경받는 지도자 중의 두 사람. 더구나 랍비가 오스트레일리아에서 강의한 강의 내용은 '현대인의 도덕 상실'에 관한 것이었다고 한다. 유대 사회 입장에서 보면 충격 중의 충격이었다.

그 때에 저자가 자주 만나는 탈무드 교수인 랍비 에들러스테인에게 이 사실을 얘기하며 "당신은 그들에 대하여 어떻게 생각하느냐"고 물었다. 그 랍비의 대답은 의외였다. "그것이 사실인지 아닌지 아직 법원에서 판결이 안 났지만, 어쨌든간에 나 자신도 그들을 원망하기보다는 그들의 고통

유대인 하나가 고통을 당하면 모든 유대인이 아프다. 모두 한몸이기 때문이다. 그들은 고통받는 유대인이 있으면 무슨 수를 써서라도 그들을 구원해 준다. 사진은 한 유대인이 히틀러의 유대인 대학살 현장에서 오열하는 모습.

은 나의 고통이기 때문에 모든 유대인이 함께 고통을 나누고 있는 중이다"라고 말했다. 우리처럼 "그 랍비들은 형편없다"고 욕하지 않았다. 유대인은 한 몸이기 때문에 범죄한 랍비들을 욕하기보다는 범죄가 드러나 그들이 지금 얼마나 마음 아파할까를 생각하고, 그들의 아픔을 함께 나누는 모습이었다 [저자 주: 후에 그룬월드의 보좌관 프리랜더만 22개월 유죄 징역형을 받았다 (The Outlook, Jan. 20, 1996)].

따라서 유대인이었던 바울이 갈라디아 교인들에게 교회 내의 형제 중에 범죄한 자를 위해 권면한 내용도 바로 이러한 유대인의 공동체 개념에서 재해석해야 한다.

"형제들아, 사람이 만일 무슨 범죄한 일이 드러나거든 신령한 너희는 온유한 심령으로 그러한 자를 바로잡고, 네 자신을 돌아보아 너도 시험을 받을까 두려워하라. 너희가 짐을 서로 지라. 그리하여 그리스도의 법을 성취하라"(갈 6:1-2). 여기에서 2절 앞부분의 "너희가 짐을 서로 지라"는 말씀은 '범죄한 자의 아픔을 너희가 나누어 가지라'는 뜻이다. 이것이 바로 그리스도의 법, 사랑의 계명(요 13:34)을 성취하는 길이다.

바울은 "우리 강한 자가 마땅히 연약한 자의 약점을 담당하고 자기를 기쁘게 하지 아니할 것이라"(롬 15:1)고 말했다. 유대인은 하나이다. 이처럼 우리 주 그리스도 예수 안에서 모든 성도는 하나이다. 따라서 주님 안에서 한 형제 자매 된 성도는 약한 자의 아픔의 짐을 서로 나누어 져야 한다.

B. 비드온 슈바임(Pidyon Shevuyim) 자금

유대인은 전 세계 동족의 평화와 번영을 위하여 항상 기도하고 돕고자 노력한다. 유대인은 동족이 재난을 만나면 무슨 수를 써서라도 구한다. 몇 가지 예를 들어 보자.

1976년 6월 27일 프랑스 항공기가 이스라엘 수도 텔 아비브(Tel Aviv)에서 파리로 향하던 중 PLO 납치범들에 의하여 공중 피랍되어 아프리카의 심장부 우간다에 착륙한 사건이 있었다. 승객 대부분이 유대인이었다. 이 때 독재자로 명성이 높은 우간다의 대통령 이디 아민은 PLO 의장 야시드 아라파트와 함께 세계 언론에 큰소리를 쳤었다. 그러나 7월 24일 새벽 이스라엘의 특공대는 90분 만에 미국의 거대한 허큘레스 수송기로 무려 2,500마일이나 되는 거리에서 최소의 인명 피해로 모든 인질들(102명의 유대인과 승무원들)을 구출하는 데 성공하였다(Stevenson, 1976). 이를 '엔테베 기습(Entebbe Raid)' 혹은 '번개 작전'이라고 한다. 당시 미국의 국무장관도 유대인인 키신저였다.

1990년 5월 24일과 25일 양일 36시간 동안 '솔로몬 작전(Operation of Solomon)'이라는 것이 있었다. 아프리카 에티오피아에 거주하고 있던 1만 4천 명의 유대인이 위기에 처했을 때에 이스라엘 정부가 단 3일 만에 이들을 이스라엘로 공수(空輸)해 온 작전을 말한다. 당시 747 보잉 항공기 내부의 모든 시설을 제거하고 그 속에 유대인을 빼곡히 채워 독수리처럼 그들을 구출한 작전이었다(Encyclopaedia of Judaica, 1993).

그뿐만이 아니다. 1990년대에도 옛 소련으로부터 약 50만 명의 유대인 이민자들을 흡수하였다(Agron, 1992).

유대인은 실제로 단 한 명의 동족이라도 이방인에게 포로로 잡히면 어떠한 대가를 치르고라도 그를 구원하고자 노력한다. 이 때를 위하여 쓰는 돈을

'비드온 슈바임(Pidyon Shevuyim) 자금' 이라고 한다. '비드온 슈바임' 이란 히브리 말의 뜻은 '유대인은 악인의 손에 포로된 동족을 해방시켜 줄 의무가 있다' 는 뜻이다. 글자 그대로 옮기면 '사로잡힌 자를 사온다' 란 뜻이다. 비드온 슈바임 자금은 평소에 그들이 저축하여 헌금한 돈이다. 동족을 구출하는 일에는 부자나 가난한 자나 누구든지 그 몸값을 위하여 헌금한다. 이 헌금을 위해서라면 가장 존귀한 두루마리 성경인 '토라' 까지 팔도록 허락한다(Lamm, 1993; Solomon, 1992; Telushkin, 1991).

유대인은 서로가 개인에 대하여 책임을 진다. 먼 타국에서 유대인이 오면 그 곳에 거주하는 유대인이 공항까지 마중 나가서 집으로 데려오고 가족처럼 안식일 식사를 함께 나눈다. 이것이 '유대인은 하나다' 라는 개념이다. "안식일과 비드온 슈바임 사이에는 '거리' 가 없다. 이 둘 사이에는 '관계' 가 있을 뿐이다"(Solomon, 1992, p. 116). 이 말은 "나그네 유대인과 안식일 식사를 함께 나누는 일이나 포로 유대인을 위한 자금 모금에 자선을 하는 일은 별개의 일이 아니라 유대인 공동체를 위한 서로 같은 일이다"라는 뜻이다.

이 예화의 신약적 교훈은 무엇인가? 우리 인간은 사탄에게 포로되어 '죄의 종' (롬 6:17)이 되었던 자들이었다. 그러나 하나님께서는 사탄에게 '죄의 삯' (롬 6:23), 즉 비드온 슈바임 자금을 지불하시고 우리를 사오셔서 하나님의 자녀로 삼으셨다. 하나님께서 사탄에게 비드온 슈바임 자금을 지불하신 방법은 하나님의 독생자이신 예수님을 십자가상에서 죽이신 것이고, 그 대금이 바로 그 십자가상에서 예수님이 흘리신 보혈이다. 따라서 예수님이 십자가상에서 마지막 운명하시기 전에 "다 이루었다"(요 19:30)고 하신 말씀은 헬라어로 '테텔레스타이' 인데, 그 뜻은 '다 갚아졌다' 는 의미이다.

유대인이 포로된 자를 사기 위하여 토라까지 팔도록 허락한 것은 바로 독생자까지 아끼지 않으시고 희생하시면서 하나님이 선택하신 우리를 사랑하신 것과 비유될 수 있다(요 3:16). 유대인의 탈무드는 구약 성경이 기초가 된다. 그들의 문화와 사상은 구약 성경에 의하여 형성되었다. 따라서 그들의 문화와 사상을 모르면 신약을 제대로 해석할 수 없다. 왜냐 하면 구약은 바로 신약의 그림자이기 때문이다.

2. 개인과 공동체의 상관 관계

A. 유대인은 공동체와 운명을 같이한다

온 세계의 유대인은 한 장의 담요처럼 짜여져 있다. 이 담요를 떠나서는 유대인은 존재하지 못한다. 이것을 히브리 말로 '하베림 고르 이스라엘'이라고 한다. '모든 유대인은 한덩어리'라는 뜻이다(Solomon, 1992, p. 28). 유대인 개개인은 유대인 공동체와 운명을 같이한다는 말이다. 역사적으로 하나님은 선민인 이스라엘 백성을 오랫동안 이렇게 교육시키셨다.

탈무드에 나오는 개인과 공동체와의 상관 관계를 보자. 모세가 하나님에게 질문하였다. "하나님이여 한 사람이 범죄하였거늘 온 회중에게 진노하시나이까"(민 16:22).

이 질문에 대한 랍비의 해석은 이렇다. 그 이유는 같은 배에 승선한 승객들과 같다고 볼 수 있다. 한 사람이 배의 바닥에 송곳으로 구멍을 뚫기 시작하였다. 다른 승객이 그에게 말했다. "당신 지금 무엇을 하고 있는 것이오?" "당신이 무슨 상관이오? 지금 내 자리 밑에 구멍을 뚫고 있지 않소?" 모든 사람이 반박하였다. "하지만 물이 들어오면 우리 모두가 물에 빠지게 될 것 아니오"(Cohen, 1983, pp. 81-82). 이처럼 유대인은 모두 한 배를 탔다는 공동체 의식을 갖고 있다. 한 배를 타고 바다를 건너는데 한 사람이 자신이 앉은 자리에서 배의 바닥에 구멍을 뚫는다면 자신에게만 화가 미치는 것이 아니라 배에 탄 모든 사람들이 화를 입는다는 논리이다.

랍비 힐렐은 〈아버지의 윤리〉에서 공동체 의식에 대하여 다음과 같이 말하였다. "내가 나 자신을 위하지 않는다면, 누가 나를 위하겠는가? 그리고 내가 오직 나만을 위한다면 나는 무엇인가? (If I am not for myself, who is for me? And if I am only for myself, what am I?)"(Hillel, Ethics of the Fathers 1:14)

나는 나 자신을 존중히 여겨야 한다. 그렇게 하여야 내가 남도 존중할 수 있다. 그러나 여기에서 오직 나만을 위한다면 "나는 누구인가(Who am I)?"라고 말하지 않고 왜 "나는 무엇인가(What am I)?"라고 말하는가. 자신만을

유대인은 조상을 존경한다. 특히 자신의 조상들 중 세상 학문에 성공한 사람들보다는 종교적 지혜자들을 더 존경한다. 사진은 유대인들이 자녀 교육을 위해 초막절기에 초막(수카) 안에 훌륭한 역사적 종교 지혜자들의 사진을 벽에 전시한 모습.

위하는 사람은 '누구(Who)'라 할 자격이 없고, '무엇(What)'이라고 해야 한다(Telushkin, 1994, p. 97)는 말이다. 이 말은 "인간이라면 인간과 인간의 관계성 속에서 남을 위하여 살아야 한다. 그렇지 않고 자신만을 위해서만 산다면 인간(Who)이 아니고 물체(What)와 같은 존재이다"라는 뜻이다. 이것이 유대인의 '우리는 하나이다(We are one)'라는 공동체 개념이다.

인간의 공동체 의식은 하나님의 인간 창조와 타락 그리고 구원에서도 나타난다. 하나님이 창조한 첫 인간은 아담이었다. 그 한 사람의 범죄로 온 인류가 고통을 당한다. 그리고 둘째 아담인 예수를 통하여 온 인류가 구원받을 길을 열어 놓으셨다(롬 5:17-19). 한 사람의 그 대표성과 중요성을 설명한 말씀이다.

유대인은 그뿐만 아니라 유대인 사회 자선 단체에 대한 기부금 행사에도 열성적으로 참여한다. 그 예를 하나 들어 보자. 1995년 9월 17일(주일) 정통파인 핫시딤파에 속해 있는 카바드에서는 미국 5대 텔레비전의 하나인 로스앤젤레스 채널 13을 빌려 오후 5시부터 밤 12시까지 7시간 동안 모금 운동을 하였다(뉴욕에서는 케이블 텔레비전으로 중계했다). 그 결과 무려 3백50만 달러(한화 약 28억 원, 1달러=800원 기준)의 기부금이 들어왔다. 전 미국의 약 6백50만 명밖에 안 되는 유대인 인구에 비하면 엄청난 금액이다. 그들의 형제 사랑의 증거이다. 물론 7시간 동안 모든 프로그램의 사회는 수염을 기르고 까만 모자를 쓴 정통파 유대인 랍비들이 맡았다. 왜냐 하면 정통파 랍비들은 유대 민족의 지도자이기 때문이다.

기독교인도 누구나 예수의 보혈로 죄 씻음 받았으면 주 안에서 한 형제와 자매이다. 정통파 유대인이었던 바울이 말하는 "많은 지체가 있으나 몸은 하나"라는 원리이다(고전 12:12-27). 우리 기독교인들도 자녀들을 이렇게 개인이 서로 책임지도록 공동체 의식 교육을 시켜야 한다. 따라서 유대인 자녀 교육은 그 개념 자체가 성경적인 자녀 교육이다. 우리 기독교인이 분열하지 않고 하나님이 원하시는 '하나'가 되는 날은 언제나 이루어질는지….

B. 실례: 유대인은 동족을 위한 정보 제공자

하루는 저자의 연구실에 전화가 왔다. 예시바 대학교의 부학장 랍비 쿠퍼 씨에게서였다. 긴히 할 얘기가 있다고 했다. 그분은 유대인 사회에서는 몇 안 되는 실력자이다. 그분은 영한사전을 복사한 서류를 저자에게 보였다. 저자는 한국어로 쓴 사전이라 반가웠다. 그러나 쿠퍼 씨의 다음과 같은 내용에 대한 확인 질문에 아연했다.

유대인을 영어로 '쥬(Jew)'라고 한다. 그런데 그 사전에는 'Jew'라는 단어가 명사의 두 번째 구어체로는 '수전노' '간상배'란 뜻으로, 동사로는 '속이다'로 각각 번역되어 있었다(민중서관, 엣센스 영한사전, 1971, p. 755; 시사영어사, 뉴월드 영한사전, 1970, p. 706).

그는 이것이 사실이냐고 물었다. 사실 저자도 모르던 사실이었다. 물론 쿠퍼 씨는 저자에게 이 내용을 고칠 수 없느냐고 물었다. 저자는 이 내용을 고치려면 한국인 출판사가 참고한 외국 사전, 즉 일본인이 사용하는 영일사전이나 영국의 영영사전을 먼저 고쳐야 한다고 일러 주었다.

그가 이 자료를 접수한 배경은 이렇다. 어느 유대인이 단골로 가는 한 세탁소가 있었다. 그 세탁소 주인이 한국인이었다. 그 세탁소 주인과 서로 얘기하던 중 고객은 자신이 유대인이라고 말했다. 그 한국인은 유대인에 대하여 잘 몰랐다. 그는 사전을 찾아보았다. 그리고 그에게 웃으면서 유대인(Jew)은 '수전노(a miser)'라고 했다. 깜짝 놀란 유대인은 그 사전을 복사하여 유대인의 국제 연합 단체인 위젠탈 센터에 보고하였다. 유대인은 하나이다. 그들

온 세계에 흩어진 유대인은 한몸이다. 그들은 희로애락을 같이한다. 민족적 결속력 역시 대단하다. 사진은 성년식 파티에서 할아버지, 아버지, 아들 3대가 손을 잡고 춤을 추는 정통파 유대인들.

유대인은 신앙이 좋은 사람이 신앙이 없거나 약한 유대인을 모아 성경을 가르치기도 한다. 사진은 한국의 구역 예배처럼 매주마다 자신의 집에 신앙이 약한 유대인을 모아 성경을 가르치는 유대인 모임.

은 어디를 가나 자신의 동족에게 득이 되거나 해가 되는 일들에 대해 서로 정보 교환을 한다. 그리고 해가 되는 일들은 어떻게든 고치려고 최선을 다하여 노력한다.

요즘(1997) 독도 문제와 한국 역사가 미국을 비롯한 우방국의 교과서에 잘못 소개된 내용이 많아 문제가 되고 있다. 동남아에서는 아예 한국이 중국의 일부로 쓰여 있다고 한다. 누가 이를 고칠 것인가?

제3장

유대인 부모의 직업 전수 교육

Ⅰ. 아들에게 직업 기술을 안 가르치면 강도로 키우는 것과 같다

1. 유대인의 토라 말씀과 생업

유대인은 이방인과 다른 많은 특성들이 있다. 그 특성들 중 하나가 그들은 '생활력이 강하다' 라는 사실이다. 세계 어느 지역에 가서 살든지 그들은 확고한 경제적 기반을 갖고 있다. 그 이유가 무엇인가?

유대인 가정에서는 종교 교육을 시킨다. 그렇다면 그들은 종교 교육으로 토라 교육만 시키는가? 그렇지 않다. 그들은 토라 말씀 자체가 생활에 적용되도록 가르친다. 다시 말하면 그들의 종교 교육 속에는 아버지가 그들의 자녀에게 직업을 전수시키는 것까지 포함되어 있다. 토라와 탈무드에서 말하는 유대인의 노동관과 직업관은 무엇인가?

유대인은 노동을 강조하며 신성시한다. 탈무드에는 "모든 동물의 왕국 안에서 인간만이 노동을 함으로써 다른 동물보다 우월하게 된다는 사실은 매우 교훈적이다(Cohen, 1983, p. 94)"라고 명시하고 있다. 유대인의 지혜자들(Sages)은 "생업이 수반되지 않는 모든 토라 연구는 헛된 것이다"라고 강력히 말하였다. 직업에 대한 훈련 자체가 세상일이 아니고 '천국의 사업'이다(Donin, 1977, p. 53).

유대인이 생활의 지침서로 사용하는 〈선조들의 교훈(Ethics of Fathers)〉이라는 책이 있다. 그 책에 보면 랍비 일라이저(Elazer)는 인간의 생업의 중요성에 대하여 "빵이 없는 곳에 토라가 없고, 토라 없는 곳에 빵이 없다(Hertz, 1945, p. 63)"고 말했다. 이 말은 적절한 호구지책이 없으면 하나님의 뜻을 성취하는 데 꼭 필요한 지식을 얻을 수 없다는 의도로 쓰여졌다. 성도가 이 땅에서 사는 동안에는 하나님의 말씀과 빵의 상관 관계가 그만큼 중요하다는 것을 뜻한다. 유대인이었던 예수님도 우리에게 기도를 가르쳐 주실 때에 "오늘날 우리에게 일용할 양식을 주옵소서"라는 말씀을 강조하시지 않았는가(마 6:9-13).

성경은 고아, 과부, 나그네를 비롯한 궁핍한 사람들에게 자비를 베푸는 행위를 높이 평가하는 반면 다른 사람에게 동정을 받는 것은 가장 불유쾌한 것으로 가르친다(Cohen, 1983, p. 82). 탈무드는 "가난한 것은 집안에 50가지 재앙이 있는 것보다 더 나쁘다"고 가르친다(p. 148). 그들은 일하지 않고 게으른 사람을 경멸한다. 게으른 사람은 사회의 좋은 이웃이 되어 사회를 돕는 것이 아니고 사회에 짐을 지우기 때문이다. 유대인의 "일하지 않거든 먹지도 말라"는 격언은 유대인이었던 바울이 데살로니가 교회에 쓴 편지에도 나오는 말씀이다(살후 3:10).

고대의 유대인 아버지는 자녀에게 양 치는 법, 전투하는 법, 노래 부르는 법과 악기 다루는 법 등을 토라와 함께 가르쳤다(Stalnaker, 1977). 부모와 자녀 사이에는 머릿속에 들어 있는 사상에서뿐만 아니라 직업과 생활 자체에서도 세대 차이가 없어야 되기 때문에 그들의 자녀들은 부모에게서 생업의 기술을 배웠다.

오늘날의 유대인 아버지도 자신의 직업이나 사업을 자녀들에게 계승한다. 부모가 장사를 하면 아이들도 학교에 갔다 온 후 부모의 상점에 가서 부모를 도와 준다. 아버지가 청소일을 하면 밤에 함께 청소를 한다. 아버지가 의사면 자녀도 의사가 되도록 가르친다. 특히 유대인은 역사적으로 많은 고난을 겪은 민족이다. 언제 어떻게 재산을 잃고 살던 곳에서 추방당할지 모른다. 그 때를 대비해서라도 언제 어느 곳에서든 밥 벌어 먹을 수 있는 기술을 배우도록 가르친다.

2. 아버지의 회사에서 청소부로 일하는 유대인

저자가 20년 전 미국에 이민 와서 엔지니어로 일할 때(1975)였다. 여름에 저자의 방에 들어와서 청소를 하는 귀티 나는 백인계 청년이 있었다. 그는 화장실 청소는 물론 직장에서의 힘든 일을 도맡아 하는 노무자였다. 저자의 심부름도 잘 하였다. 그는 인상이 청소부 같아 보이지는 않았다. 그래서 저자가 그에게 "공부해서 더 좋은 곳에 가서 일하지, 왜 여기에서 이렇게 일하느냐"고 물었다. 그랬더니 그 청소부의 말이 "이 회사의 사장이 저의 아버지입니다. 저는 시애틀에서 법학을 전공하고 있는데, 아버지에게 다음 학기 등록금을 타기 위하여 여름 방학 동안에 일하는 중입니다"라고 설명하였다. 그는 유대인이었다. 그는 학문을 하면서 아버지의 사업도 배우고 있었다.

자신의 회사에서 아들을 가장 낮은 직분인 청소부로 훈련시키는 아버지, 아버지도 훌륭하지만 그 말씀에 순종하는 아들은 더 훌륭하다. 그 회사 사장의 아들이면서도 신분을 밝히지 않고 청소부로 묵묵히 일하는 아들. 이러한 정신을 가진 아들은 사업을 물려받아도 교만하지 않고 잘 운영할 수 있다. 또

유대인 아버지는 자신의 직업을 자녀에게 전수한다. 그리고 유대인 자녀는 어려서부터 아버지의 사업체에서 아버지를 도와 일한다. 사진은 유대인 서기관 랍비 아버지가 아들에게 붓으로 두루마리 성경 쓰는 법을 가르치는 모습.

한 그가 그 회사의 밑바닥 사정부터 아는 것은 경영에 크게 도움이 된다.

탈무드는 "자기 아들에게 직업(a trade)을 안 가르치면 자식을 강도(a thief)로 키우는 것과 같다"라고 강력하게 경고하였다. 여기에서 말하는 직업은 시장에서 장사하는 기술을 뜻한다(Donin, 1977, p. 53). 어느 학생이 랍비에게 물었다. "어째서 자기 아들에게 밥 벌어 먹는 기술을 안 가르치면 자식을 강도(a thief)로 키우는 것과 같습니까?" 랍비는 곧 대답하였다. "자기 자식에게 부지런히 일하는 것을 가르치는 부모는 자식에게 포도밭을 물려주는 것과 같다. 울타리가 쳐진 포도밭에는 여우 같은 동물이 들어가지 못하듯이 부지런히 일하는 법을 자식에게 가르치면 잘못된 생각이 자식의 마음 속으로 들어가지 못한다는 뜻이다"(Cohen, 1983, p. 97; Tokayer, 1989a, p. 229). 경제적인 여유가 없으면 남의 것을 훔치고 싶은 마음이 생긴다는 말이다. "3일 굶어 남의 담 넘어가지 않는 사람 없다"는 한국 속담과 일맥상통한다.

　유대인 교육의 순서는 마음을 지키는 하나님 말씀 교육이 먼저이고, 그 말씀 교육이 세상에서의 직업 교육으로 연장된다는 사실을 잊어서는 안 된다. 이것은 바로 성경적인 교육의 순서이기도 하다. 요즘 미국의 정통파 유대인들도 많은 유대인들이 미국의 실용주의와 물질주의에 빠져서 마음을 지키는 하나님 말씀 교육을 빠뜨리고 수평 문화인 세상의 전문직 교육에 몰두하려는 경향을 두려워하고 있다(Donin, 1977, pp. 13-21).

II. 유대인의 직업 의식

1. 공동체를 위한 직업에는 귀천이 없다

　유대인의 노동관은 유대인의 공동체 의식에서부터 비롯되었다. 인간은 서로 도와야 하며 타인에게 의지해서는 안 된다. 한 사람이 잘못하면 온 유대인이 고통을 당한다. 이것이 하나님의 창조의 원리이다. 이러한 그들의 공동체 의식은 그들의 직업 의식에도 나타난다. 내가 하지 않는 직업을 다른 사람이 해야 나도 살 수 있다. 그러므로 서로의 직업을 존중해 주어야 한다. 따라서 그들의 직업에는 귀천이 없다.

　전도서 3장 11절에 "하나님이 모든 것을 지으시되 때를 따라 아름답게 하

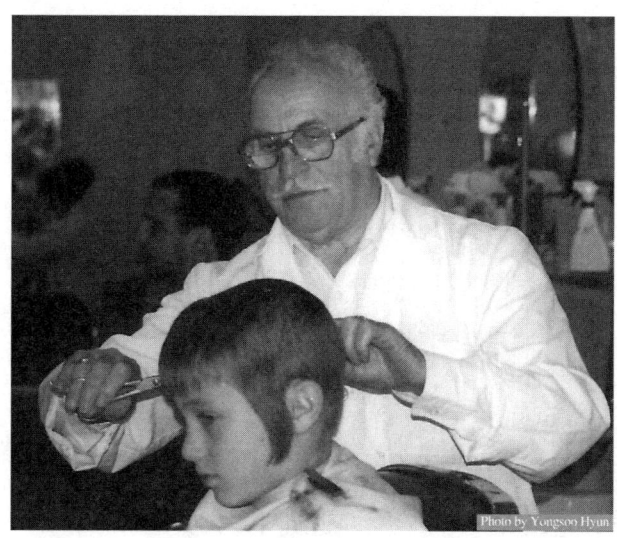

공동체를 위한 직업에는 귀천이 없다. 사진은 미국 L.A. 유대인촌에서 이발하고 있는 유대인 이발사.

셨고…"란 말씀이 있다. 탈무드는 이에 대한 해석을 직업과 관련하여 여호와 하나님은 모든 직업에 종사하는 이들의 눈에 합당하다고 가르친다(Ber. 43b). 즉, 하나님의 말씀에 합당한 유대인의 눈에는 "모든 정직한 일(직업들)은 긍정적이고 생산적인 일을 말하며 이것은 사회를 건강하게 한다"고 여긴다. 탈무드에서 '모든 정직한 일'이 '사회를 건강하게 하고, 생산적인 일'이라고 말하는 것은 반대로 '모든 부정직한 일'은 사회를 병들게 하고 비생산적인 일이란 뜻이다. 탈무드는 사회에 악을 끼치는 직업과 거짓 교만의 죄를 금지한다. 생업의 보상은 단지 우리에게 빵 문제만 해결해 주는 것이 아니고, 우리의 내적 성결 문제도 해결해 준다(Lamm, 1993, p. 115). 이는 신앙인이 영적인 삶을 잘 살기 위해서도 생업이 그만큼 중요하다는 이야기이다.

탈무드에는 "거리에서 시체의 가죽을 벗기고 생계를 벌어라. 나는 위대한 인물이며, 그런 일이 내 권위를 떨어뜨린다고 말하지 말아라"(Cohen,

1983, p. 82). 이는 농상공(農商工)을 천시하는 유교 사상의 직업 의식과 얼마나 많은 차이가 있는가?

유대인 직업 중 가장 고상한 직업은 토라를 연구하는 일에 종사하는 것이다. 그러나 가장 훌륭한 직업이란 토라 연구와 세속적인 생업이 합쳐진 일이다. 지식이 실천보다 큰 인간은 가지만 무성하고 뿌리가 얕은 나무와 같아서 바람이 불면 쓰러지고 만다. 라반 가말리엘 3세는 "노동을 수반하지 않는 학문은 결실을 맺지 못함은 물론 마침내 무익하게 되고 죄를 범하게 된다"고 말하였다(Yuro, 1988, p. 119).

유명한 유대인 랍비들 역시 천한 직업을 갖고 노동을 하였다. 랍비 아키바는 날마다 땔나무를 주워 모아서 내다 판 돈으로 생활을 했다. 여호수아는 숯을 구웠으며, 요하난은 구두 직공이었다(Cohen, 1983, p. 96). 정통파 유대인이었던 사도 바울이 장막을 지어 팔면서 복음을 전한 예는 유대인의 사상과 삶을 이해하는 데 많은 도움을 준다.

또한 세상에서 목자보다 더 천한 직업은 없다. 목자는 일생 동안 지팡이와 자루만 메고 걷는다. 그럼에도 불구하고 다윗은 거룩하신 하나님을 "여호와는 나의 목자"(시 23:1a)라고 불렀다(p. 84). 하나님의 직업을 목자에 비교했는데 인간인 우리가 어떻게 직업의 귀천을 따질 수 있으랴.

2. 유대인의 교육의 목적과 직업 의식

한국의 학생에게 "왜 공부하느냐"고 묻는다면, 무엇이라고 대답할까? "출세하여 일 안 하고 편하게 살기 위해서." "왜 열심히 일하느냐"고 묻는다면 무엇이라고 대답할까? "노후에 편하게 살기 위해서." 이러한 직업 의식은 유교 사상에서 나왔다. 따라서 현재 한국은 3D에 해당하는 힘들고(Difficult), 지저분하거나 혹은 남이 무시하는(Dirty or Demean), 그리고 위험한(Dangerous) 직업은 피한다. 서비스 분야의 편한 직업이 인기다. 학생도 박사 학위 따고 편한 직업을 얻으면 더 이상 연구하려 하지 않는다. 이상은 전 한남대학교 총장이었던 이원설 박사의 사회병리현상에 대한 분석이다(총신대 목회신학원 특강에서, 서울 한강 호텔, 1995년 1월 9-20일).

유대인 학생에게 "왜 공부하느냐"고 묻는다면, 혹은 "왜 열심히 일하느냐"고 묻는다면 무엇이라고 대답할까? 그들이 열심히 일하는 이유는 한마디로 "하나님이 창조하신 자연과 인류에 공헌하기 위해서이다"라고 답한다. 따라서 그들은 자신이 속한 공동체에 유익을 주기 위해서는 일평생 죽는 날까지 자신만의 안일을 추구하지 않는다. 육신이 늙으면 자신이 할 수 있는 병원이나 학교의 자원 봉사 자리라도 찾아 일한다.

하나님이 창조하신 자연을 관리하고 지키는 일(창 2:15), 그리고 공동체를 위하여 희생하는 사상은 신본주의적 교육 철학에 근거한다. 히브리어의 교육이란 단어 '히누크(hinukh)'는 '봉헌한다(consecration)'란 뜻을 갖고 있다(Donin, 1972, pp. 129-130). 이 단어에는 두 가지 뜻이 담겨 있다.

첫째는 유대인의 교육 목적이 하나님과 인류 사회에 공헌할 수 있는 인재의 양성이다. 이것은 어떤 면에서 민족이나 사회를 위하여 자기 희생을 하는 것, 즉 순교까지를 말한다. 실제로 유대인 중에는 하나님과 자기 민족을 위하여 순교한 위인들이 많다.

둘째는 문자 그대로 부모가 자식을 품에서 내놓아 사회에 바치는 것을 뜻한다. 다시 말하면, 타인에게 의존하지 않고 독립하여 사회에 이바지하도록 가르친다(Yuro, 1988, pp. 116-119). 즉, 유대인은 자기 자신만 아는 이기주의에서 벗어나 공동 사회에 유익한 인간이 되도록 가르친다. 이것은 바로 타인을 위한 희생, 즉 사랑을 강조한 성경의 가르침이다.

이러한 교육을 받은 유대인은 철저한 직업 의식이 있다. 그들은 예술이든 문학이든 과학이든 사업이든 자기 만족으로 연구를 끝내지 않고 생명이 다할 때까지 최선의 노력을 다하는 것을 사명으로 여긴다. 그들은 아무리 여유가 있어도 하나님이 자신에게 주신 시간과 물질을 아낀다. 자신의 안일보다는 인류에 봉사하여 하나님을 기쁘게 해드리는 직업 의식으로 살기 때문이다. 따라서 유대인의 작품 중에는 불후의 명작이 많다. 그들의 수많은 노벨상 수상도 그들이 상을 목표로 노력한 대가가 아니라 자신이 맡은 분야에서 최선을 다하다 보니 자연스럽게 돌아오는 열매일 뿐이다.

자신의 현재 직업은 나 자신의 안일을 위한 직업이라기보다는 하나님께 영광을 돌리기 위한 귀한 직업이다. 이러한 직업 의식을 가질 때 직종에 관계 없이 나의 직업에 대한 자부심을 가질 수 있다. 그리고 자신의 직업에 최선을 다하는 것이 남을 돕는 일이고 하나님께도 영광을 돌리는 일이다.

III. 유대인의 독립심 교육

1. 유대인 유학생의 예

유대인은 유난히 독립심이 강하다. 한 유대인의 예를 들어 그들의 직업 철학에 대해 알아보자(Yuro, 1988, p. 120).

현재 예루살렘의 큰 저택에 거주하는 루리에 씨는 16세 때 영국 런던으로 유학을 떠났다. 그 때 그의 아버지는 유학 비용으로 영국 돈 100파운드를 주면서 이렇게 말했다. "얘야, 이것이 네 유학 자금으로 쓸 돈의 전부다. 너는 유학 기간 동안에 이 돈을 다 써버리지 말고 4년 뒤 돌아올 때에 고스란히 100파운드를 돌려다오."

얼마나 가혹한 말인가? 그러나 그가 4년 후 경제학을 전공하고 졸업할 때에는 주식 시장의 전문가가 되어 있었다. 그 동안 그는 그 돈을 주식에 투자하였다. 그는 4년 동안 첫째, 경제학의 이론과, 둘째, 경제학의 실제를 공부하였을 뿐만 아니라, 셋째, 사회 속에서 인간 관계 공부도 하였다. 이론만으로는 밥을 벌어 먹지 못한다.

따라서 유대인은 자녀들이 직장 생활에서 그 이론을 실험하게 하여 자녀가 독립할 수 있도록 교육시킨다. 이것이 부모가 자녀에게 줄 수 있는 최대의 선물이 아니겠는가? 이에 반하여 한국 부모의 과보호가 자녀들을 무능력하게 만드는 예가 얼마나 많은가?

2. 신문팔이 한 저자의 아들

저자에게는 네 아들이 있다. 큰아들이 중학교 1학년 때였다. 독립심을 키우기 위하여 자전거를 사주고 신문팔이를 시켰다. 미국에서는 자전거를 타고 신문을 돌린다. 신문 돌리는 일을 처음 해보는 아들은 고참들에게 밀리어 언덕이 많은 힘든 지역을 맡았다.

신문 돌리는 일에 4형제가 모두 동참하였다. 새벽 4시 30분에 집 앞에 신문이 도착하면 초등학교 다니는 동생 셋이서 5시에 일어나 고사리손으로 신문 하나하나를 접어 신문 돌리는 커다란 가방에 넣어 자전거 위에 얹어 둔다. 비가 올 때는 신문을 비닐 봉투에 넣는다. 그러면 큰아들은 5시 30분에 일어나 자전거를 타고 언덕을 넘어다니며 집집마다 신문을 돌렸다.

하루는 비가 왔다. 자전거로 신문을 못 돌리므로 엄마를 깨웠다. 엄마가 캐딜락을 운전하고 큰아들은 옆에서 신문을 집집마다 던져 넣었다. 집에 돌아온 집사람이 "세상에 캐딜락을 타고 신문팔이 하는 애들은 우리 애들밖에 없을 거예요"라며 웃었다. 그 당시 저자는 평신도 집사로 교회에 봉사하면서 사업을 하고 있을 때였다.

신문팔이를 한 지 한 달이 지났다. 아들이 신문 보급소에서 주는 조그만 돈주머니를 들고 다니며 수금을 하였다. 집주인을 만나기 위해서는 저녁에 방문해야 했다. 그러나 수금하는 것도 신문 돌리는 것만큼이나 어려웠다. 몇 푼 되지 않는 신문 대금을 받기 위하여 몇 번씩 헛걸음을 해야 했기 때문이었다. 하루는 큰아들이 울면서 집에 돌아와 신문을 안 돌리겠다고 했다. 이유를 물은즉 수금을 하러 저녁때 큰길에 나갔다 불량스러워 보이는 덩치 큰 아이들을 만났는데 그 아이들이 자전거를 타보겠다며 강제로 빼앗으려고 했다는 것이었다. 그래서 어떻게 했느냐고 물었다. 다른 사람들 들으라고 큰 소리로 우는 시늉을 했더니 그 불량배들이 도망갔다고 했다. 그 후에도 신문팔이는 한동안 계속되었다.

큰아들이 수금을 다 하였다. 125달러 정도 되었다. 저자는 아들들을 모두 모아 놓고 "한국인들은 엄마나 자녀들이 돈을 벌면 모두 가장인 아버지에게 갖다 바친다"고 가르쳤다.

그랬더니 큰아들이 두 가지 이유로 반박을 했다. 하나는 자신이 얼마나 힘들게 돈을 벌었는데 그것을 모두 달라고 하느냐, 신문을 자전거에 가득 싣고 아빠가 한번 언덕을 끌고 올라가 보라고 하였다. 둘째는, 동생들에게 도와주는 대가로 한 달에 5달러(한화 3,500원)씩 주기로 했는데 그 돈은 어떻게 하느냐는 질문이었다. 저자는 큰아들에게 십일조로 13달러를 하나님에게 바치도록 하고, 용돈으로 25달러를 갖고, 동생들에게 5달러씩을 주도록 했다.

저자가 이 이야기를 책에 싣는 이유는 결코 자랑하기 위해서가 아니다. 자녀 교육은 두 가지, 즉 이론과 체험에서 배워야 한다. 부모가 할 일은 부모가 해주고, 나머지 일은 하나님에게 맡겨야 한다. 저자는 지금도 아들들이 겪은 이 경험은 아들들에게 돈 주고 살 수 없는 귀한 자산이 되리라 믿는다.

부모가 자녀들의 학교 성적을 높이기 위하여 학원만 보내는 것이 결코 좋은 교육은 아니다. 초등학교 시절부터 나이에 맞는 일을 시켜야 노동의 습관과 아울러 좋은 성품을 가질 수 있다.

IV. 아버지의 직장에서 함께 일할 경우 얻는 유익

1. 부모의 종교적 삶의 철학을 배울 수 있다

유대인 자녀는 부모에게서 토라 말씀을 받는다. 그러면 토라의 말씀을 전한 부모의 성서적인 삶은 어디에서 배우는가? 자녀는 어릴 때부터 부모의 일터에서 함께 일하면서 부모의 종교적 삶의 철학과 방법을 배운다. 즉, 성경과 탈무드에 근거한 내핍 생활, 상거래 방법 및 대인 관계의 방법을 배울 수 있다. 그들의 직업은 바로 그들의 종교 생활의 연장이기 때문이다. 따라서 부모와 자녀 간에 세대 차이가 없게 하기 위해서는 부모의 직업 전수 교육이 꼭 필요하다.

그러면 "아버지는 햄버거 가게를 운영하는데, 아들은 의학 공부를 하면서도 햄버거 가게에서 일을 해야 하는가"라는 질문을 할 수 있다. 이에 대한 답은 "물론"이다. 장차 의사가 될 아들이라 하더라도 온 가족이 달라붙어 아버지의 햄버거 가게 일을 돕는 것이 자녀 교육에 좋다. 그 이유는 네 가지로 정리된다. 첫째, 함께 일하면서 가정의 신앙 생활은 물론 가정의 공동체 의식을 배울 수 있다. 둘째, 자녀가 커서도 전쟁 같은 유사시 의사 직업을 못 할 환경에서도 장사를 해서 가족의 생계를 책임질 수 있다. 셋째, 자녀가 어릴 때부터 아버지의 땀 흘리는 모습을 보며 아버지의 가족에 대한 책임 의식을 배우게 되고 또한 아버지를 존경하게 된다. 넷째, 자신이 햄버거 가게에서 일하며 받는 낮은 임금을 계산하며, 시간당 임금이 높은 전문직을 얻으려고 더 열심히 공부한다.

유대인 가정의 단결심은 대단하다. 이러한 단결심은 역사를 통하여 훈련되어 왔다. 사진은 절기를 위하여 함께 일하는 유대인 가족.

2. 4·29 폭동에서 나타난 한인 자녀 교육의 허점

유대인 부모는 자녀들과 생사고락을 같이한다. 자녀가 부모와 함께 일을 하면 부모의 힘든 사정을 파악하게 되고 부모의 아픔에 동참할 수 있다. 부모의 아픔에 동참하는 자녀는 부모를 공경한다.

4·29 폭동이 있을 때 수많은 흑인 폭동자들이 한국인 상점에 침입하여 물건을 약탈해 갔다. 그리고 불을 질렀다. 남쪽 흑인촌에서 시작된 폭도들의 횡포는 코리아타운까지 북상하였다. 경찰은 뒷짐만 지고 있었다. 수많은 재산이 일순간에 잿더미가 되었다. 얼마나 억울한 일인가?

이 일로 모든 언론이 오랫동안 떠들썩했다. 더 억울한 일은 흑인들은 한국인을 때리고도 계속 한인들을 비난하였다. 적반하장도 이만저만이 아니었다. 누구도 우리의 억울함을 대변해 주지 못했다. 이 때 미국의 한 TV 방송에서 중·고등학교에 다니는 한국인 2세와 흑인 자녀를 모아 각자 자신들의 주장을 발표하는 자리를 마련하였다.

그 자리에서도 흑인 자녀들은 열을 올리며 "너희 부모들은 돈만 알고, 흑인을 깔보고…" 하며 한인들을 공격하였다. 그런데 대부분 한국인 자녀들은 흑인 자녀들의 공격에 제대로 대응하지 못하여 답답하였다. 왜 한국인 자녀들은 "모든 한국인이 다 그런가?" "너희들도 때로는 우리들을 무시하지 않느냐?" "설사 우리 부모 중에 돈만 알고 너희들을 깔본 사람이 있다고 해도, 너희 부모들은 법치 국가에서 물건을 약탈하고 불을 질러도 되는 건가?"라고 시원히 말하지 못했는가?

한국인 자녀들이 바보라서가 아니다. 그들은 자신들의 부모가 어떠한 환경에서 얼마만큼의 아픔을 견디며 돈을 버는지 몰랐기 때문이다. 그 중에는 자신의 부모가 어떤 직업을 갖고 있는지조차 모르고 나온 학생도 많았다. 상황을 모르는데 어떻게 논리적으로 흑인들에게 반박할 수가 있겠는가? 한국인 부모들은 대부분 자녀에게 자신의 누추한 직업(?)을 말하기를 꺼린다. 한국의 많은 부모들이 "너희는 내가 무엇을 하는지 알려고 하지도 말고 무조건 공부나 잘 해!" 하는 식이다. 그리고는 교회 나갈 때에는 신사복에 양장을 입고 간다. 따라서 자녀들은 부모의 생업에 대하여 알 길이 없다. 생활에서 세대 차이가 난다. 실제로 그 당시 수많은 2세들이 4·29 폭동을 당하면서 비로소 자신들의 부모가 얼마나 많은 모욕을 당하며 자신들을 위한 교육비와 생활비를 버는지를 알았다고 고백하였다.

유대인 같으면 어떻게 했을까? 유대인도 27년 전인 1965년 거의 같은 장소인 흑인촌에서 와쓰 폭동을 당하였다. 유대인은 폭동 희생자라는 입장에서 한인의 선배이다. 유대인 1세들도 유럽에서 이민 온 후 영어가 서툴 때에는 흑인촌의 구멍가게에서부터 생업을 시작하였다. 유대인은 부모가 흑인촌에서 장사를 하면 오후나 방학 때 자녀들에게 그 곳에 와서 부모의 일을 돕도록 한다. 우유 상자도 나르고 청소도 하게 한다. 그리고 부모의 영어가 서투르면 통역도 하게 한다. 가게가 도둑 맞는 장면도 보게 한다. 부모가 억울하게 갱들에게 권총으로 당하는 모습도 경험하게 한다.

 이러한 가족 공동체 생활을 하다 보면 자녀들은 부모의 아픔을 동감하게 된다. 한 가족의 고통을 다 같이 분담하는 것이다. 하나님 말씀에 따른 부모의 헌신적인 삶의 현장에서 1세들의 근면과 투지, 그리고 끈기를 배운다. 한 가족의 공동체 의식이다. 이런 자녀들이 커서 인간다운 인간이 된다. 부모의 고통을 모르고 그냥 공부만 잘 하는 아이들과 다르다. 삶의 철학이 다르다. 그들은 커서도 부모를 생각하면 눈물을 흘리고 효도하려고 노력한다. 부모가 어려운 일을 당하면 앞장서서 도와 준다. 그리고 부모의 고통을 보면서 성공하려고 더 열심히 노력한다. 자식을 낳은 보람이 이런 데 있지 않겠는가?

제4장
요약

　모든 인간은 가정에 속해 있다. 그리고 대부분 문명 국가에서는 자녀들을 학교에 보내 학교 교육을 시킨다. 특히 현대인이 자녀 교육을 학교 교육에 의존하는 비중은 절대적이다. 그러나 유대인 자녀 교육은 장소에 따라 첫째, 가정 교육, 둘째, 회당 교육, 셋째, 학교 교육, 넷째, 사회 교육으로 나뉜다. 가정에서는 종교 교육과 도덕 교육 및 지혜 교육을, 회당에서는 종교 교육과 종교적·민족적 공동체 교육을, 학교에서는 세상의 신학문 교육을, 그리고 사회에서는 사회 적응과 지혜를 습득하게 한다.

　그 중에서도 유대인은 어느 교육을 가장 강조하는가? 가정 교육이다. 가정 교육의 주내용은 토라와 탈무드이다. 유대인의 삶은 탈무드의 삶이다. 즉, 탈무드의 율례와 법도를 어떻게 생활화하느냐가 가정 교육의 중요 사항이다. 그들의 쉐마 교육이 바로 여호와 하나님의 말씀을 어떻게 자자손손 전수하느냐에 중점을 두고 있다면, 탈무드는 말씀에 따라 선민다운 삶을 사는 데 필요한 내용이다.

　그뿐만 아니라 유대인은 토라 교육의 연장으로 자녀에게 직업 전수 교육을 시킨다. 생업을 중요시한다. 직업 전수 교육은 생업을 위해 농사를 짓거나 장사를 하거나 기계를 만지는 기술 교육을 말한다. 이는 유교가 농공상을 천

대시하는 직업관과 다르다. 유대인은 신본주의에 입각한 직업 의식에 따라 평생 시간을 아끼며 충성하도록 시킨다.

또한 유대인은 자녀에게 지혜 교육을 시킨다. 지혜가 있으면 하늘의 것과 땅의 것을 소유하지만 지혜가 없으면 하늘의 것은 고사하고 땅의 것도 오랫동안 간직하지 못하고 빼앗기기 때문이다. 그들은 지혜 교육과 더불어 지식 교육을 강조한다. 따라서 그들의 교육은 평생 교육이다. 그들은 자녀 교육에 유대 민족의 사활을 건다. 그들의 교육은 그들이 역사 속에서 멸망하지 않고 살아남은 원동력이 되었다. 유대인이나 기독교인이나 지혜의 원천은 성경 말씀임을 명심해야 한다.

너무 많이 가졌으면 부족함을 느낀다.
(유대인의 격언)

제5부

유대인의 효도 교육

제1장

성경적 효도 교육이란 무엇인가

Ⅰ. 왜 기독교에 효도 교육이 필요한가

한국은 예로부터 동방예의지국이라 일컬어져 왔다. 그러나 한국인의 도덕과 윤리는 점점 황폐화되어 가고 있다. 자식이 아버지를 살해하고, 만취 학생들이 스승을 폭행하고, 사병은 직속 상관을 사살하는 현실을 낳게 하였다. 직장에서는 노동자가 사장을 폭행한다. 윤리가 뒤집힌 것이다. 그야말로 거꾸로 가는 세상이다(중앙일보, '뒤집힌 윤리' 꼬리물어, 1994년 11월 2일). 한 걸음 더 나아가 유학까지 마치고 온 대학 교수인 박사 아들이 돈에 눈이 어두워 아버지를 살해한 일도 있었다(중앙일보, 1995년 3월 20일).

그 이유는 무엇인가? 현대의 부모가 마땅히 아이에게 가르칠 것을 안 가르쳤기 때문이다. 마땅히 아이에게 가르칠 것 중 가장 귀한 것은 무엇인가? 바로 효도 교육이다. 동서양을 막론하고 효는 모든 행위의 근본이기 때문이다.

한국은 기독교가 들어오기 전부터 전통적으로 인간다운 인간 교육을 강조해 왔다. 그 인간 교육의 핵심이 효였다. 효는 역사적으로 한국인의 윤리와 도덕 중 가장 중요한 부분을 차지하고 있었다. 따라서 한국인에게는 조상들의 정신 문화의 유산으로 '효 사상'이란 귀한 무형의 자산이 있다.

그럼에도 불구하고 현대에 이르기까지 효를 구체적으로 학문화하여 가르쳐 실천하지를 못했다. 서양 학문에 밀려서인가? 우리가 주목할 일은 효 사상은 수직 문화이고 서양 학문은 수평 문화란 사실이다. 이제부터라도 효를 체계 있게 연구하여 학문화해야 한다.

한국의 기독교는 어떠한가? 한국의 기독교도 믿음만을 너무 강조한 나머지 여호와의 율례와 법도의 기본인 효를 잘 가르치지 못했다. 그리고 기독교는 그 동안 성경적 효에 대하여 부분적으로 강조했지 전체적인 것을 조직적으로 신학화하는 데는 관심을 갖지 못했다.

거꾸로 가는 윤리.
윤리가 상실되어 가는 세태를 반영하는 듯한 사건이 꼬리를 물고 일어난다 (중앙일보, 1994년 11월 2일, 사회면).

이러한 맥락에서 성경 말씀에 기초한 '효신학'이란 학문의 영역을 새롭게 연구하여 정립하여야 한다. '효신학' 정립의 필요성은 첫째, 여호와 하나님의 말씀을 자자손손 전수하는 데 없어서는 안 될 꼭 필요한 학문이고, 둘째, 기독교 자녀의 윤리를 바로 세우기 위하여 꼭 필요하다.

다행히 한국인의 정서는 성경적인 효신학이 정리되고 뿌리를 내리는 데 좋은 토양을 갖고 있다. 왜냐 하면 한국인은 전통적으로 부모에 대한 효 교육이 잘 되어 있기 때문이다. 이는 한국인의 커다란 장점이다.

II. 효 · 효도 · 기독교의 효 · 효신학(孝神學) · 효학(孝學)의 정의

먼저 효도 교육을 시작하기 전 다음과 같은 질문들의 개념 정리가 필요하다. 효와 효도는 무엇이 다른가? 그리고 기독교의 효는 한국의 효와 무엇이 다른가? 왜 기독교인에게 효신학이 필요한가? 효학이란 무엇인가?

먼저 효학에 대한 정의를 내리기 전에 효에 대한 정의를 정리해 보자. 국어 사전에 의하면 '효(孝)'는 '부모를 잘 섬기는 일'이고, '효도(孝道)'는 '부모를 잘 섬기는 도리(道理)'이다(동아국어대사전, 1985, p. 1262).

한국 효는 왜 부모에게 효를 행하여야 하는가, 어떻게 하여야 부모를 잘 섬길 수 있는가, 그리고 그 도리는 무엇인가에 대한 효 이론이 유교에 뿌리를 두고 있다. 그렇기 때문에 기독교인에게는 부적합한 것들이 많은 것이 사실이다. 예를 들어, 조상을 우상처럼 숭배하여 제사를 지나치게 강조하는 점이 그렇다.
　기독교의 효는 한국의 효와 무엇이 다른가? 한국의 효에는 인간다운 삶을 위한 윤리만 있지만 기독교의 효에는 생명과 윤리가 함께 있다. 즉, 기독교의 효에는 영생을 얻는 비밀이 있고 영생을 얻은 후에 말씀 맡은 자로서의 열매로 성경적인 윤리 중 하나인 효를 행하여야 한다. 따라서 기독교에 맞는, 성경에 근거한 '효' 연구의 필요성이 제기된다.
　그렇다면 기독교인에 맞는 효란 무엇인가? 그것은 성경에 근거한 효를 연구 정리하여 자녀들에게 그 원리와 바른 행위를 가르치는 것이다. 기독교의 '효'는 역사적으로 유대교의 효에서 시작된다. 따라서 유대인의 효도 교육을 모르고는 예수님의 효나 바울의 효를 설명할 길이 없다. 그들이 모두 모세오경에 근거한 유대인 자녀 교육을 받은 유대인이기 때문이다.
　성경의 '효'는 모세오경의 십계명 중 제5계명, "네 부모를 공경하라"(출 20:12)에 그 기초를 두고 있다. 같은 맥락에서 신약의 정통파 유대인이었던 사도 바울도 에베소서 6장 1-2절에 "자녀들아 너희 부모를 주 안에서 순종하라… 네 아버지와 네 어머니를 공경하라. 이것이 약속 있는 첫 계명이니…"라고 이르고 있다. 따라서 '기독교의 효'란 우선 간단히 '하나님(주) 안에서 부모를 공경하는 일'이라고 정의할 수 있다.
　그러나 실제적으로 기독교의 효가 무엇인가를 더 구체적으로 정의하기 위해서는 성경에서 대표적인 효자가 누구인지 그 모델을 찾아야 한다. 그리고 그를 통해 "주 안에서 부모를 공경하는 일"이란 무엇인가를 규명해야 한다.
　신구약의 성경에서 대표적인 효자는 예수님이시다. 왜냐 하면 그분은 하나님의 형상을 그대로 닮으신 분이기 때문이다. 그는 근본 하나님의 본체(빌 2:6)시나 완전하신 인간이시다. 그리고 그분은 구약의 모든 율법에 통달하신 유대인이셨다. 따라서 이것을 믿는 모든 성도들은 예수님의 효를 모델로 본받아야 한다.

예수님은 두 가지 측면의 부모, 즉 영적인 하나님 아버지와 육적인 부모 요셉과 마리아를 모셨다. 따라서 예수님의 효의 순서는 하나님 공경에서 시작하여 부모 공경, 그리고 이웃 사랑으로 연결된다.

첫째, 예수님은 하나님을 그대로 닮으신 분이시다. 그분은 태초에 말씀이 계셨고 말씀은 하나님이시고 그 말씀이 육신화되신 분이시다(요 1:1-3, 14). 그리고 이 땅에 태어나신 후에도 육적인 부모에게서 여호와의 율례와 법도를 배우신 분이시다(눅 2:52). 따라서 그분은 하나님을 보여 달라는 제자들에게 "나를 본 자는 하나님을 본 자"(요 14:8-11)라고 말씀하셨다. 즉, 예수님은 하나님의 아들(마 3:17)로서 하나님의 "말씀 맡은 자"(롬 3:2) 그 자체이시다. 그분은 시간과 공간을 초월하여 하나님과의 사이에 세대 차이가 없으신 분이시다.

둘째, 예수님은 우선적으로 영적 아버지인 하나님 아버지를 공경하시는 데에서부터 시작하셨다. 그분은 언제나 하나님 우선주의였다. 이 땅에 오신 목적도, 그리고 십자가를 지신 목적도, 하나님의 영광을 위해서였다. 즉, 예수님은 영적 아버지이신 하나님에 대한 '타고난 효자'이셨다.

구약 성경에서는 감히 누구도 하나님을 아버지라고 부르지 못했지만 예수님은 하나님을 친히 '나의 아버지'(눅 10:22)라고 부르셨다. 왜냐 하면 예수님은 하나님의 아들이셨기 때문이다. 예수님이 하나님을 "아버지"라고 부르신 예는 요한복음 17장에는 무려 39회나 나온다.

우리 성도들이 지극히 감사하게 생각할 것은 예수님이 '아버지'라고 부르신 '하나님'을 감히 "아버지"라고 부를 수 있는 자격이 우리에게 있다는 사실이다. 그 이유는 예수님의 십자가 사건으로 말미암아 그를 구주로 영접한 성도들도 양자의 영을 받았으므로 이제 하나님을 감히 '아바 아버지' 라고 부를 수 있는 권세를 부여받은 것이다(롬 8:15).

예수님이 고난 받으심으로 말미암아 성령이 친히 우리 영으로 더불어 우리가 하나님의 자녀 됨을 증거하시기 때문이다(롬 8:16). 그분은 모든 성도들의 부활의 첫 열매, 즉 성도들의 맏형이시다(롬 8:29; 고전 15:20). 따라서 신약의 성도들이 예수님의 제자라면, 예수님처럼 부모 공경 이전에 하나님 아버지를 먼저 공경해야 한다.

셋째, 예수님은 육적 부모를 공경하셨다. 예수님은 소년 시절에는 아버지 요셉을 도와 목수일을 하셨다. 그리고 십자가를 지실 때에는 장남으로서 어머니의 노후 대책을 제자 요한에게 맡기시는 '타고난 효자'의 모범을 보여주셨다.

넷째, 예수님은 고난의 십자가를 지시기까지 인간의 생명을 사랑하신 분이다. 즉, 예수님은 하나님의 공경 방법으로 이웃과 인류를 위하여 자신의 목숨까지 버리신 분이시다. 따라서 예수님은 온 인류는 물론 죄인까지 사랑하신 생명 사랑의 정신으로 충만하신 분이시다.

예수님의 효를 요약하여 기독교의 효를 정의하면, "기독교의 효란 하나님의 성도(말씀 맡은 자)가 하나님을 공경하고 주 안에서 부모를 공경하며 모든 생명을 사랑하는 일이다"라고 정의할 수 있다.

이를 더 광범위하게 정의한다면, "'기독교의 효'란 하나님의 성도(말씀 맡은 자)가 하나님을 공경하고 주 안에서 부모를 공경하며 하나님이 창조하신 모든 생명들과 자연, 즉 인간을 사랑하고, 자연을 사랑하고 가꾸어 하늘의 평화가 이 땅에서도 이루어질 수 있게 하는 정신과 행위"이다.

그리고 '기독교의 효도'는 "하나님의 성도가 하나님을 공경하고 주 안에서 부모를 공경하고 생명을 사랑하는 도리"라고 정의할 수 있다. 한 가지 더 강조한다면 부모 공경을 포함한 인간의 모든 행위도 '주 안'에서 행해야 선(善)이 되지 '주 밖'에서는 악(惡)이 된다는 사실이다. 왜냐 하면 믿음으로 좇아 하지 아니하는 모든 것은 죄이기 때문이다(롬 14:23).

그렇다면, 효신학은 기독교의 효와 무엇이 다른가? 효신학의 정의를 내리기 위해서는 먼저 신학이란 무엇인가를 알아야 한다. 기독교에서 말하는 신학은 하나님이 자신의 뜻을 인간에게 계시하셨다는 사실에서 출발한다. 하나님께서 계시하신 특수계시의 내용이 바로 성경이다. 인간은 하나님을 믿는 신앙이 생기면 성경을 알고 싶어한다. 하나님을 믿는 신앙을 가진 인간이 신앙의 내용으로 필요한 것이 바로 성경 말씀이기 때문이다. 따라서 성경은 신학의 근본이다.

영어로 신학을 'Theology'라고 하는데, 이는 희랍어의 'theologia'의 'theos(하나님)'와 'logos(논리)'의 합성어이다(Webster's New Twentieth Century Dictionary, 2nd ed, 1983, p. 1892). 즉, 신학은 하나님을 논리적으로 연구하는 학문이다. 하나님을 논리적으로 알기 위해서는 성경을 알고 해석해야 한다. 그런데 이 성경은 인간의 이성만으로는 해석할 수가 없다. 하나님을 믿는 신앙이 있어야 한다. 따라서 신학은 하나님과 인간과의 관계에서 신앙을 가진 성도가 하나님에 대하여 알기 원하는 신앙의 내용, 즉 성경을 해석하고 이를 생활에 적용하도록 돕는 것이다. 전통적으로 신학을, 1) 성경을 해석하는 주경 신학, 2) 성경 역사와 교회 역사를 다루는 역사 신학, 3) 기독교 교리를 다루는 조직 신학, 4) 하나님의 말씀을 생활에 적용시키는 실천 신학 등 네 가지로 분류한다.

효신학은 구체적으로 두 가지 측면으로 나눌 수 있다. 첫째는 성경 윤리적인 측면이고, 둘째는 구원론적인 측면이다. 성경 윤리적인 측면은 기독교인으로서 부모를 왜, 어떻게 공경할 것이냐 하는 것이고, 구원론적인 측면은 효가 구체적으로 인간의 영혼 구원과 어떠한 관계가 있느냐를 연구하는 것이다. 성경 윤리를 신학의 한 부분으로 분리할 수도 있으나 넓은 의미에서 모두 조직 신학의 영역에 포함시킬 수도 있다. 물론 이를 위해서는 주경 신학과 역사 신학의 자료들이 함께 필요할 것이다.

현재까지는 효가 윤리적인 측면에서 많이 강조되어 왔던 것이 사실이다. 그러나 이제 효를 구원론적 입장에서도 더 깊이 연구해야 할 필요가 있다. 따라서 효신학은 하나님이 인간에 명하신 제5계명(부모 공경)은 윤리적인 차원을 넘어 인간 생명 구원이 우선임을 성경적으로 연구하여 밝혀야 한다. 그리고 효신학이 앞으로 다른 신학 부문에까지 더 발전할 수 있기를 기대해 본다.

이를 토대로 효신학을 정의해 보자. "'효신학'은 효에 관한 모든 지식의 자료를 성경을 근거하여 해석 및 정리하는 학문이다."라고 정의할 수 있다. 좀더 자세히 말하면, "'효신학'은 '효와 성경 윤리', '효와 인간의 영혼 구원' 등을 포함한 효에 관련된 모든 지식의 자료를 성경을 근거하여 해석 및 정리하는 학문이다"라고 정의할 수 있다.

마지막으로 '효학'을 정의하자면, '효학'이란 "'효'에 관한 지식의 내용을 더 깊고 넓게 연구하고, 이를 다른 학문의 측면에서 해석하여 발전시키고, 그 정리된 이론에 맞는 실천 방안을 제시하는 학문이다"라고 정의할 수 있다. 좀더 자세히 말하면, '효학'이란 "'효'에 관한 지식의 내용을 더 깊고 넓게 연구하고, 이를 다른 학문의 측면에서 즉, 신학적, 철학적, 역사적, 교육학적, 심리학적 및 윤리학적 측면에서 해석하여 발전시키고 그 정리된 이론에 맞는 실천 방안을 제시하는 학문이다"라고 정의할 수 있다. 바람직한 인간의 미래를 위하여 학문적으로 '효신학'과 더불어 '효학(孝學)'도 발전하여 인류에 공헌하여야 한다.

III. 효의 대상

1. 효의 대상: 영혼의 스승적 측면

성경에서 효의 대상은 두 가지 측면이 있다. 첫째는 영적 스승의 측면이고, 둘째는 혈통적 측면이다. 이는 동양과 서양이 비슷하다. 그 이유는 동양에 하나님의 특수 계시인 성경이 없을 때 하나님께서 일반 계시로 인간의 양심의 법을 통하여 동양인들을 도덕적인 인간으로 살게 하셨기 때문이다(롬 1:19-20, 2:14-15).

중국의 공자는 부모 공경의 차원을 말할 때 임금과 스승과 아버지를 하나로 생각했다(군사부일체: 君師父一體). 즉, 임금과 스승과 아버지는 국가와 사회와 가정의 윤리 구조를 형성하게 하는 동업자라는 말이다.

임금과 스승과 아버지의 공통점은 첫째, 윗사람으로서 권위를 가진 분이다. 둘째, 가르침을 주는 분이다. 셋째, 인격적, 영적으로 양육하는 분이다. 세 분은 공경의 대상이면서 동시에 가르침을 주는 스승의 입장에 서 있다.

따라서 동양에서는 임금과 스승과 아버지는 제일의 공경 대상이며 순종의 대상이다. 왜냐 하면 그들의 교훈과 지도를 받기 위해서였다. 이것이 바로 충효(忠孝) 사상으로 이어졌다. 임금과 스승과 아버지는 모두 인간의 인성 교육을 위한 수직 문화만을 가르쳤다. 그들은 현대의 전문직 학문은 가르치지 않았다는 점에 주목해야 한다.

그 당시엔 도자기를 전문으로 한 스승이 제자에게 도자기 만드는 기술을 가르칠 때 스승에 대한 수직 문화적인 인간 교육이 잘 된 사람에 한하여 먼저 가르쳐 주었다. 인간이 되지 않은 사람에게는 기술을 가르쳐 주지도 않았다.

스승에 대한 권위도 대단하였다. 제자가 스승에 대한 존경의 표시로 "스승의 그림자도 발로 밟지 말라"고 가르쳤다.

　성경은 공자의 이론과 무엇이 다른가? 군사부일체(君師父一體)의 처음 대상인 임금(君) 대신 하나님(神)을 대치시키면 된다. 즉, 하나님과 스승과 아버지는 하나이다(神師父一體). 하나님과 스승과 아버지는 신본주의적인 국가와 사회와 가정의 윤리 구조를 형성하게 하는 동업자이다.

　따라서 유대교에서는 하나님과 랍비와 아버지가 제일의 공경의 대상이며 순종의 대상이다. 왜냐 하면 하나님과 랍비와 아버지를 통하여 여호와 하나님을 섬기고 그를 위한 삶을 살기 위한 말씀(율법)을 받기 때문이다.

　유대교에서는 공경 대상의 순서가 하나님 다음으로 아버지가 아니라 왜 랍비인가? 탈무드에 이런 이야기가 있다. "랍비와 아버지가 길을 가다가 우

한국인은 유교에 의한 충효 사상이 강하였다. 특히 군사부일체(君師父一體)에 대한 권위와 존경을 강조하였다. 사진은 조선 말 서당의 교육 장면. 과거 우리 나라의 서당에서는 인간다운 인간 교육을 위한 수직 문화만을 가르쳤다(사진 출처: 고등학교 교육학 교과서).

물에 빠졌다면 누구를 먼저 구해야 하는가?" 이에 대한 답은 '랍비'이다. 그 이유는 이렇다.

랍비는 말씀 맡은 자의 우선 순위에 있어 아버지보다 앞선다. 랍비는 여러 사람들에게 생명의 말씀을 전하는 사람이다. 즉, 구원받은 하나님 백성의 공동체에서는 하나님의 말씀 전파적 측면에서 먼저 생각하여야 한다는 원리이다. 따라서 여호와 하나님의 말씀을 여러 사람에게 전파하기 위해서는 랍비가 개인의 아버지보다 더 귀하다.

유대인은 자신에게 말씀을 가르쳐 주신 영적 스승도 아버지라고 불렀다. 즉, 영적 아버지란 뜻이다. 구약의 엘리사가 그의 스승 엘리야를 아버지라고 불렀고(왕하 2:12), 신약의 디모데가 그의 영적 스승 바울을 아버지라고 불렀다(딤전 1:2). 이처럼 믿음의 공동체에서는 육의 혈통보다 영적 혈통을 더 중요시하였다. 예수님도 자신의 어머니가 찾아왔을 때에 하나님의 일을 하는 자가 나의 형제요 자매라고 말씀하셨다.

따라서 기독교의 믿음의 공동체에서는 먼저 하나님 나라와 그의 의를 찾아야 한다. 그리고 그 이후에 육적인 부모의 혈통적 측면을 찾아야 한다.

2. 효의 대상: 혈통적 측면

유대인이 말하는 '부모 공경'은 공경의 대상이 단지 부모에만 한정되어 있는가? 그렇지 않다. 그들은, '부모 공경'이란 용어의 원뜻에는 웃어른들부터 가까운 순서대로 장인, 장모, 큰형, 큰형수, 삼촌, 사촌, 육촌, 팔촌 등도 모두 포함되어 있다고 가르친다. 즉, 유대인은 자신들의 신앙의 공동체 속에서 웃어른들에게 배우며 그들을 공경하고 섬기도록 되어 있다.

가령 딸만 가진 장인 장모에게 아들이 없어 그분들을 모실 자녀가 없다면 어떻게 할 것인가? 이런 경우 사위가 마땅히 장인 장모를 친부모처럼 모셔야 한다. 또한 늙은 부모에게 자녀는 죽고 손자들만 있을 경우 누가 노인들을 돌보아야 할 것인가? 손자들이 마땅히 할아버지 할머니를 돌보아야 할 책임이 있다.

정통파 유대인이었던 사도 바울은 자녀뿐만 아니라 손자들도 할아버지 할머지를 돌보아야 할 책임이 있다고 가르쳤고(딤전 5:4), 친족 중에 돌볼 자손이 없을 경우 가까운 친족들이 그들을 돌보도록 가르쳤다(딤전 5:8).

다른 말로 하면, 유대인의 자녀들은 집안의 친척 웃어른들에게서도 조상 대대로 내려오는 유대인의 역사와 여호와의 율례와 법도를 물어서 배우도록 되어 있을 뿐만 아니라 그들의 노후 대책에도 세밀한 관심을 갖고 돌보도록 교육 받고 자란다. 따라서 그들의 혈통적 친족의 단결력은 대단히 강하다. 옛날 한국인의 혈통적 단결력도 이처럼 대단하였다.

문제는 유대인은 옛날이나 지금이나 세대 차이 없이 똑같은 혈통적 관계를 유지하고 있지만, 한국인은 현대 서구 문화가 들어오면서 이러한 아름다운 혈통적 단결력이 파괴되는 데 있다.

따라서 우리도 성경적 효를 자녀에게 가르쳐 영적인 스승을 공경할 뿐만 아니라 서로 어려울 때일수록 혈통적인 관계에도 서로 돕는 단합된 모습을 보여야 한다.

제2장

부모를 공경해야 하는 이유

Ⅰ. '선한 도리' 의 내용

1. 선한 도리와 십계명

　가정은 성전의 개념을 갖고 있다. 제3부 5장에서 유대인 가정에서의 선생은 아버지라고 설명하였다. 가정에서의 제사장은 아버지이기 때문이다. 다윗 왕은 가정에서 그의 아들에게 '선한 도리'를 가르쳤다. 그러면 그 '선한 도리'의 내용은 무엇인가? 아들 솔로몬이 쓴 잠언 4장 1절에서 7절까지의 말씀을 보자.

> 1. 아들들아 아비의 훈계를 들으며 명철을 얻기에 주의하라. 2. 내가 선한 도리를 너희에게 전하노니 내 법을 떠나지 말라…. 4. 아버지가 내게 가르쳐 이르기를 내 말을 네 마음에 두라. 내 명령을 지키라. 그리하면 살리라. 5. 지혜를 얻으며 명철을 얻으라. 내 입의 말을 잊지 말며 어기지 말라. 6. 지혜를 버리지 말라. 그가 너를 보호하리라. 그를 사랑하라. 그가 너를 지키리라. 7. 지혜가 제일이니 지혜를 얻으라. 무릇 너의 얻은 것을 가져 명철을 얻을지

니라. (잠 4:1-7)

위의 말씀 중에서 아버지 다윗이 일곱 번이나 솔로몬에게 지혜와 명철을 얻으라고 당부한다. 그 길이 '사는 길'이라고 누누이 강조한다. 유대인은 지혜를 성경 중 지혜 문서와 관련하여 여호와의 말씀으로도 해석한다(Birnbaum, 1991). 따라서 가정의 아버지가 자녀에게 가르치는 '선한 도리'는 바로 성경 말씀을 뜻한다.

아버지는 그의 사상을 자녀에게 심어 주어야 하는데, 유대인 아버지의 사상은 토라 사상, 즉 성경 사상이다. 이것은 신본주의 사상이다. 그러면 유대인 아버지가 자녀에게 가르치는 토라 내용 중에서도 핵심 되는

가정이란 장막에서 아버지에게 여호와의 율례와 법도로 철저히 교육 받은 자녀들은 효자가 안 될 수 없다. 사진은 아버지에게서 성경을 배우는 아들.

'선한 도리'는 무엇인가? 우리는 그들에게서 무엇을 배워야 하는가를 살펴보자.

구약 성경은 특별히 인간 교육에서 선과 악이 구별된 삶에 대하여 강조하고 있다. 이 선악은 하나님이 천지를 창조하신 후 바로 "선악을 알게 하는 나무"(창 2:9, 17)에서부터 시작된다. 유대인은 그들의 구약 성경의 개념 자체를 선악을 알게 하는 율법서로 이해한다. 의인은 이 율법을 지키고 악인은 안 지킨다. 의인에게는 보상이 따르고 악인에게는 심판이 따른다.

그러면 신구약 성경이 명하는 인간이 지켜야 할 모세의 핵심 율법의 요약은 무엇인가? 십계명(출 20:1-17)이다. 모세가 시내산에서 하나님에게 받은 십계명은 모든 성도가 지켜야 할 율법의 기본법이다. 이는 신약의 성도에게도 똑같이 적용된다. 따라서 '선한 도리'의 내용은 십계명으로 요약된다.

2. 선한 도리와 제5계명, '부모 공경'

십계명은 두 돌판에 새겨졌다. 왜 두 돌판인가? 십계명의 구조 자체가 종적인 면과 횡적인 면, 두 면으로 나뉘어졌기 때문이다. 종적인 면은 인간이 하나님에게 해야 할 대신 관계(對神關係)에 관한 4가지 계명이고, 횡적인 면은 인간과 인간 사이에서 지켜야 할 인간 관계, 즉 대인 관계(對人關係)에 관한 6가지 계명이다(Scherman & Zlotowitz, 1994, p. 411). 전자가 하나님에 대한 종교적 계명들이라면, 후자는 사람에 대한 윤리적 계명들이다.

신약의 예수님은 이 십계명을 다음 두 가지로 요약하셨다. 첫째는 종적

십계명의 구도

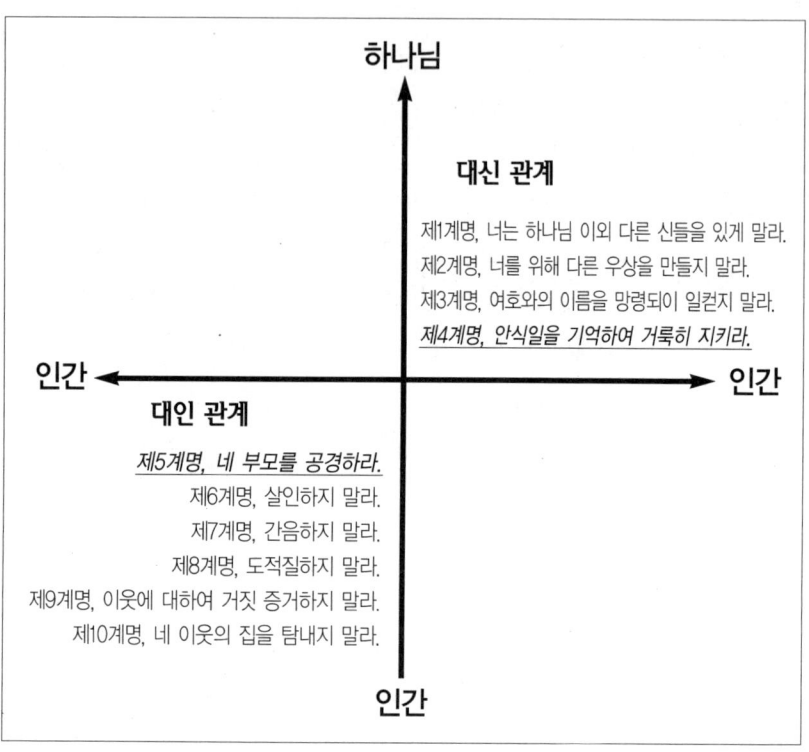

인 대신 관계에 관한 네 가지 계명을 요약하여 "주 너의 하나님을 사랑하라" 하셨고, 둘째는 횡적인 대인 관계에 관한 여섯 가지 계명을 요약하여 "네 이웃을 네 몸과 같이 사랑하라"고 말씀하셨다. 그리고 이 두 계명을 "온 율법과 선지자의 강령"이라고 말씀하셨다(마 22:37-40).

먼저 충분한 이해를 돕기 위해 인간이 하나님에게 해야 할 네 가지 계명(출 20:1-8)을 요약해 보자. 제1은 너는 하나님 이외 다른 신을 있게 말라, 제2는 너를 위해 다른 우상을 만들지 말라, 제3은 여호와의 이름을 망령되이 일컫지 말라, 제4는 안식일을 기억하여 거룩히 지키라이다.

유대인은 이 네 가지 계명을 대표하여 가장 철저히 지키는 계명이 있다. 네 번째 안식일에 대한 계명이다. 왜냐 하면 하나님은 이스라엘 백성이 안식일을 어기면 죽이라고 누누이 말씀하셨기 때문이다. 따라서 그들은 안식일을 잘 지키면 하나님 사랑하는 것을 보여 주는 것으로 인식하고 있다.

하나님이 인간에게 명한 나머지 횡적인 여섯 가지 계명(출 20:9-17)의 요약을 살펴보자. 제5는 네 부모를 공경하라, 제6은 살인하지 말라, 제7은 간음하지 말라, 제8은 도적질하지 말라, 제9는 이웃에 대하여 거짓 증거하지 말라, 제10은 네 이웃의 집을 탐내지 말라.

위의 인간이 인간에게 행해야 할 여섯 가지 계명들은 성도가 첫째 돌판의 계명을 지켜 행하여, 하나님과의 관계에서 받은 빛을 사람들에게 비추라는 뜻이다. 성도는 세상의 빛과 소금이기 때문이다.

여기에서 중요한 점은 하나님에 대한 네 가지 계명과 인간과 인간 사이에 지켜야 할 다섯 가지 계명 사이를 잇는 연결 고리가 되는 계명이 있다는 점이다. 이 계명이 없으면 인간이 하나님을 절대로 섬길 수 없다. 그것이 바로 다섯째 계명인 "네 부모를 공경하라"이다. 이 계명이 바로 두 돌판을 하나로 연결할 수 있는, 그리고 인간이 마땅히 해야 할 '선한 도리'의 핵심이다.

다섯째 계명을 안 지키면 살인한 죄보다, 간음한 죄보다, 또 도적질한 죄보다도 더 중한 죄를 범하게 되는 것이다. 이 계명은 그럭저럭 해도 되고 안 해도 되는 계명이 아니다. 반드시 지켜야 하는 계명이다.

유대인이었던 바울은 이 계명을 '약속 있는 첫 계명'이라고 못박았다.

왜 그러한가? 하나님이 왜 '부모 공경'을 십계명 속에 포함시키셨나? 그것도 왜 인간과 인간 사이에 행할 여섯 가지 계명 중 제일 중요한 으뜸 계명인 다섯 번째 계명으로 정하셨나? 왜 인간이 하나님에게 해야 할 계명과 인간이 인간에게 해야 할 계명을 연결하는 고리로 다섯 번째 계명인 '부모 공경'에 관한 계명을 두셨나에 대해 알아보자.

II. 제5계명의 의미: 윤리적 측면과 구원론적 측면

1. 부모를 저주하면 죽여라

십계명은 대신 관계(對神關係)와 대인 관계(對人關係)로 구성되어 있다. 그리고 십계명의 명령 방법을 살펴보면, "…을 하지 말라"는 8가지 '부정 명령'과 "…을 하라"는 2가지 '긍정 명령'으로 구성되어 있다. 즉, 십계명 중 2가지 긍정 명령, "안식일을 거룩히 지키라(제4계명)"와 "네 부모를 공경하라(제5계명)"를 빼고는 모두 부정 명령이다.

왜 오직 이 2가지만 긍정 명령인가? 이것은 하나님을 섬기는 종교적 계명 중 제4계명, 안식일을 거룩히 지키라와 인간에 대한 윤리적 계명 중 제5계명의 부모 공경이 그만큼 중요하다는 것을 뜻한다. 또한 이것은 하나님께서 '하라'는 것을 철저히 지킨다면 '하지 말라'는 나머지 계명들은 자연히 안 하게 된다는 뜻이다.

하나님이 이스라엘 백성에게 '부모 공경'을 명령하신 강도는 우리의 상상을 초월한다. "그 아비나 어미를 저주하는 자는 반드시 죽일지니라"(출

21:17; 레 20:9). 이 말씀은 자녀가 부모를 공경하지 않으면 죽이라는 말로도 해석할 수 있다.

따라서 유대인이 가장 무서워하는 계명은 수직적인 대신 관계에서는 안식일에 대한 계명이고, 수평적인 대인 관계에서는 '부모 공경'에 대한 계명이다. 안 죽고 살기 위해서이다. 하나님은 이 두 계명의 중요성을 이렇게 말씀하셨다. "너희 각 사람은 부모를 경외하고, 나의 안식일을 지키라. 나는 너희 하나님 여호와니라"(레 19:3).

저자가 이 사실을 확인하기 위하여 정통파 유대인 청년에게 "부모를 공경하느냐"고 물어 보았다. 물론 "공경한다"는 답이었다. 그러면서 웃으며 하는 말이 "율법에 부모 공경을 안 하면 죽이라고 하지 않았느냐"고 반문하였다.

저자의 주위에 혼자 사시는 여집사님 한 분이 있다. 그분에게는 초등학교 3학년인 아들 하나가 있다. 그 집사님은 자신의 외아들 때문에 곤혹을 치르고 있었다. 그 아들은 어머니와 너무나 다툰다. 지난번 두 모자가 저자의 집에 와서도 몹시 다투었다. 어린 아들은 어머니가 한 마디 하면 열 마디로 대들었다. 그러면 어머니는 짧은 영어로 싸우다 지쳐서 그만 울어 버린다.

며칠 후 그 아들이 저자의 집에 놀러 왔다. 우리 집 아이들과 함께 놀기 위해서였다. 저녁 식사 시간이 되었다. 그 아이는 저자의 옆에서 식사를 했다. 저자는 지난번 일을 상기시키면서 몇 가지 질문을 했다. "너, 요즘도 너의 어머니에게 지지 않고 덤벼드느냐?" 그 아이는 아무런 대답도 못 하고 고개를 숙였다. "너, 성경을 하나님 말씀으로 믿지?" 그는 그렇다는 듯이 고개를 끄덕였다. "너, 성경은 부모를 무시하며 저주하는 자녀를 어떻게 하라고 했는지 아니?" 그 아이는 고개만 가로저었다. "하나님은 그러한 아들

제5부 유대인의 효도 교육 213

은 죽이라고 하셨어"(출 21:17; 레 20:9). 잠시 후 나는 다시 물었다. "너 죽고 싶으냐?" 아이는 아니라고 고개를 가로저었다. "이제 죽고 싶지 않으면 엄마 말씀 잘 들어라." "네."

다음날 아침에 여집사님으로부터 전화가 왔다. "목사님이 우리 아들한테 무슨 말씀을 하셨길래 우리 애가 말을 잘 듣게 되었나요?" 하며 궁금해 했다.

이 때 저자가 깨달은 것 두 가지가 있다. 첫째는 인간은 죽인다고 해야 말을 듣는 습성이 있다는 것이고, 둘째는 어린아이는 죽인다고 하면 말을 듣는데 어른들은 죽인다고 해도 말을 안 듣는 사람이 많다는 사실이다.

2. 효와 윤리

하나님은 왜 자기 백성에게 이토록 '부모 공경'을 강조하셨을까? 성경의 제5계명의 '부모 공경'과 유교에서 강조하는 효도는 본질적으로 같은 것인가? 그렇지 않다. 물론 비슷한 부분도 있다. 그러나 다른 점이 더 많다. '부모 공경'을 해야 하는 원리면에서 비교가 안 된다. 그렇다면 무엇이 다른가? 그리고 유대인이 말하는 '부모 공경'의 본질은 무엇인가?

A. 부모에게 받은 생명의 가치: 하나님의 형상을 닮음

부모는 자녀에게 생명을 주신 분이다. 이 점은 유교의 효 사상과 비슷하다. 유교에서도 자녀가 부모를 공경해야 하는 기본적인 이유를 첫째, 보본(報本): 생명을 전수해 주신 부모에게 보답함이며 둘째, 보은(報恩): 지금 살아 있기까지 사랑을 베풀어 주신 은혜에 보답함이라고 설명한다.

　여기에서 우리가 잠시 짚고 넘어갈 일이 있다. 그것은 현대의 논리가 발달된 사회에서, 유교가 주장하는 부모를 공경해야 할 이유가 이뿐이라면 다음과 같은 문제가 제기된다.

　만약 세상을 비관하면서 사는 시각 장애인 자녀가 부모에게 "왜 나를 이 어려운 세상에 낳았느냐?"고 반문한다면 어떻게 답변할 것인가? 그리고 부모로부터 많은 은혜를 못 받고 자랐을 경우 부모를 공경할 필요가 없다는 말인가? 이에 어떻게 답변할 것인가? 여기에 유교의 효 이론의 한계가 있다.

　이에 반하여 성경은 명확한 답을 주고 있다. 성경은 인간이 온전하게 태어났건 불구자로 태어났건 그 생명은 한없이 귀하다고 가르친다. 그 이유를

부모는 자녀를 천하보다 귀한 하나님의 형상을 닮은 생명으로 낳아 주신 분이기에 자녀는 부모를 공경해야 한다. 사진은 유대인의 수카(초막)절기에 아버지가 빵을 잘라 아들에게 주는 모습.

살펴보자.

　성경적인 부모 공경의 이유는 신학적으로 유교보다 더 적극적이며 깊고 넓다. 인간이 가져야 할 근본적인 생명 사랑의 이유에 대한 철학적인 답을 준다. 성경이 특별히 강조하는 것은 인간만이 소유하고 있는 무한한 인간 생명의 가치이다. 성경은 인간의 생명을 두 가지 면에서 설명하고 있다. 하나는 육적인 생명이고, 둘째는 영적인 생명이다. 먼저 인간의 육적인 생명의 귀중함부터 알아보자.

　왜 인간의 생명이 다른 생명체들보다도 그토록 귀한 것인가? 창세기 1장 26절과 27절에 그 이유가 나타나 있는데, 하나님이 태초에 인간을 창조하셨을 때 인간을 하나님의 형상대로 지으셨기 때문이다. 그렇기 때문에 아무리 장애인이라 하여도 그리고 가난한 거지라 하여도 그의 생명은 천하보다도 귀한 가치가 있다. 왜냐 하면 그들도 하나님의 형상대로 지음을 받았기 때문이다.

　혹 어떤 이들은 기독교인이 아닌 이방인의 생명도 귀중한가라는 질문을 한다. 설사 예수님을 영접하고 구원받은 백성이 아니라 하더라도 그들의 생명은 귀중하다.

　그 이유는 첫째, 성경에 의하면, 그들이 이방인의 생명이라 하여도 하나님의 형상 중 일부가 남아 있기 때문에 귀하다. "무릇 사람의 피를 흘리면 사람이 그 피를 흘릴 것이니 이는 하나님이 자기 형상대로 사람을 지었음이니라"(창 9:6). 이 말씀은 하나님의 백성이건 아니건 귀한 사람이건 천인이건 사람의 피를 흘리면 그 피의 보응을 받는다는 뜻이다. 왜냐 하면, 사람의 눈에는 그들이 어떻게 보이든 아직도 하나님은 그들을 위하여 독생자를 십자가에 달리시기까지 사랑하시기 때문이다(요 3:16).

　둘째는, 그들도 앞으로 구원받을 기회가 있기 때문이다. 하나님은 귀하거나 낮고 천한 사람은 물론 죄인의 생명까지도 사랑하는 분이시다. 따라서 하나님의 형상대로 태어나서 하나님의 사랑을 받는 모든 인간의 생명의 가치는 무엇보다 존귀하다.

그렇기 때문에 인생은 어떠한 고난이 닥친다 하여도 충분히 살 만한 가치가 있다. 한 유대인의 이야기를 나눠 보자. 그가 지옥 같은 어두운 나치 수용소에 있었을 때였다. 아침에 자고 일어났는데 눈부신 햇살이 수용소 창문으로 들어오자 "아 세상은 아름답구나!" 하고 감탄하였다는 이야기이다. 그가 어려운 상황에서도 세상을 아름답게 보는 시각은 어디에 근거하는가? 그가 하나님의 선하신 창조와 하나님의 역사의 주관을 믿는 신본주의 사상 때문이다. 이것이 하나님의 백성과 이방인의 차이이다. 따라서 하나님의 백성은 어떠한 상황에서도 자살이 허용되지 않는다. 자신의 생명은 하나님이 주신 고귀한 존재이기 때문이다.

이 귀한 생명을 누구를 통하여 받았는가? 부모를 통하여 받았다. 만약 부모가 없다면 이 귀한 생명을 어떻게 받을 수 있었겠는가? 자신의 생명이 그처럼 귀한 줄 안다면 부모에게 그 은혜를 보답해야 하지 않겠는가? 이는 오직 성경만이 답할 수 있는 부모 공경의 비밀이다.

유대인은 본질적으로 생명의 공급자가 부모가 아니고 하나님이라고 믿는다. 다만 그 귀한 생명을 하나님이 부모를 통하여 주셨다고 믿는다. 따라서 하나님과 부모는 인간의 생명을 번성시키고, 키우시고, 보호하시는 동반자이다. 이것이 바로 유대인의 선민 의식이며, 그들의 아이덴티티 의식이다.

우주를 창조하시고 역사를 주장하시는 하나님의 자녀. 이러한 신학적 근거에는 유대인이나 기독교인이나 차이가 있을 수 없다. 예수 믿고 구원받은 영혼은 영적 유대인이다. 하나님의 천국을 소유한 자이다. 그 생명 자체가 천하보다도 고귀하다. 따라서 인간은 아무리 힘든 세상에서 산다고 하여도 자신의 생명을 지극히 존귀히 여기고 사랑할 만한 충분한 이유가 여기에 있지 않는가?

B. 십계명의 생명 사랑 정신과 효

왜 하나님께서 인간에게 십계명을 주셨는가? 하나님이 인간에게 십계명(율법)을 주신 근본 의도는 무엇인가?

그것은 강자의 횡포를 막고 약자를 보호하기 위한 '생명 사랑 정신'이다. 즉, 하나님이 성도에게 주신 십계명의 근본 정신은 '생명을 사랑하라'이다. 그리고 '생명 사랑 정신'은 바로 유대인의 성경적인 법정신이기도 하다.

특별히 수많은 생명 중에 인간의 생명은 무엇보다도 귀중하다. 인간의 생명을 사랑하는 방법은 첫째, 생명의 창조자이신 하나님을 사랑하고, 육신의 생명을 주신 부모를 공경하는 것이다. 즉, 하나님과 부모는 우리에게 생명을 주신 분들이기 때문에 그들에게 먼저 효를 행하여야 한다.

성경적인 효는 하나님을 사랑해야 한다는 측면에서 육적 및 영적인 생명 사랑과 관계가 있다. 그 이유를 십계명에서 찾아보자. 십계명에 기록된 대신 관계의 1-4계명들과 제5계명의 부모 공경은 물론 대인 관계를 위한 다른 6-10계명들도 결국 인간 개개인의 생명을 보존하기 위한 금지 명령들이다.

인간이 서로 사랑할 수 있는 지혜는 우리의 생활에서 남의 생명을 귀히 여기는 데서부터 시작된다. 남의 생명을 귀하게 여기기 위해서 살인, 간음, 도덕질, 거짓 증거 및 이웃을 탐하면 안 된다.

즉, 남의 생명은 물론 남의 소유나 물질을 해쳐서도 안 된다. 남의 생명을 존중한다는 말은 남의 인격, 소유, 물질을 모두 존중한다는 말이기 때문이다.

 따라서 남을 아프게 한다는 사실 자체가 하나님을 아프게 하는 것이다. 그리고 가난하고 병든 사람을 돕는 것 자체가 하나님을 돕는 것이다. 왜냐 하면 모든 인간은 하나님의 형상대로 지음 받았기 때문이다.

 유대인은 자신의 생명의 가치를 귀중하게 여기지 못하는 사람은 남의 생명도 귀중하게 여기지 못한다고 믿는다. 그러한 사람은 남의 생명을 귀중하게 여기지 못하므로 남을 쉽게 해칠 수 있다. 이것이 오늘날 만연한 인간의 생명 경시 풍조의 원인이 된다.

 자신의 생명을 귀하게 여기는 사람은 자신이 부모로부터 사랑을 많이 받은 경험이 있는 사람이다. 그리고 사랑을 받아 본 사람만이 남을 사랑할 수

십계명은 생명 사랑 정신이다. 나의 생명을 귀하게 여기지 못하는 사람은 남의 생명도 귀하게 여기지 못한다. 사진은 세상을 놀라게 한 지존파 사건(1994년 9월 28일).

있다. 이것은 예수님의 사랑을 받은 자만이 생명이 귀중한 줄 알고 죽어가는 다른 영혼의 귀중함도 깨닫게 되는 것과 같다. 그리고 예수님의 사랑을 받은 사람은 그들을 헌신적으로 사랑할 수 있다. 이것이 바로 전도와 선교의 동기 부여가 된다.

남에게 사랑을 받아 보지 못한 사람은 사랑해야 할 대상의 모델이 없었기 때문에 왜 남을 사랑해야 하는지 혹은 어떻게 사랑해야 하는지 그 방법을 몰라 남을 사랑하기가 힘들다. 어렸을 때 부모의 사랑을 충분히 못 받고 자란 사람이 자신을 비관하고 남에게 포학한 이유도 여기에 있다.

여기에서 우리가 주목할 것은 하나님의 형상을 닮은 인간의 생명을 존중하고 사랑하는 것 자체가 하나님을 사랑하는 것이라는 점이다. 그리고 더 나아가 하나님이 창조하신 자연을 보호하고 가꾸는 일도 하나님을 사랑하는 일이다. 이것은 모두 하나님의 영광을 위하여 하나님이 창조하신 생명을 사랑하는 정신에서 기인한다.

하나님께서는 인간의 역사를 창조하셨고, 또 중단 없이 창조하신다. 그 역사 창조의 근본 방법은 무엇인가? 그것은 부모를 통한 계속적인 자녀 생산이다. 다시 말하면 하나님은 인간의 육적·영적·생육 번성 충만을 위해서 부모라는 매개체를 사용하신다. 따라서 하나님의 구속의 역사 발전에 부모와 자녀 간의 연결 고리는 필연이다(Hirsch, 1989b, p. 275).

C. 부모의 키워 주신 은혜에 보답

1) 짐승과 인간의 차이

인간과 짐승은 모두 하나님의 피조물이다. 그러나 하나님은 인간을 짐승과 다른 차원에서 지으셨다. 그 차이는 여러 가지 면에서 많다. 그 차이를 인간의 효도 교육의 측면에서 살펴보자.

인간에게는 신성한 결혼 제도가 있다. 반면에 짐승의 세계에는 결혼 제도 자체가 없다. 인류 역사상 돼지나 개가 결혼식을 올린 예는 없다. 인간의 가정에서는 남편이 자녀의 출생과 출생 후 자녀에게 인간다운 삶의 교훈을 가르친다. 반면에 짐승은 수컷이 수태에만 영향을 미치지 어미의 출산에도 출산 후에도 일절 상관하지 않는다.

인간과 짐승의 공통점도 있다. 인간과 짐승 모두 어미는 새끼를 낳은 후 지극한 모성애로 자신이 낳은 새끼를 기른다. 종족 번식을 위한 본능이다. 그러나 동물의 새끼는 성장한 후에 어미의 은혜를 곧 잊어버린다. 자신밖에 모른다.

반면에 인간은 부모가 생명을 주시고 키워 주신 은혜를 기억하고 그 은혜에 보답하도록 지음 받았다. 이러한 인간의 도덕성이 짐승과 크게 다른 점이다. 즉, 하나님에게 속한 인간다운 인간은 부모의 은혜를 기억하고 감사하여 그 은혜에 보답하려고 노력한다. 이는 마치 신실한 성도가 하나님의 구속의 은혜를 기억하고 감사하여 하나님의 은혜에 보답하려고 노력하는 것과 같다.

그러나 인간답지 못한 인간은 부모의 은혜를 망각하며 그 은혜에 보답하지 않는다. 다시 말해서, '부모 공경'을 안 하는 사람은 짐승 차원의 사람이다. 그러나 요즘에는 자녀가 장성한 후 효도는커녕 부모를 학대하는 사람도 있다. 이를 두고 '짐승보다 못한 인간'이라고 한다.

2) 부모 공경에는 보은(報恩)의 의미가 있다

왜 하나님은 부모 공경을 계명으로 주셨나? 부모는 자녀로 하여금 하나님의 형상을 닮은 천하보다도 귀한 생명을 얻게 하신 분이기도 하지만 그 생명을 온갖 정성과 희생을 무릅쓰고 양육하신 분이다. 즉, 육적으로 키워 주셨을 뿐만 아니라 인격적으로 그리고 영적으로도 말씀과 기도로 키워 주신 분이기 때문이다.

부모는 해산의 고통을 기쁨으로 참으셨고, 일용할 양식을 공급해 주셨고, 외부의 위험으로부터 보호해 주셨고, 옳은 길로 갈 수 있도록 인도해 주셨고, 그리고 여호와 하나님의 말씀으로 선악을 가르쳐 하나님의 자녀로 양육해 주신 분이다.

부모는 자녀를 영적, 인격적, 육적으로 키워 주신 분이기 때문에 그 은혜에 보답할 의무가 있다. 사진은 탈무드의 집에서 세 아들에게 탈무드를 가르치며 다정히 웃는 아버지.

성경에서 가장 큰 무조건적인 사랑을 아가페 사랑이라고 말한다. 이 무조건적인 아가페 사랑이 바로 하나님의 사랑이다. 그리고 이 세상에서 가장 큰 사랑은 부모의 사랑이다. 부모의 사랑은 높고 깊고 넓고 커서 끝이 없다. 특히 어머니의 사랑은 말로 다 형용키 어렵다.

부모의 사랑은 무조건적이기도 하지만 한결같은 사랑이다. 처음이나 나중이나 변함없이 동일하다. 자녀들의 잘못을 끝없이 용서해 주신다. 부모는 누가복음 15장의 '탕자의 비유'에서처럼 자녀가 잘못했을 때 과거를 묻지 아니하시고 용서해 주신다.

하나님의 말씀 맡은 자는 당연히 이러한 부모의 은혜를 알고(知, IQ), 느끼고(EQ), 고마워하고, 그리고 그 은혜에 보답해야 한다. 그 은혜에 보답하는 것이 바로 보은(報恩)이다.

왜 하나님은 인간에게 십계명을 주실 때 "네 자녀를 사랑하라"는 계명은 안 주시고 "네 부모를 공경하라"는 계명만 주셨는가? 그 이유는 부모는 자녀를 사랑하지 말라고 해도 사랑하지만, 자녀는 하나님의 은혜나 부모의 은혜를 쉽게 잊기 때문이다. 그러므로 계명으로 명하여 엄히 지켜 행하도록 하셨다.

따라서 하나님이 명령하신 제5계명, "네 부모를 공경하라"에는 은혜에 보답하라는 보은(報恩)의 의미도 있다. 그러므로 부모는 자녀에게 하나님의 구속의 은혜와 부모의 낳아 주시고 키워 주신 은혜를 잊지 말고 그 은혜를 되갚아야 한다고 가르쳐야 한다. 끝으로 어머니의 은혜를 기억하기 위하여 양주동 교수의 시를 음미해 보자.

어머님 마음

양 주 동

낳실 제 괴로움 다 잊으시고
기를 제 밤낮으로 애쓰는 마음
진자리 마른자리 갈아 뉘시며
손발이 다 닳도록 고생하시네

하늘 아래 그 무엇이 넓다 하리요
어머님의 희생은 가이 없어라

어려선 안고 업고 얼러 주시고
자라선 문 기대어 기다리는 맘
앓을사 그릇될사 자식 생각에
고우시던 이마 위엔 주름이 가득

땅 위에 그 무엇이 높다 하리오
어머님의 정성은 지극하여라

사람의 마음 속엔 온가지 소원
어머님의 마음 속엔 오직 한 가지
아낌없이 일생을 자식 위하여
살과 뼈를 깎아서 바치는 마음

인간의 그 무엇이 거룩하리오
어머님의 사랑은 그지없어라

3. 효와 영혼 구원

A. 부모는 자녀에게 말씀 전수의 사명자

왜 부모를 공경해야 하는가? 지금까지 부모 공경의 이유를 설명하기 위하여 왜 인간의 생명이 귀한지에 대한 답을 성경에서 찾아보았다. 그리고 첫째, 부모는 그 생명을 자녀에게 주신 분들이고 둘째, 부모는 자녀들을 키워주신 분들이기 때문에 부모의 은혜에 보답하기 위하여 효를 행하여야 한다고 설명했다.

이제 부모를 공경해야 하는 그 세 번째 이유에 대하여 알아보자. 성경은 인간의 생명을 두 가지 면에서 설명하고 있다. 하나는 육적인 생명이고, 둘째는 영적인 생명이다. 이제부터 인간의 영적인 생명의 귀중함과 그 영적 생명의 전수 방법에 대하여 알아보자. 유대인의 자녀는 왜 영적인 생명을 얻기 위하여 부모를 공경해야 하는가?

구약의 유대인은 하나님의 선민이다. 그들은 아브라함과 이삭과 야곱의 후예이다. 이들은 육적 생명뿐만 아니라 영적 생명도 얻은 하나님의 백성이다. 신약 시대의 기독교인도 믿음으로 말미암아 구원을 받았기 때문에 믿음의 조상 아브라함의 후손, 즉 영적 생명도 얻은 영적 유대인이며 하나님의 아들이다(갈 3:6-9, 26).

하나님께서는 왜 하나님의 백성, 유대인에게 특별한 사명을 주셨는가? 유대인의 사명을 알기 위해서는 하나님께서 왜 많은 민족 중에 유대인을 택하셨는지 그 이유에 대하여 알아야 한다.

하나님께서 이스라엘 민족을 택하신 이유는 타락한 인류를 구원하시기 위함이었다. 하나님은 이방의 때가 이르러 예수님이 메시아로 오시기 전까지 하나님이 택하신 유대인을 통하여 하나님의 구속 사역을 준비하셨다. 하나님은 그들을 은혜로 하나님의 백성으로 택하시고 그들에게 시내산에서 모세를 통하여 여호와 하나님의 말씀을 주셨다. 여호와 하나님의 말씀은 유대인에게는 생명의 말씀이었다. 그리고 하나님은 그들을 '말씀 맡은 자'(롬 3:2)로 삼으셨다.

하나님께서는 이 말씀을 이스라엘 백성에게 주실 때 그들과 단단히 언약을 맺으셨다. 언약의 내용은 이스라엘 백성이 이 말씀을 자자손손 가르쳐 지켜 행하면 축복을 주실 것(신 28:1-14)이고, 안 지키면 저주를 내리신다(신 28:15-68)는 것이다. 즉, 하나님은 이스라엘 백성에게 축복이냐, 저주냐 어느 길을 택하겠느냐고 누누이 물으셨다. 이 질문은 이스라엘 백성에게 삶과 죽음의 선택이었다(신 30:11-20).

당시 이스라엘 민족은 하나님에게 "여호와의 모든 말씀을 우리가 준행하리이다"(출 19:7-8; 24:3-8)라고 응답하면서 언약을 맺었다. 그리고 하나님에 대한 순종을 맹세하였다. 이 언약 속에는 "이스라엘 자손 대대로 여호와의 말씀을 전수시키겠다"는 맹세도 포함되어 있다(신 28:1-68, 32:7).

그 이후 이스라엘 민족은 각 가정마다 이 말씀을 자녀에게 전수시키면 번성하여 살고, 전수시키지 못하면 저주를 받아 가혹한 심판을 받을 상황에 처해 있었다(신 6:4-9, 28:1-68). 따라서 유대인은 부모가 여호와 하나님의 말씀을 자녀에게 전수하는 길만이 축복 받는 유일한 비결이다. 그리고 이를 행하는 방법이 곧 유대인의 쉐마이다(제1권 3부 3장 유대인의 쉐마 교육 참조).

모세를 통하여 받은 하나님의 말씀은 아론과 장로들을 통하여 각 가정으로 전달되었다(신 5:31)(Eavey, 1964; Benson, 1943). 따라서 각 가정의 가장인 아버지는 말씀의 소유자가 되었다. 여호와의 말씀을 받은 아버지는 자기만 이것을 소유하고 있을 경우 화가 미칠까 두려워했다. 이것은 유대인이

부모는 자녀에게 말씀을 전수해야 하는 사명이 있다.
사진은 유대인 부모가 아들의 성년식 때 아들에게 토라(하나님의 말씀)를 전수하는 모습.

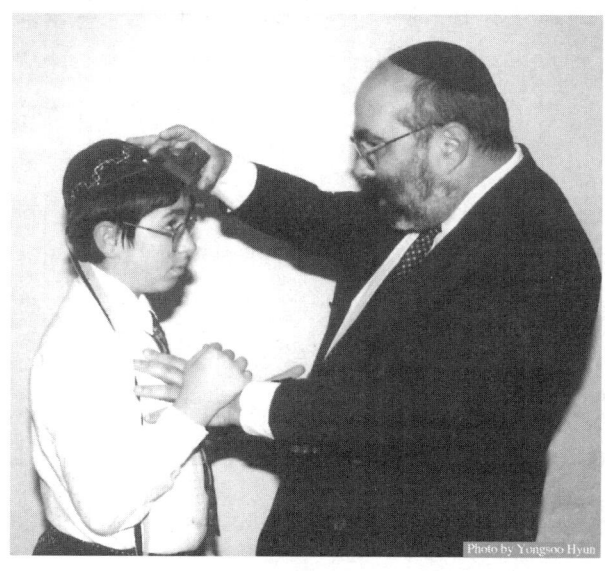

부모는 자녀에게 말씀 전수의 사명자이다.
사진은 유대인 아버지가 13세 된 아들의 성년식을 준비하면서 축복의 말씀인 쉐마(신 6:4-9)의 경문을 이마에 매는 방법을 가르치는 모습.

제5부 유대인의 효도 교육 227

었던 바울이 복음을 받은 후 남에게 전하지 않으면 화가 있을 것을 알고 두려워한 것과 비교된다(고전 4:16).

그러므로 유대인 아버지들은 조상들이 하나님으로부터 받은 이 생명의 말씀을 어떻게든지 자녀들에게 가르쳐 전수시켜 '말씀 맡은 자'로 키워야 할 사명이 있다. 그들의 자녀에 대한 투철한 말씀 전수의 사명 의식은 지금도 마찬가지이다. 따라서 유대인 부모는 자녀에게 말씀을 전할 사명자들이다.

기독교인의 부모도 자녀들에게 육적 생명만 전수할 것이 아니라 그들의 영혼을 구원하기 위하여 하나님의 말씀을 전하여 말씀 맡은 자로 키워야 한다.

B. 왜 부모 공경이 말씀 전수에 꼭 필요한가

하나님의 백성은 왜 부모를 공경해야 하는가? 왜 유대인의 자녀는 영적 생명을 얻기 위하여 부모를 공경해야 하는가? 이스라엘 민족에 있어서 '부모 공경'이 왜 하나님 말씀 전수의 필수 계명이 되는지 그 이유에 대해 알아보자.

하나님의 말씀을 받은 1세 부모가 2세 자녀에게 그 말씀을 전수시키는데 가장 필요한 필수 조건은 무엇인가? 첫째는 1세가 2세에게 말씀을 전하고자 하는 강한 책임 의식이다. 그리고 그 책임감을 완수하려는 의지와 노력이 필요하다. 둘째는 부모에 대한 자녀들의 순종이다.

성경은 자녀들이 부모에게 순종하라고 가르친다. 구약의 십계명 중 다섯째 계명인 "네 부모를 공경하라"와 신약의 에베소서 6장 1절의 "자녀들아 너희 부모를 주 안에서 순종하라"가 그것이다.

자녀의 순종이 얼마나 중요한가? 이를 설명하기 위하여 먼저 부모가 자녀에게 해야 할 두 가지 사역을 소개한다. 첫째, 자녀를 주 안에서 잘 관리하는 일이고 둘째, 주님의 말씀으로 교육하는 일이다. 부모가 우선적으로 자녀를 주 안에서 잘 관리하기 위해서 꼭 필요한 것은 자녀의 순종이다. 부모의 권위에 대한 자녀의 순종이 있을 때에만 자녀를 잘 관리할 수 있기 때문이다.

그리고 자녀가 부모의 관리 안에 있을 때에만 부모의 교육이 성공리에 실현될 수 있다. 만약 자녀가 부모에게 불순종하여 부모의 관리 밖에 있다면 부모는 자녀를 교육시킬 수 없다. 따라서 부모에 대한 자녀의 순종은 자녀 교육의 필수 요건이다.

만약 자녀들이 부모를 업신여긴다면 부모에게 순종하지 못한다. 따라서 유대인 자녀가 부모를 공경하지 않는다면 부모에 대한 순종이 없어지고, 그렇게 되면 부모는 순종하지 않는 자녀에게 말씀을 가르칠 수 없다. 그러므로 가정에서 '부모 공경'이 없다면 말씀 전수는 절대 불가능하다.

하나님이 부모에게 높은 권위를 허락하신 것도 바로 이러한 맥락에서이다. 자녀가 부모에게 순종할 때 부모의 권위는 상대적으로 높아진다. 부모의 권위가 높을 때 그의 입에서 나오는 말씀도 무게 있고 권세 있게 들린다. 자녀의 부모에 대한 불순종은 바로 하나님의 말씀 받기를 거부하는 행위로 볼 수 있다. 그러한 자녀는 하나님의 자녀가 될 자격이 없다.

우리는 이제 왜 하나님이 "그 아비나 어미를 저주하는 자는 반드시 죽일지니라"(레 20:9; 출 21:17)고 강력하게 명하셨는지를 알 만하다. 자녀가 불순종하여 하나님의 말씀을 받아 지켜 행하지 않을 경우 짐승 같은 인간이 될 수밖에 없다. 즉, 여호와의 말씀으로 양육되지 못한 자는 들사람이 될 수밖에 없다는 사실이다. 성경의 효도 교육이 유교의 효도 교육과 얼마나 커다란 차이가 있는가.

유대인 랍비들은 "네 부모를 공경하라"(출 20:12)는 제5계명을 하나님이 이스라엘이라는 국가에 명하시지 않으시고 이스라엘 민족의 각 가정에 명하셨다고 말한다. 여기에는 부모를 공경하는 방법과 내용이 모두 포함된다(Hirsch, 1989b, pp. 274-275). 그 이유는, 하나님은 부모를 통하여 말씀이 자자손손 전수되기를 소원하신다는 뜻이다. 즉, 하나님의 말씀 전수는 국가의 책임이 아니라 부모의 책임이라는 뜻이다.

여기에서 당시 모세가 죽기 전에 행한 피맺힌 유언 설교를 들어 보자(자세한 것은 1권 제3부 3장 유대인 부모의 의무 중 쉐마 교육 참조).

> 이스라엘아 들으라… 오늘날 내가 네게 명하는 이 말씀을… 네 자녀에게 부지런히 가르치며 집에 앉았을 때에든지 길에 행할 때에든지 누웠을 때에든지 일어날 때에든지 이 말씀을 강론할 것이며 너는 또 그것을 네 손목에 매어 기호를 삼으며 네 미간에 붙여 표를 삼고 또 네 집 문설주와 바깥 문에 기록할지니라.(신 6:4-8)

이 말씀을 요약하면, 부모는 자녀와 함께 있을 때에는 늘 여호와의 말씀을 가르치게 되어 있고, 부모는 늘 자녀와 함께 있는 시간을 만들도록 되어 있다. 따라서 부모가 입만 열면 여호와의 말씀이 터져나와야 한다. 또한 자녀는 그것을 열심히 들어야 한다. 그래야만 조상이 받은 여호와의 말씀을 자녀가 전수받을 수 있다. 그리고 또 후대에 전할 수 있다. 한국인은 입만 열면 자녀에게 무슨 말이 나오는가? 아마도 "밥 먹었느냐?" 아니면 "공부했느냐" 일 것이다. 얼마나 대조적인가.

더구나 구약 시대의 유대인은 지금의 우리 기독교인보다 말씀 전수에 더 힘든 형편이었다. 그들에겐 두 가지의 성경이 있었다. '쓰여진 구약 성경' 이외에도 구전으로만 전해야 할 '장로의 유전'이 있었다. 그래도 쓰여진 성경은 비교적 후대에 전하기 쉬우나, 그 엄청난 양의 '장로의 유전'의 내용을 입에서 입으로 전해서 자녀들의 머리에 새기도록 했으니 얼마나 힘이 들었겠는가? 그들의 노고를 가히 짐작할 수 있다.

모세가 가나안 정복을 앞둔 모압 땅에서 이 설교를 했을 때에는 1세들 중 여호수아와 갈렙 이외에는 모두 패역하여 죽었다. 그러므로 이 설교는 2, 3세들을 모아 놓고 외친 피맺힌 절규였다. 모세는 이 때에 이미 이스라엘 민족이 불원간 여호와의 말씀을 자녀에게 가르치지 않아 후손들이 말씀 없이 그릇 행하여 각기 제 길로 범죄하여(사 53:6) 참혹한 하나님의 심판을 당할 줄 알았기 때문이다. 오늘날 나의 가정과 우리 민족은 어떠한가?

신명기 6장 4절에서 9절의 말씀은 유대인의 '쉐마 교육'의 기본이다. '쉐마'는 히브리어로 '들으라'(신 6:4)는 말씀이다. 말씀을 듣는다는 것 자체가 바로 말씀에 순종한다는 의미를 갖고 있다. 유대인이었던 예수님도 여러 번 "귀 있는 자는 들을지어다"라고 말씀하셨다.

왜 이러한 말씀을 하셨을까? 누구나 귀를 갖고 있지만 누구나 다 말씀을 듣는 것은 아니다. 귀에 할례받은 자만이 주님의 말씀이 들리고 주님의 말씀에 순종한다. 상대방을 공경하고 순종하고자 하는 겸손한 자만이 그의 말씀을 들을 수 있다.

따라서 순종하는 자녀는 부모의 입에서 나오는 말씀에 "주의를 기울이고 들음으로 명철을 얻는다"(Stalnaker, 1877, p. 38). 만약 순종치 않으면 상대방의 말을 듣고 그대로 흘려 버린다. 자녀의 순종은 부모를 공경하는 자발적인 마음에서 나와야 한다. 부모의 말씀의 훈계를 배우기 위해서이다. "훈계를 좋아하는 자는 지식을 좋아하고 징계를 싫어하는 자는 짐승과 같다"(잠 12:1). "아비의 훈계를 업신여기는 자는 미련한 자요, 경계를 받는 자는 슬기를 모은 자이다"(잠 15:5).

따라서 자녀의 '부모 공경' 없이 부모의 말씀을 전수받는 비결은 없다. 한국 부모는 어떤 면에서 자녀들을 배 안 굶기고 옷 잘 입히고 등록금 내주면 부모 노릇 다 한 줄로 생각해 왔다. 그러나 유대인은 다르다. 그들에겐 배 안 곯리는 것보다, 잘 입히는 것보다, 일류 학교에 보내는 것보다 더 우선적인 부모의 의무가 있다. 그것은 선조에게서 받은 민족의 역사와 율법을 자녀들에게 전하는 종교적 의무이다.

C. 부모와 제5계명의 연결 고리의 차이점

1) 부모는 과거와 미래를 잇는 연결 고리

"네 아비에게 물으라. 그가 네게 설명할 것이요. 네 어른들에게 물으라. 그들이 네게 이르리로다"(신 32:7). 유대인은 과거의 역사를 중히 여긴다. 과거 없는 현재나 현재 없는 미래는 없다. 1세대는 과거의 신본주의 사상의 내용을 후세대에게 전할 책임이 있다. 그리고 2세는 1세에게 과거의 사상의 내용을 전수받을 책임이 있다.

따라서 유대인 부모는 선조와 후손 사이의 역사와 율법을 잇는 연결 고리 역할을 한다. 만약 이러한 연결 고리가 유대인의 역사에서 끊어진다면 어떻게 되겠는가? 전세대와 후세대 사이에 현저하게 사상적, 신앙적 세대 차이가 생기게 된다. 그렇게 되면 그들의 미래에 과거의 역사와 여호와의 말씀이 없어진다. 과거의 역사와 여호와의 말씀이 없는 유대인의 미래는 더 이상 유대인일 수 없다. 그리고 세계 속에 유대인으로 존재해야 할 가치도 없다(Hirsch, 1989b, pp. 274-275).

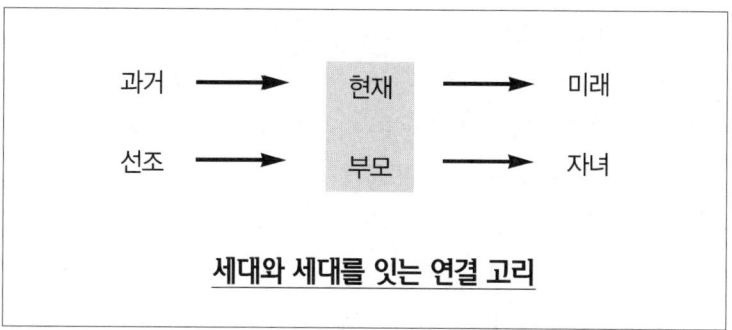

유대인 부모가 만약 과거의 역사와 말씀을 자녀에게 전수하지 못했다면 그들은 벌써 세계에 뿔뿔이 흩어져 이방 민족에게 동화되어 유대인의 흔적조차 없었을 것이다.

이러한 유대인의 역사적 교훈은 그들의 바빌론 포로기에서도 여실히 볼 수 있다. 똑같은 유대인이지만 앗수르로 잡혀간 북왕국 유대인은 그 나라에 동화되어 역사 속에서 영원히 사라졌으나, 바빌론으로 잡혀간 남왕국의 유대인은 70년 후 예루살렘에 돌아와 '남은 자'의 역할을 잘 감당하였다. 결국 '세대 차이의 허락'은 민족에 따라 결정되는 것이 아니라 교육에 따라 결정되는 것이다.

2) 제5계명은 십계명의 두 돌판, 하나님과 인간을 잇는 연결 고리

부모는 자녀에게 하나님의 소원을 전하는 자이다(Hirsch, 1989b, pp. 274-275). 하나님의 소원은 무엇인가? 하나님의 말씀 전파이다. 하나님은 세세토록 하나님의 말씀이 자자손손 전수되고 인간에게 더 많이 전파되기

를 원하신다. 부모는 하나님의 소원을 전하는 자, 즉 하나님의 말씀을 전하는 선생이고, 자녀는 말씀을 듣는 학생이며 제자이다.

여기에서 부모가 자녀에게 말씀을 전하는 것과 부모 공경 사이에 어떠한 상관 관계가 있는지 몇 가지 의문이 생긴다. 첫째, 하나님의 소원을 이루시기 위하여 "네 부모를 공경하라"는 다섯째 계명을 십계명 속에 포함시키신 이유는 무엇인가? 둘째, 십계명 중에서도 왜 '부모 공경'을 인간과 인간 사이에 행할 가장 귀한 첫번째 계명으로 명하셨는가? 셋째, 하나님은 왜 이 다섯째 계명을 십계명의 두 돌판 중에서 인간이 하나님에게 행해야 될 첫번째 돌판의 네 번째 계명 바로 밑에 두셨는가? 넷째, 왜 '부모 공경'을 인간과 인간 사이에 행해야 할 두 번째 돌판에 넣지 않으셨는가?

그 이유는 무엇인가? 이는 '부모 공경'의 다섯째 계명이 잘 지켜졌을 때, 하나님에 관한 돌판과 인간에 관한 돌판이 연결되어 두 돌판이 하나가 된다는 뜻이다. 그렇지 않고 만일 가정에서 '부모 공경'이 안 이루어진다면 말씀이 자녀에게 전수되지 않아 하나님에 관한 돌판과 인간에 관한 돌판은 떨어질 수밖에 없다. 즉, '부모 공경'이 없으면 하나님과 인간과는 결별이다. 따라서 제5계명 '부모 공경'은 십계명의 두 돌판을 잇는 연결 고리가 된다.

십계명의 두 돌판의 연결 고리

4. 유대인은 인간의 가치를 어떤 기준으로 평가하는가

유대인이 인간의 가치를 평가하는 기준은 무엇인가? 그들은 인간의 가치 평가 기준 설정에서도 '부모 공경'을 우선적으로 강조한다. '부모 공경'의 질과 양은 유대인이 한 인간의 가치를 평가하는 기준이 된다.

'공경한다'를 히브리어로 '카바드(honor)'라고 한다. 이 단어는 원래 '카브드'라는 어근에서 나온 말로 '한 인간의 영적 도덕적 무게(spiritual and moral weight of a being)'란 뜻이 있다.

다시 말해 유대인은 인간의 가치를 평가할 때, 한 인간이 얼마나 자신의 부모를 공경하느냐에 따라 영적, 도덕적 무게가 올라가고 내려간다고 여긴다(Hirsch, 1989b, pp. 274-275).

따라서 '부모 공경'은 한 인간의 인격적 성숙과도 관계된다(Talmud, Cohen, 1983; Hirsch, 1989b). 유대인은 '부모 공경'이란 다섯째 계명을 한 인간이 인격적으로 얼마나 성숙한가를 재는 잣대로 사용한다. 유대인은 부모를 공경하지 않으면서 다른 사람을 사랑한다는 것은 거짓으로 본다. 그러므로 '부모 공경'이야말로 인간다운 인간이 되는 첫 출발이 된다.

결론적으로 유대인의 생명 사랑 정신은 성경의 신본주의 사상에서 나왔다. 생명의 창조주이신 하나님을 사랑하는 열매가 이웃의 생명을 사랑하는 것이라면, 이웃을 사랑하기 위해서는 하나님의 말씀을 받아야 한다. 그리고 하나님의 말씀을 받기 위하여 자녀는 부모를 공경해야 한다.

따라서 먼저 부모를 공경하는 자는 하나님과 스승과 부모를 사랑하는 자이다. 하나님과 스승과 부모를 사랑하는 자는 인격적으로 도덕적으로 성숙하여 가족들과 이웃, 그리고 온 인류를 사랑하는 사람이다. 그러므로 성숙한 인간의 가치 평가는 부모 공경에서부터 시작되어야 한다.

5. '부모 공경'은 왜 '약속 있는 첫 계명'인가

왜 유대인이었던 사도 바울은 다섯째 계명을 "약속 있는 첫 계명"(엡 6:2)이라고 강조하였을까? 이 말씀도 부모를 공경하는 자녀는 하나님의 말씀을 받은 사람이라는 측면에서 해석해야 한다.

부모를 잘 공경하여 하나님의 말씀을 받아 지켜 행하면 하나님의 언약에 따라 당연히 신명기 28장 1절에서 14절까지 하나님께서 약속하신 축복, 머리가 될망정 꼬리가 되지 않을 뿐만 아니라, 이 땅에서 잘 되고 장수하는 축복을 받을 수 있다. 따라서 '부모 공경'의 다섯째 계명은 땅에서도 축복받을 수 있는 "약속 있는 첫 계명"(엡 6:2)이 된다.

또한 하나님은 왜 '부모 공경'을 살인(여섯째)과 간음(일곱째) 및 다른 계명들보다 앞에 놓으셨을까? '부모 공경'을 잘 하는 사람들은 말씀을 받은 사람들이다. 말씀 받은 사람들은 선악 간에 분별력이 있는 사람들이다. 즉, 죄와 구별된 거룩한 삶을 살고 있는 사람들이다.

말씀 받은 사람은 살인도, 간음도, 도적질도, 거짓 증거도 안 한다. 그리고 남의 것도 탐하지 않는다. 이것은 말씀 맡은 자의 삶의 열매이다. 그러한 사람들은 인간다운 인간으로 볼 수 있다. 물론 '부모 공경'을 잘 하는 사람은 술도 안 먹고 마약도 안 하고 불량한 사람들과 사귀지도 않는다. 따라서 효(孝)는 백행지본(百行之本)이다.

하나님은 이렇게 부모 공경을 통하여 말씀대로 행함이 있는 믿음을 소유한 사람들을 우선적으로 축복하신다. 축복은 자신의 행위의 열매이기 때문이다. 따라서 부모 공경은 약속 있는 첫 계명이다.

이와 반대로 "자기의 아비나 어미를 저주하는 자는 그 등불이 흑암 중에 꺼짐을 당한다"(잠 2:20). 그 이유는 그가 하나님의 말씀을 못 받았기 때문이다. 얼마나 무서운 저주인가?

'부모 공경'의 계명을 안 지킬 경우 살인죄보다도 더 무서운 죄를 범하는 이유가 여기에 있다. 성경이 말씀하시는 부모 공경은 하면 좋고 안 해도 괜찮은 것이 아니다. 오늘날 만연한 청소년 문제의 근본 원인도 올바른 '부모 공경'에 대한 신학적 정립의 결핍과 교육의 소홀함에서 기인되었다.

부모 공경은 약속 있는 첫 계명이다. 즉 부모 공경을 통하여 쉐마의 축복을 받는다. 유대인은 새벽 기도도 부모와 자녀가 함께 드린다. 부모는 과거와 미래를 잇는 연결고리이다. 사진은 새벽 기도에 참석한 한 유대인 소년이 기도회 후에 어른들이 먹을 간식을 준비하는 모습.

따라서 한국의 교육 개혁은 먼저 부모의 각성과 성서적 자녀의 '부모 공경'의 회복으로부터 시작해야 한다. 이것은 그 동안 잃었던 부권의 자리 회복, 즉 권위 회복을 의미한다. 가정의 질서 회복 없이 가정의 올바른 교육은 기대할 수 없다.

제3장

부모의 권위와 축복권

I. 아버지의 '축복권'을 사용하라

1. 서론: 유대인 자녀는 얼마나 순종을 잘 하나?

"도대체 우리 아이는 부모 말을 듣지도 않고 오히려 무시합니다. 달래 보기도 하고 무섭게 때려 보기도 했지만 헛수고입니다. 오히려 더 심하게 반항합니다. 이제는 아들이 무섭습니다. 이제는 포기했습니다." 상담가에게 호소하는 많은 부모들의 고민이다. 그러나 정통파 유대인의 자녀는 다르다.

저자는 늦게 신학을 공부한 사람이다. 미국에 이민 와서 평신도 시절에 미국의 한 직장에서 엔지니어로 7년 간 근무했다. 그 당시 저자는 뉴욕에서 온 아이리시 계통의 젊은 백인 동료 세 명과 친하게 지냈다. 그들은 천주교 학교에서 엄한 교육을 받고 자란 젊은이들로, 저자의 초기 이민 시절에 새로운 미국 문화를 많이 가르쳐 준 은인들이다.

한번은 그들이 직접 겪은 뉴욕의 유대인에 관해 말해 주었다. 뉴욕에는 정통파 유대인이 캘리포니아보다 훨씬 많다. 그들은 뉴욕에서 출생하여 유대인 자녀들과 한 동네에서 함께 어울리며 자랐다.

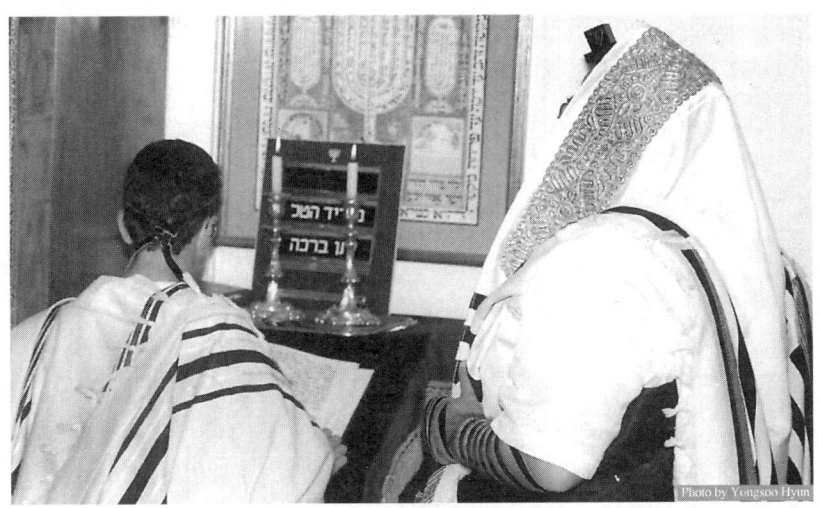

부모가 자녀에게 말씀을 전수하는 데 있어 자녀 순종은 필수 조건이다. 유대인 자녀들은 부모에 대한 순종이 몸에 배어 있다. 사진은 정통파 유대인 부자가 함께 기도서를 읽으며 새벽 기도를 드리는 모습.

 그들은 저자에게 "유대인 아이들과 함께 지내면서 이해가 안 되는 의문점 한 가지가 있다"고 말했다. 그것은 유대인 자녀가 어떻게 그렇게 부모에게 순종을 잘 하는지 이해할 수가 없다고 말했다.
 그들의 얘기를 들어 보자. 초등학교 시절 동네 공원에서 야구 게임을 할 때였다. 백인인 그들은 어머니가 찾아와 "톰! 지금 밥 먹을 시간이야!" 하고 부르면, "어머니, 창피하게 친구들 있는 데서 불러요. 집에 가 계시면 끝나고 갈게요!" 하면서 자신들이 마마 보이가 아님을 과시하곤 하였다. 그런데 유대인 아이들은 달랐다. 어머니가 와서 "다윗아! 지금 밥 먹을 시간이야!" 하고 부르면 공을 치려고 했을지라도 "오케이, 마미!" 하고는 야구 방망이를 내려놓고 엄마를 따라간다는 것이었다.

유대인은 어떻게 교육을 시키기에 그토록 부모에게 순종을 잘 하는가?

2. 유대인 아버지의 축복 기도

A. 하나님은 머리를 통하여 축복하신다

유대인 자녀가 가정에서 부모에게 순종하는 모습을 보면 화목한 가정임을 금방 알 수 있다. 그들은 어떻게 자녀 교육을 시키기에 자녀들이 그토록 부모에게 순종을 잘 하는가? 이를 이해하기 위해서는 유대인의 자녀는 '어떻게 하나님의 축복을 받는가' 하는 그 비결을 먼저 알아야 한다.

성서적인 입장에서 축복은 위에서 아래로 내린다. 하나님은 어지러움의 하나님이 아니고 질서의 하나님이시다. 그렇기 때문에 하나님은 축복을 위에서 아래로 내리실 때는 반드시 머리를 통하여 내리신다. 이를 신학적인 용어로 '머리의 권위(Headship)'라고 부른다. 가정의 머리는 아버지이다. 아버지는 가정의 머리이면서 동시에 그 가정의 제사장이다. 따라서 하나님은 그의 축복을 자녀들에게 내리실 때 가정의 머리인 아버지를 통하여 내리신다.

유대인의 예를 들어 보자. 유대인의 안식일 식탁은 구약의 제단을 상징한다. 유대인 아버지는 안식일 절기날 제사장의 권한으로 절기 식탁의 순서에 맞추어 자녀들 머리에 일일이 축복 기도를 해준다. 아버지가 아들에게 기도할 때는 "하나님께서 너에게 에브라임과 므낫세에게 축복하신 것같이 축복하기를 원하노라"고 기도한다.

딸에게는 "하나님이 사라와 리브가와 라헬과 레아를 축복한 것같이 너희

딸들을 축복하기를 원하노라"고 기도해 준다(Donin, 1972; Kaplan, 1978).

딸을 위한 기도문에 등장하는 유대 여인 네 명은 누구인가? 사라는 아브라함의 부인이고, 리브가는 이삭의 부인이다. 라헬과 레아는 모두 야곱의 부인이었다. 이 여인들은 아브라함과 이삭과 야곱, 3대의 족장 시대를 거치면서 선민의 기본 틀이 되는 유대인의 열두 지파를 이루는 데 각각 공헌한 믿음의 여인들이다.

성경은 하나님의 권위를 부여받은 부모에게 자녀들이 순종할 것을 명하고 있다. 그렇지 못할 경우 엄청난 심판이 따른다. "아비를 조롱하며 어미 순종하기를 싫어하는 자의 눈은 골짜기의 까마귀에 쪼이고 독수리 새끼에게 먹히리라"(잠 30:17).

B. 이삭의 축복 기도

유대인이 자녀에게 축복 기도를 해주는 관습은 어디에서 유래했는가? 물론 성경에서 그 신학적 근거를 찾을 수 있다. 아버지 이삭이 자신의 아들 야곱에게 축복해 준 사건을 보자(창세기 27장).

그 당시 이삭은 나이가 많아 눈도 멀었다. 그에게는 쌍둥이 아들이 있었다. 장자는 '에서'이고 차자는 '야곱'이었다. 그는 죽기 전에 장자인 '에서'에게 축복 기도를 해주기로 마음먹었지, 차자인 '야곱'은 꿈에도 생각하지 않았다.

또한 인간의 눈에 보기에도 에서는 행함이 의인이고 야곱은 도둑놈(야곱: '탈취한 자'란 뜻)이었기 때문에 당연히 에서가 하나님의 축복을 받아야 했다. 그러나 사람의 생각과는 달리 야곱이 하나님의 축복을 받았다. 그 이유는 무엇인가 알아보자.

이삭은 에서에게 축복 기도를 해주는 대가로 별미를 만들어 오게 하였다. 그러나 이 비밀을 엿들은 어머니 리브가와 야곱이 속임수를 써서 눈먼 아버지 이삭의 축복 기도를 가로챘다. 그 결과 야곱은 아버지를 통하여 하나님의 축복을 받는 데 성공했고, 에서는 실패했다.

여기에서 중요한 것은 어떻게 아버지에게서 축복 기도를 받았느냐 하는 과정보다는 축복 기도를 받은 결과이다. 설사 야곱이 아버지의 축복 기도를 훔쳤다 하더라도 아버지의 손길이 야곱의 머리에 닿음에 따라 그에게 하나님의 축복이 내렸다. 즉 수단과 방법을 떠나서 무조건 아버지의 손을 누구의 머리에 얹었느냐에 따라 하나님의 축복이 내려진다는 진리이다. 하나님이 자녀에 대한 축복의 권한을 아버지에게 전임하셨기 때문이다. 이러한 영적 권한은 아버지의 권위의 상징이다.

아버지의 '축복권'을 믿는 자녀들은 아버지를 존경하고 순종하지 않을 수 없다. 억지로 아버지를 존경하고 순종하는 것이 아니라 기쁨으로 자원하여 하게 된다. 그렇지 않으면 에서같이 하나님의 약속에서 제외되는 걸 어찌하랴!

이는 마치 하늘에 계신 하나님이 하늘과 땅의 모든 권세를 예수님께 위임하신 것과 마찬가지 이론이다. 그러므로 예수님은 교회의 머리가 된다. 그리고 교회는 예수 그리스도에게 순종해야 한다. 따라서 신약의 성도는 하나님과 직접 통할 수 없고, 예수님을 통해서 하나님을 만날 수 있고, 또한 하나님의 축복을 받을 수 있다. 신약의 성도가 기도할 때, 하나님의 이름으로 기도하는 것이 아니고 예수님의 이름으로 기도하는 이유가 바로 여기에 있다.

야곱은 아버지에게 축복 기도 전에 별미를 바쳐서 아버지를 기쁘게 해드렸다. 별미란 특별한 음식으로, 귀한 것을 뜻한다. 부모를 기쁘게 해드리는 것은 바로 하나님을 기쁘게 해드리는 아름다운 일이다. 그러므로 별미를 준비할 때도 반드시 다른 사람의 입맛에 맞추기보다는 아버지가 좋아하시는 음식을 준비해야 한다. 여호와 하나님은 어제나 오늘이나 영원토록 동일하시다.

C. 야곱의 축복 기도

유대인 자녀는 어떻게 그렇게 부모에게 순종을 잘 하나? 그들은 자녀들에게 성경대로 살도록 가르치기 때문이다.

현재 유대인 아버지가 안식일에 아들에게 기도할 때 사용하는 "하나님께서 너에게 에브라임과 므낫세에게 축복하신 것같이 축복하기를 원하노라"는 기도문의 역사적 배경도 창세기 48장에 기술된 야곱이 죽기 전 요셉의 두 아들, 에브라임과 므낫세에게 축복한 사실에 근거한다.

그 당시에는 야곱의 아들 요셉이 애굽의 국무총리로 재직하고 있었던 시절이었다. 야곱이 나이 많아 눈이 어두워졌다. 그가 죽기 전에 아들들에게 축복하기 위하여 가족들을 모두 불렀다. 아버지 이삭이 아들 야곱에게 축복 기도를 해준 것처럼. 야곱의 큰아들 루우벤을 비롯해 온 가족이 모였다. 요셉은 자신의 두 아들, 장자 므낫세와 차자 에브라임도 재빨리 불렀다. 야곱에게는 이들이 손자가 된다.

D. 요셉이 깨달은 축복의 비밀

왜 요셉이 자신의 두 아들까지 불렀는가? 요셉은 하나님의 사람이다. 하나님의 사람은 하늘의 비밀을 안다. 따라서 요셉은 아버지의 축복 기도가 하나님의 축복을 받는 데 절대적임을 너무나 잘 알고 있었다. 이러한 하나님의 축복의 비밀을 아는 요셉은 그의 아버지 야곱의 기도 중에도 장자인 므낫세가 차자 에브라임보다 더 큰 축복을 받게 하기 위하여 간섭한다(창세기 48장).

요셉의 간섭 내용을 살펴보자. 위의 유대인 아버지의 기도문에는 요셉의 두 아들 이름의 순서가 바뀌어 있다. 차자 에브라임이 먼저 있고 장자 므낫세가 뒤에 있다. 왜 바뀌었는가? 야곱이 손자들을 어떻게 축복했는지 그 과정을 살펴보자.

요셉이 두 아들을 기도 받을 수 있도록 앞힐 때에 큰아들 므낫세는 야곱의 오른쪽에, 작은아들 에브라임은 왼쪽에 앉혔다. 그러나 나이가 많아 눈이 어두운 야곱은 의외로 손을 어긋맞겨 얹고 손자들에게 축복 기도를 시작했다. 실지로 이 광경을 보고 있던 요셉이 다급하여 "아버지! 아버지! 손이 어긋맞겼습니다. 오른쪽이 장자이고 왼쪽이 차자입니다" 하고 소리쳤다. 이 때에 야곱은 "나도 안다. 나도 안다"고 대답하였다. 야곱이 기도하는 중에 하나님의 계시를 받은 것이다.

그러면 요셉은 왜 장자 므낫세가 야곱의 오른손으로 축복 기도 받기를 원했는가? 히브리 사상에 의하면 오른손은 왼손보다 더 큰 축복을 상징한다. 부모 마음은 당연히 큰아들이 작은아들보다 더 큰 축복을 받기 원했다.

그 결과는 어떻게 되었는가? 요셉이나 그 아들들의 뜻대로 되지 않고, 야곱의 오른손이 먼저 닿은 자에게 더 큰 축복이 내려졌다. 차자인 에브라임이 큰자가 되고 장자 므낫세는 작은자가 되어 후일에 장자 므낫세가 동생 에브라임과 그 자손을 영원히 섬기게 되었다.

할아버지나 아버지는 하나님의 영적 축복을 자녀에게 전승하는 위임자이다. 하나님은 질서의 하나님이시기 때문에 질서를 통하여 축복하신다. 유대인은 이 사실을 의심 없이 믿고 있다. 아버지에 대한 자녀의 존경심은 아버지 뒤에 숨겨져 있는 하나님에 대한 경외심을 나타낸다. 하나님을 경외하는 것이 지식의 근본이다. 이러한 축복의 비밀을 알고 있는 유대인 자녀들이 어떻게 감히 부모의 말씀을 거역할 수 있겠는가?

요셉의 부모 공경에서 한 가지 더 배울 점이 있다. 야곱이 자신의 아들들에게 축복 기도를 해주었을 당시에는 요셉이 애굽의 국무총리였다. 그는 세계의 식량권을 쥐고 있었던 최고의 권력자였다. 그런데도 불구하고 그는 아버지 야곱의 축복 기도 소집 명령에 모든 약속을 취소하고 급히 달려갔다. 자신뿐만 아니라 자신의 두 아들 므낫세와 에브라임도 불러 함께 갔다.

왜 이토록 요셉은 아버지 야곱의 안수 기도에 온 정성을 쏟았는가? 그는 아버지의 축복 기도의 위력이 당대뿐만 아니라 후대에도 절대적인 영향을 미친다는 것을 알았기 때문이다. 그는 아버지의 영적 권위의 비밀을 알았던 사람이었다. 그는 하나님의 사람, 유대인이었다. 그의 훌륭한 신앙의 모범은 신약 시대에 사는 성도의 모범이 된다.

따라서 유대인의 자녀 교육은 곧 성서적 자녀 교육이다. 유대인의 성서적 자녀 교육 사상과 방법은 바로 기본적으로 기독교 교육의 사상과 방법이다. 오늘날 예수를 구주로 믿는 성도들 자신이 바로 영적 유대인이기 때문이다 (롬 2:29; 갈 3:7-9).

우리 가정에 앞도 보지 못할 정도로 연세 든 할아버지가 계시다고 가정해 보자. 그런데 살아 생전에 자녀들에게 축복 기도를 해주고 싶다며 큰아들한테 온 가족을 소집하라고 분부하셨다 치자.

이럴 때 우리 가정은 어떻게 하겠는가? 할아버지가 축복 기도를 해준다고 한다면 아들, 며느리가 손자들까지 모두 데려오겠는가? 그토록 할아버지의 영적 권위를 귀하게 생각하고 있는가? 회사가 바쁘다고 핑계 대지는 않겠는가? 아이들은 내일이 시험이라고 일축하지는 않겠는가? 혹시 아버지가 노망들었다고 의심하지는 않겠는가? 온 가족을 모이라고 한다고 해서 자녀들이 모이겠는가? 혹시 유산 상속에 관한 소집이라면 몰라도…. 하나님의 사람은 땅의 것에 대한 상속보다는 영적 축복의 상속이 더 귀하다는 점을 명심해야 한다. 한국 기독교 교육의 현실이 성서적 교육과 얼마나 거리가 먼가?

E. 가정에서의 적용

저자도 뒤늦게 이 사실을 깨닫고 우리 가정에서 먼저 이를 실천하였다. 교육에는 열매가 맺혀야 한다. 행함 없는 교육은 진정한 교육이 아니기 때문이다. 저자는 가정 예배 시간에 설교 본문 말씀을 창세기 48장의 '야곱의 축복 기도'로 잡았다.

아들들에게 설교를 마친 후 축복의 원리를 확인하기 위하여 질문을 했다. "너희들은 하나님의 축복이 누구를 통해서 온다고 믿느냐?" "아버지의 축복 기도를 통하여 옵니다." "그러면 축복 받기를 원하는 사람은 모두 무릎을 꿇고 앉아라." 모두가 축복 받기 위하여 옹기종기 무릎을 꿇었다. "이 시간 너희들이 진정으로 축복 받기를 원한다면 너희들 스스로 하나님 말씀대로 아버지의 손길을 통하여 축복 받게 해달라고 하나님께 간절히 기도하라"고 일렀다.

저자는 큰아들부터 하나씩 붙잡고 정성스럽게 기도하기 시작하였다. 아들의 머리에 손을 얹고 기도하기는 그 때가 처음이었다. "축복의 근원 되시는 하나님 아버지! 이삭이 야곱을 축복한 것처럼, 야곱이 그의 아들들을 축복한 것처럼, 부족한 종이 아들들을 위하여 축복합니다. 이 미국 땅에서 이 아들이 복의 근원이 되게 하소서. 이 아들이 악한 세속 문화에 물들지 않도록 지켜 주옵소서." 뜨거운 것이 올라오면서 눈물이 났다. "주님 다시 오실 때까

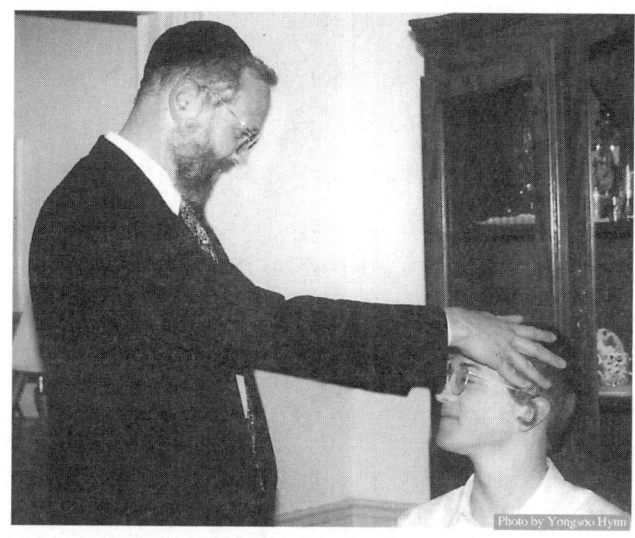

유대인 아버지는 안식일에 자녀들에게 축복 기도를 해준다. 하나님의 축복은 아버지의 손길을 통해 자녀에게 내려지기 때문이다.

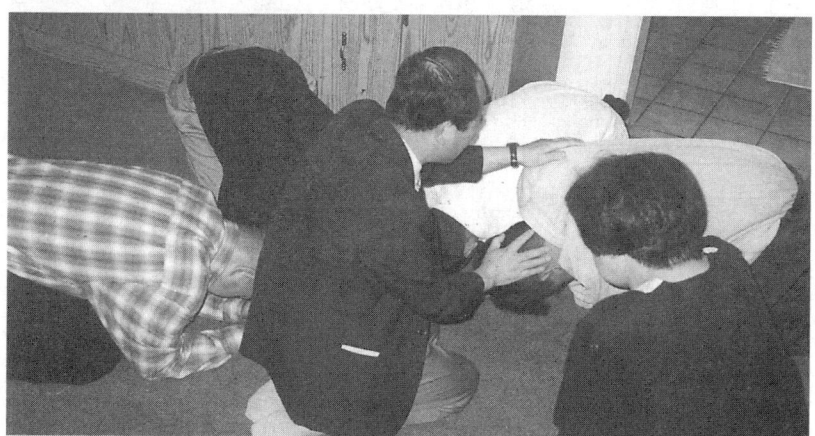

저자가 가정 예배를 마친 후 아들들에게 일일이 축복 기도 해주는 모습. 유대인의 경우 아들이 의자에 앉고 아버지가 서서 축복하지만 저자는 아들을 무릎 꿇게 하고 축복해 주고 있다. 축복의 개념은 성서적 개념이지만 축복 기도 방법은 한국식 축복 기도 방식이다.

지 자자손손 신앙의 가정이 되게 하소서. 많은 민족 가운데 머리가 될망정 꼬리가 되지 않게 하옵소서. 이 땅과 세계를 정복하게 하소서…."

연이어 저자는 옆에서 무릎 꿇고 기도하는 아내의 머리에 손을 얹고 계속 기도했다. 그 이유는 성경에 의하면 아내의 머리는 남편이고(고전 11:3), 아내는 머리인 남편을 통하여 축복을 받기 때문이다.

가정에서 하나님이 주신 아버지의 '축복권'을 자녀들에게 사용하게 되면 어린아이들은 부모를 경외하게 된다. 그리고 변하기 시작한다. 변함의 첫 징조는 순종이다. 진정한 순종은 아버지의 권위를 인정하는 데에서부터 나온다. 이후부터 하나님이 원하시는 가정의 질서가 회복된다.

저자가 부산 고신측 교사 강습회에서 집회를 인도할 때였다. 한 청년이 저녁 식사를 하면서 간증을 하였다. 그 청년은 아버지와 불편한 관계였다. 그런데 이 책의 효도 교육을 읽고 아버지로부터 축복 받고 싶은 생각이 간절하였다. 그렇지 않으면 저주 받을 것 같았다. 생각 끝에 저녁상에 앉은 아버지 옆에 꿇어앉고 "아부지요, 지한테 축복 기도 해주이소!" 하고 간청하였다. 영문도 모르는 아버지는 "니 미쳤나?" "아부지요, 성경을 보이소. 이삭이 야곱에게 축복 기도를 해줬기 때문에 야곱이 축복 받았고 에서는 축복 기도를 못 받았기 때문에 저주 받지 않았능교? 지두요, 아부지 축복 받고 싶은기라예!" "……." "아부지요, 빨리 축복 기도 해주이소…." 몇 차례 계속된 아들의 간청을 이기지 못하고 마지못해 일어난 아버지는 아들에게 간절히 축복 기도를 해주었다. 그런데 이게 웬일인가? 아들이 그 동안 간절히 기도하던 기도의 제목들이 아버지의 기도 소리를 통하여 응답되고 있는 것이 아닌가? 자신의 인생 방향을 결정하는 예언 기도였다. 기도를 마친 후 부자는 서로 껴안고 울었다. 그리고 아버지와 아들은 다시 화목하게 되었다. 성경 말씀은 어제나 오늘이나 영원토록 변함이 없음을 믿어야 한다.

우리는 하나님이 불효하는 자녀들에게 내리는 경고의 말씀을 늘 기억해야 한다. "아비를 조롱하며 어미 순종하기를 싫어하는 자의 눈은 골짜기의 까마귀에게 쪼이고 독수리 새끼에게 먹히리라"(잠 3:17).

II. 부모로서의 노아의 권위

1. 노아가 포도주에 취한 사건과 세 아들

지금까지는 하나님이 창조하신 가정의 질서, 즉 아버지의 영적 권위가 자녀에게 미치는 영향에 대하여 서술하였다. 이제 부모가 잘못했을 경우, 자녀는 부모에게 어떻게 해야 하는가에 대하여 창세기 9장에 있는 노아의 포도주 사건을 통하여 알아보자.

이 세상에 완전한 사람은 없다. 아무리 경건한 부모라 하더라도 잘못을 저지르기 마련이다. 노아가 포도주에 취한 사건이 그 좋은 예이다. 노아는 인류 역사상 대홍수 사건으로 유명하다(창세기 6-9장). 홍수로 온 인류가 모두 죽었을 때 노아 부부와 세 아들 셈, 함, 야벳 부부 도합 여덟 식구만이 하나님의 은혜로 살아남았다. 그는 당대의 의인이었다.

그러나 노아는 홍수 사건 이후 포도주에 취하여 장막 안에서 벌거벗어 수치를 드러낸 적이 있다. 그 때에 아들 함이 아버지의 하체를 보고 밖에 나가 다른 형제들에게 알려 이를 조롱거리로 만들었다. 그러나 이 사실을 안 다른 두 형제 셈과 야벳은 옷을 어깨에 메고 아비의 하체, 즉 수치를 보지 않기 위하여 뒷걸음쳐 들어가서 아비의 하체를 덮었다(창 9:20-27). 이는 부모가 실수를 저질렀을 때에 자녀가 나타내는 두 가지 모형, 즉 악한 아들과 선한 아들의 모형을 보여 준다.

술에서 깨어난 노아가 이 사실을 알고 둘째 아들 함의 아들 가나안을 저주하였다. 그러나 현대적인 사고로 보면 문제가 있다. 사실 함의 행동이 무엇이 그렇게 큰 죄가 되길래 노아가 자신의 손자에게 "그 형제의 종들의 종이 되기를 원하노라"(창 9:25)라는 엄청난 저주를 하였는가?

물론 함의 경솔함은 인정한다. 그러나 아버지로서 아들에 대한 저주의 내용은 함의 죄에 비해 너무 가혹하지 않은가? 아버지인 노아가 오히려 일어나 술 취했음을 미안하게 생각할 수도 있지 않은가? 상식적으로는 이해가 안 가는 부분이다.

2. 노아의 포도주 사건: 유대인의 해석

A. 부모의 수치를 조롱함은 하나님을 조롱함이다

정통파 유대인의 설명을 들어 보자(Hirsch, 1989a). 첫째, 개인적인 측면에서 함이 부모의 수치를 조롱함으로써 성경의 근본 원리인 부모 공경에 대한 다섯 번째 계명을 어겼다. 자신의 아버지를 조롱함은 바로 하나님을 조롱함으로 간주된다.

그러면 하나님이 원하시는, 아버지에 대한 아들의 올바른 태도는 무엇인가? 아들은 아비의 수치를 덮어 주어야 한다. 똑같은 상황에서 함은 저주를 받고 셈과 야벳은 축복 받은 이유가 바로 여기에 있다. 부모도 불완전한 인간이다. 부모도 잘못을 할 수 있다. 그렇다 해도 자녀는 부모의 수치를 덮어 주어야 한다. 그것이 효도이다. 절대로 부모의 수치를 보고 즐기거나 다른 형제에게, 더 나아가 남에게 소문을 퍼뜨리면 안 된다는 교훈을 주고 있다. 즉, 하나님은 아버지의 약점을 덮어 주는 아들을 축복하시고 아버지의 약점을 조소하는 아들을 저주하신다.

B. 한국인 2세는 1세의 허물을 덮어 주어야 한다

둘째, 광의적인 측면에서 2세는 1세의 허물을 덮어 주고 긍정적으로 1세를 존경해야 한다. 즉, 2세가 아비 세대를 악하게 평하면 안 된다. 2세가 아비 세대를 악하게 평할 경우 2세는 아비의 세대를 존경하지 않게 된다. 아비의 세대를 존경하지 않게 되면 아비 세대에게서 자손 대대로 내려오는 성경의 역사와 말씀을 배우려 들지 않는다. 그렇게 되면 1세와 2세와의 사이에 하나님 말씀의 역사의 단절이 오게 된다. 즉, 1세와 2세 사이에 세대 차이가 형성된다.

따라서 2세는 1세가 잘못을 했다손 치더라도 옷을 취하여, 즉 모든 방법을 동원하여 1세의 허물을 덮어 주는 아름다운 마음을 가져야 한다. 즉, 하나님은 1세의 약점을 덮어 주는 2세를 축복하시고 1세의 약점을 조소하는 2세는 저주하신다는 말씀이다.

이 말씀은 1세의 잘못을 무조건 덮어서 조상의 역사를 미화시키라는 뜻은 아니다. 잘못된 사실 자체는 역사의 교훈으로 삼고 그를 본받지 않도록 자녀에게 가르쳐야 한다. 그러나 설사 조상이 잘못했다손 치더라도 조상을 미워하지 말고, 그들을 존중하는 마음을 잃지 말라는 말이다. 이것이 하나님이 원하시는 아름다운 2세의 마음자세이다.

이 문제를 우리의 현실에 적용해 보자. 미국 교포 사회에는 1세와 2세와의 문제가 많이 있다. 미국의 칼스테이트 L.A. 대학교의 유의영 교수가 '2세의 눈에 비친 1세의 모습(한국일보, 1991년, 9월 8일, 미주판)'이란 글을 쓴 적이 있다.

2세 대학생들이 모이는 집회에 가서 1세에 대한 생각을 설문 조사한 내용을 정리한 것이었다. 2세들이 생각하는 1세 이민자들의 특징 중 가장 많이 나타난 것은 첫째, 열심히 일하는 사람들 둘째, 자기들끼리만 어울리고 다른 사람들과는 잘 어울리지 못하며 배타적임 셋째, '전통 혹은 보수 지향적'인 사람들이었다.

결과를 더 자세하게 분석해 보면 긍정적인 특징보다는 부정적인 특징이 더 많았다. 먼저 긍정적인 특징을 보자. '일을 열심히 한다' '잘 산다' '자부심이 높다' '날카롭다' '용기가 있다' '인정이 많다' 등이다. 빈도수는 모두 20이었다.

이제 1세들에 대한 부정적인 특징의 지적을 보자. '배타성' '보수성' '부끄러움 타는 것' '성질부리는 것' '외모에 대한 치중' '이상한 행동' '시끄러운 것' '영어 못 하는 것' '솔직하지 못한 것' '타민족에 대한 편견이 많은 것' '남성 우월주의' '고집이 센 것' '타민족 혹은 타인종과 어울리지 못하는 것' '약한 참여 의식' '합리적 사고의 결여' '편협한 마음' '불안정한 자아 의식' 등이다. 빈도수는 모두 40으로 높았다.

이러한 지적은 1세 한국인이면 누구나 공감을 하는 점들이다. 그러나 문제는 2세들이 1세를 부정적인 시각으로 더 많이 보고 있다는 점이다. 이는 2세 자신들을 위해서도 또한 1세나 한인 사회의 장래를 위해서도 안 좋다.

왜냐 하면 이는 1세와 2세 사이의 관계가 원만치 못하다는 것을 뜻한다. 특히 미주 교계에서는 1세와 2세 간의 갈등이 더 심각하다. 대부분의

유대인 2세는 1세를 존경하고 따른다. 사진은 안식일 아침 온 가족이 모든 일에서 쉼을 얻어 회당에 가는 평화로운 모습. 정통파 유대인은 안식일에 차를 안 타기 때문에 걸어서 간다. 3대가 똑같이 정장을 한 모습이 인상적이다.

영어권의 목회자들이 1세 목회자를 존경하지 않는다. 세대 차이가 심하다.

C. 유대인 2세는 1세를 공경한다

유대인은 어떠한가? 미국에 거주하는 유대인 대부분은 유럽의 피난민 출신 이민자이다. 한국인 대부분이 고등 교육을 받고 한국에서 잘 살던 사람들이 가산을 정리하고 이민 온 것과 대조적이다.

저자는 유대인과 가까이 지내면서 보고 느낀 것 중 성서적으로 좋은 면들을 많이 썼다. 그러나 유대인 특유의 부정적인 면도 많다. 그 부정적인 면들은 한국인 1세의 부정적인 특징들과 비슷하다. 오히려 한국인보다 더 많을 수도 있다.

유대인 아버지는 자녀들에게 토라나 탈무드 이외에도 교육에 유익한 경험을 많이 하게 한다. 사진은 누룩 태우는 날 대기해 놓은 소방차 운전석에 자녀들을 앉혀 놓고 견학시키는 유대인 아버지들. 어머니가 아니고 아버지들이 교육시킨다.

예를 들면 '자존심이 강하다' '물질에 인색하다' '배타성이 강하다' '전통을 중요시 여긴다' '열심히 일한다' '깐깐하다' 등등. 특히 한국인 사업가 중에는 유대인과 불유쾌한 경험을 가진 사람들이 많다.

미국에서 한국인이나 유대인이나 모두 이민자들이다. 또한 양쪽 모두 단점이 많은 민족들이다. 문제는 2세들이 이민의 어려운 역경을 헤쳐나가는 자신들의 부모를 어떠한 눈으로 보느냐이다. 눈물의 눈으로 볼 것이냐, 비판의 눈으로 볼 것이냐에 따라 민족의 장래는 달라진다. 이는 현재 한국의 6·25 세대를 모르는 2세들에게도 똑같이 적용된다.

부모가 자녀들을 어떻게 교육시켰느냐에 따라 1세와 2세 간의 갈등의 정도가 결정된다. 타민족이 보기엔 유대인이 한국인보다 더 많은 부정적인 특징들이 있을 수 있는데도 불구하고 유대인 2세나 3세들은 가정에서 그리고 회당에서 부모의 말씀의 유산을 이어받았다. 유대인 후세들은 미국 땅에서 출세를 하여 1세의 한을 풀어 주고 1세의 어려운 처지를 보호해 준다. 조상의 전통을 지킨다.

따라서 그들은 세대 차이가 없다. 왜 그러한가? 부모를 존경하도록 교육을 시키기 때문이다. 노아의 수치를 덮어 준 야벳과 셈의 모습이다. 이것은 성경적 기독교인이 본받아야 할 효도 정신이다.

제4장

부모 공경 방법

I. 부모에게 예(禮)를 행하라

1. 교육에는 교육의 '내용(contents)'과 '형식(forms)'이 있다

A. 인(仁)과 예(禮), 사랑과 율법

　KBS에서 방영한 인기 연속 사극(史劇) '용의 눈물'에 나오는 이야기이다(1996-8년). 조선의 태조 이성계는 둘째 부인의 나이 어린 막내아들을 세자로 책봉하였다. 첫째 부인에게서 난 장성한 다섯째 아들 이방원은 불만이 많았다. 한번은 궁궐에서 여러 신료들과 이방원이 자리를 함께했다. 이 때 어린 세자 저하가 등장하자 모든 신료들은 자리에서 일어나 공손한 자세로 머리를 조아렸다. 그러나 이방원은 자리에서 일어나지도 않고 앉아 있기만 했다. 이를 본 우정승 정도전이 이방원에게 "대군께서는 세자 저하에게 예(禮)를 갖추시지요" 하고 간청하였다. 그러나 그는 계속 더 무례(無禮)히 행했다.
　예(禮)란 무엇인가? 이것을 교육학적으로 설명해 보자. 교육에는 교육의 '내용(contents)'과 '형식(forms)'이 있다. 그래서 유교에는 '인(仁)'

저자가 정통파 유대인 유치원 교실을 방문하자 공부하던 학생들이 모두 일어나 인사하고 있다. 즉 어른에 대한 존경의 표시로 예(禮)를 갖추고 있다. 그들은 부모와 어른에 대한 예절 교육을 철저히 받고 자란다. 이러한 예절 교육은 사회에서 두각을 나타내는 데 큰 도움을 준다.

과 '예(禮)'가 함께 있다. '인(仁)'이 인간 사이에 있어야 할 '사랑과 존경'이라는 교육의 '내용'이라면 '예(禮)'는 그 사랑과 존경을 표시하는 교육의 방법, 즉 '형식'이다. 형식은 내용을 담는 그릇이다. 따라서 교육의 내용이 있는 곳에는 반드시 그 내용을 실천하는 형식이 따라야 한다.

이 두 가지는 어느 사회 기관에나 모두 필요하다. 궁궐이나 교회나 각 가정에도 그 기관을 유지하기 위한 법의 정신(교육의 내용)과 예(교육의 형식)가 있어야 한다. 그러나 내용 없는 형식만을 강조할 때는 위선으로 가득한 율법주의자가 된다. 그렇기 때문에 항상 '내용'이 우선이고 '형식'은 차선이다.

사극(史劇) '용의 눈물'에서 이방원은 세자 저하에 대한 '사랑과 존경'이란 교육적 '내용'이 없었기 때문에 예(禮)라는 교육적 '형식'을 갖추지 않은 것이다. 만약 이방원이 세자에 대한 경외심이 없이 예를 갖추었다면 그것은 위선이다. 그리고 경외심은 있는데 예를 갖추는 방법을 몰랐다면 그것은 버릇 없는 사람으로 비판받는다. 인간 관계에서 마땅히 행해야 할 율례와 법도를 배우지 못했기 때문이다.

유교에서는 삼강 오륜(三綱五倫)을 정하고 그 도리를 표하는 방법들을 일일이 열거하여 지켰다. 예를 들어, 오륜(五倫)은 인간 사회에서 지켜야 할 다섯 가지 인륜(人倫)이다. 첫째, 임금과 신하에는 의리가 있어야 하고, 둘째, 부자지간에는 애정이 있어야 하고, 셋째, 부부 간에는 분별이 있어야 하고, 넷째, 장유(長幼)에는 차서(差序)가 있어야 하고, 다섯째, 친구 간에는 신의가 있어야 한다. 그리고 신하는 임금에게, 아들은 아버지에게, 아내는 남편에게, 연소자는 연장자에게 존경하며 순종해야 한다.

그렇다면, 이것을 어떻게 실행할 것인가? 그 방법, 즉 형식이 바로 예이다. 예를 들면, 한국인은 부모에 대한 '효'의 방법 중 하나로 부모에게 정중히 큰절을 한다. 그리고 식사 시간에 부모가 수저를 먼저 든 후 자녀가 수저를 든다. '큰절'은 부모를 사랑하고 존경함을 표하는 방법, 즉 예이다. 한국에서는 그 예의 방법으로 '큰절'이란 교육의 '형식'을 제정한 것이다. 따라서 자녀 교육에는 반드시 교육의 '내용(contents)'과 함께 '형식(forms)'을 마련해야 한다. 그리고 이 두 가지를 어린아이 때부터 철저히 가르쳐야 한다.

성경의 율법에도 하나님께서 율법을 주신 정신, 즉 '사랑'이 있고 그 사랑을 표하는 방법, 즉 형식이 있다. 따라서 성경의 율법에는 계명(the commands)과 규례(the decrees)와 법도(the ordinances)가 있다(출 24:12; 신 4:8, 6:1). 이는 선과 악을 분별하여 행하기 위함이다.

이는 하나님을 사랑한다면 그 사랑을 어떻게 표현해야 하는가, 부모를 공경한다면 그 효의 정신을 어떻게 표현해야 하는가 등에 대한 구체적인 방법들이다. 주로 탈무드에 명시되어 있다.

현재 한국의 기독교 교육의 가장 큰 문제점은 무엇인가? '예(禮)'의 형식이 실종된 점이다. 아예 모든 형식을 싫어하는 세대에 살고 있다. 오히려 전통적인 형식을 깨는 데 쾌감을 느끼는 듯하다. 그것은 기독교 교육의 내용만 전했을 뿐 그 내용의 실천 방법을 안 가르쳤기 때문이다.

다시 말하면, 믿음으로 구원받는다는 구원론만 강조했지 하나님의 자녀다운 삶을 살기 위한 성령의 열매, 즉 여호와의 율례와 법도를 안 가르쳤다. 부모를 공경하라고만 했지 어떻게 공경하는지 그 방법을 안 가르친다. 서로 사랑하라고만 했지 어떻게 사랑해야 하는지 그 방법을 안 가르친다. 실로 답답한 노릇이다. 따라서 교회에서도 무례(無禮)가 많다.

그 이유는 믿음으로 구원받은 성도는 율법에서 해방되었다는 잘못된 성경 해석의 영향이 크다. 바울이 말한 '율법에서의 해방'이라는 참뜻은 '구원'은 '오직 믿음'으로 받지 '율법의 행함'으로 받는 것이 아니기 때문에, 율법에 매이지 말라는 의미이다. 위아래를 몰라보고 방종하여 무례(無禮)히 행하라는 뜻이 결코 아니다(제8부 참조).

따라서 한국은 오히려 기독교가 이 땅에 들어와서 자녀들을 버릇 없는 사람으로 키웠다는 비판이 일고 있다. 그나마도 예로부터 행해 오던 웃어른들에 대한 '예(禮)'도 다 잊어버리고 안 가르쳤기 때문이다.

아이들이 어른을 존경도 안 할 뿐더러 제멋대로이다. 예의(禮儀)가 없다. 현대는 예(禮)란 형식을 갖추기를 싫어하는 시대이다! 이 일을 어찌하여야 좋을꼬!!!

B. 이면과 표면, 마음의 할례와 육신의 할례: 바울의 예

교육의 내용(사랑)만 있고 형식(禮, 예)이 없는 것도 문제이지만 교육의 내용이 없거나 잘못되었는데 형식만 붙잡고 있는 것도 문제이다. 성경의 예를 보자.

신약 성경에는 종교 지도자들이 교육의 내용보다는 교육의 형식만을 자랑하다가 예수님의 책망을 받는 장면이 여러 번 나온다. 예수님 당시 유대인 지도자들은 율법의 정신적인 '내용' 보다는 율법의 '형식'에 더 치우치는 오류를 범했다. 예수님은 그들의 외식적인 행위를 책망하셨다. 예수님은 겉(표면)은 거룩하나 실제 내면이 썩은 사악한 사람들을 향하여 "회칠한 무덤"(마 23:27-28)이라고 책망하셨다.

정통파 유대인이었던 사도 바울은 이러한 오류를 지적하기 위하여 '이면적 유대인'과 '표면적 유대인'이란 용어를 사용했다(롬 2:28-29). 유대인의 할례도 마음의 할례가 우선적으로 중요하다는 것을 강조하기 위함이다. 마음의 할례 없는 육신의 할례는 표면적 유대인에 불과하기 때문이다. 따라서 표면적 유대인이 유대인이 아니요, 이면적 유대인이 유대인이다. 이 말씀은 이면적 마음의 할례 없는 표면적 육신의 할례를 자랑하는 유대인이 가증하다는 뜻이다.

이제 사도 바울을 모델로 삼아 그의 성화의 과정을 예수님을 만나기 전과 후로 나누어 그의 이면과 표면의 변화에 대하여 알아보자.

바울은 어떻게 예수님을 만난 후 성도들에게 "내가 그리스도를 본받는 자 된 것같이 너희는 나를 본받는 자 되라"(고전 11:1)라고 자신있게 말할 수 있었나? 그는 왜 모든 면에 성도들의 모범이 되었는가? 과연 그는 우리와 무엇이 다른가에 대하여 알아보자.

바울은 예수님을 구주로 영접하기 이전에는 혈통적인 유대인 중의 유대인이었다. 베냐민 지파에 속해 있었고, 613개의 율법에 흠이 없는 자였다(빌 3:6). 당시 명망 높은 유대인 스승 가말리엘의 제자였고 학문적으로는 희랍의 다소대학 출신의 최고 엘리트였다.

바울의 이러한 이력서는 무엇을 뜻하는가? 그는 유대인 혈통에서 할례받은 정통파 유대인으로서 율례와 법도에 그리고 학문적으로, 즉 표면적으로는 흠이 없는 자였다. 한국식으로 말하면, 양반 교육과 현대 교육을 균형 있게 잘 받아 외형적인 경건한 언행과 논리에는 완벽한 사람이었다.

다만 그의 속마음인 이면이 문제였다. 즉, 표면적 유대인으로는 완벽하나 이면적인 속마음은 죄악투성이였다. 교육의 형식에는 완벽했으나 교육의 내용에는 문제가 많은 사람이었다. 율법주의자였기 때문이다.

바울의 이러한 이면적인 문제점은 예수님을 그리스도로 영접함으로써 모두 해결되었다. 그가 예수님을 만나기 전에는 자신이 의인인 줄 알았다. 그는 남보다 우월한 자신의 율법적인 행위로 교만하였다. 그러나 그가 예수님을 만난 후 성령의 조명으로 자신의 죄악이 적나라하게 드러나자 "오호라, 나는 곤고한 사람이로다. 이 사망의 몸에서 누가 나를 건져 내랴"(롬 7:24)고 한탄했다. 자신이 죄인임을 통감하였다. 자신의 모든 죄를 주님께 맡기면서 성령을 받아 새사람이 되었다. 그리고 혈과 육이 십자가에 못박히게 되면서 겸손하게 되었다.

이를 다른 말로 표현하면, 인간이 성령을 받으면 하나님의 성품을 닮아 사랑의 사람이 된다. 즉, 율법적인 표면적 사람도 성령을 받으면 이면적인 교육의 내용을 갖게 된다.

그 후 그는 이면도 깨끗해지고 표면의 행위도 흠이 없는 사람으로 변하기 시작했다. 여기에서 우리가 주목해야 할 것은 바울이 예수님을 만나기 이전의 표면의 경건의 훈련은 나이 들어 된 것이 아님을 알아야 한다. 어려서부터 마땅히 행할 일을 철저하게 교육 받았기 때문에 나이 들어서도 그것을 지켜 행하고 있었다.

다시 말하면, 그의 표면은 원래 잘 다듬어졌는데 이면이 잘못되었으나 예수님을 만나고 난 후 이면도 깨끗해졌으므로 안팎으로 흠이 없는 사람이 되었다. 그 때문에 그는 성도들에게 "내가 그리스도를 본받는 자 된 것같이 너희는 나를 본받는 자 되라"(고전 11:1)고 자신있게 말한 것이다. 이는 보통 사람이 못 하는 말이다.

바울이 다른 기독교인과 다른 점이 바로 이것이다. 바울은 설사 과거에 이면이 잘못되었어도 표면적 교육이 잘 되었기 때문에 그가 주님을 영접한 이후에도 크게 쓰임 받는 큰 그릇이 되었다는 사실에 주목하여야 한다.

따라서 우리도 자녀들에게 속사람뿐만 아니라 겉사람의 모양도 잘 교육시켜 남에게 그리스도의 빛을 비추기에 충분해야 한다. 어려서부터 워낙 들 사람처럼 키워 놓으면 설사 예수님을 영접한다 하더라도 그의 표면, 즉 잘못된 교육의 형식(습관)이 쉽게 변하는 것이 아니라는 점을 명심하여야 한다.

결론적으로 교육의 내용(사랑)만 있고 형식(예, 禮)이 없는 것도 문제이지만, 교육의 내용이 없거나 잘못되었는데 형식만 붙잡고 있는 것도 문제이다. 그리고 더 큰 문제는 교육의 내용도 없고 형식(예, 禮)도 없는 것이다. 현대는 이러한 위험한 시대로 줄달음치고 있다.

2. 부모 경외와 공경의 차이

미국의 뉴욕에는 유대인이 많다. 학교나 거리에서 흔히 유대인을 만날 수 있다. 그들의 특이한 모자와 까만 복장 때문에 금방 눈에 띈다. 여행중에도 발견된다. 저자가 고속 도로 휴게실에서 잠시 커피를 마시고 있을 때였다. 그때 붐비는 여행객을 뒤로 하고 한쪽 구석에서 까만 복장에 까만 모자를 쓴 유대인 아버지와 아들이 같이 서서 기도문을 들고 몸을 흔드는 모습이 눈에 들어왔다. 그들의 특이한 기도 모습이었다. 유대인은 자기 것을 지키기 위하여 남을 의식하지 않는다.

만약 우리 아이들 같으면 외국인이 많은 그 곳에서 부모가 구석에 가서 기도하라고 한다면 순종하는 자녀가 얼마나 되겠는가? 아마도 "아버지는 외국인도 많은데 눈치도 없이 기도시킨다" 혹은 "이러니까 한국인이 국제화가 안 되지!" 하지는 않을까? 유대인은 자기 것을 지키기 위해서는 남의 눈치를 보지 않는다. 하나님을 기쁘게 해드리는 것이 최우선이다. 자신의 것에 대한 자부심이 대단하다. 이것 역시 우리가 배울 점이다. 내 것(뿌리)에 대한 뚜렷한 자아 정립 없이는 국제화도 실패로 돌아간다. 의식 있는 외국인도 내 것에 대한 자아 정립이 안 된 사람이나 민족을 경멸한다. 마치 족보 없는 민족처럼.

유대인 자녀들은 어떻게 부모에게 효도를 실천하는가? 그 교육의 '내용(contents)'과 '형식(forms)'의 일부를 보자. 탈무드의 효도 교육에 대한 정의를 보자(Talmud Kiddushim 31a의 정의). 효도란 무엇인가? 첫째, 자녀가 부모님을 경외하고 둘째, 부모님을 공경하는 것이다.

첫째, 부모님 경외에 대한 정의는 ① 자녀가 아버지의 자리에 서지 않고 ② 아버지의 자리에 앉지 아니하고 ③ 아버지의 말씀, 즉 아버지의 의견을 거역하지 않는 것이다.

둘째, '부모 공경'은 ① 부모에게 의식주를 제공해 주고 ② 들고날 때 부축해드리며 받드는 것이다.

위의 내용을 보면, "자녀가 부모님을 경외하는 일은 부모를 위하여 해서는 안 될 일을 서술했고, 부모님을 공경하는 일은 부모를 위하여 마땅히 해야 할 일을 서술했다"(Greenbaum, 1989, p. 6). 즉, 부모를 경외하는 일은 "하지 말라"고 하는 부정적인 법을 지키면 되고, 부모를 공경하는 일은 "하라"고 하는 긍정적인 법을 지키면 된다.

출애굽기 20장 12절의 '공경'이란 단어의 뜻 자체도 부모의 신분을 높이고, 안락하게 해주는 것, 즉 음식과 마실 것과 옷을 해드리고 들고날 때 잘 안내해 드리는 것이다(Scherman & Zlotowitz, 1994, p. 411).

여기에서 또 다른 중요한 점은 자녀가 부모를 공경할 때에 남성인 아버지와 여성인 어머니에게 차이를 두고 할 것인가 아니면 동일하게 할 것인가에 대한 문제이다. 성경은 어떻게 가르치고 있는가?

토라에는 부모 공경에 대한 율법이 두 가지 말씀으로 기록되어 있다. 첫째, "너희 아버지와 어머니를 공경하라(Honor your father and mother…)"(출 20:12). 둘째, "사람은 자신의 어머니와 아버지를 경외해야 한다(A person must fear his mother and father…)"(레 19:3). 여기에서 우리가 주의해야 할 점은 똑같은 의미의 부모 공경인데 왜 '공경(honor)'이란 단어를 썼을 때는 아버지가 먼저이고, 어머니가 다음인가? 그리고 왜 '경외(fear)'란 단어를 썼을 때는 어머니가 먼저이고, 아버지가 다음인가?

그 이유는 하나님은 자녀들이 부모를 공경할 때는 자연히 아버지보다 어머니를 더 잘 공경할 줄 아시고, 아버지를 먼저 어머니를 후에 놓았다. 그리고 하나님은 자녀들이 부모를 경외할 때는 자연히 어머니보다 아버지를 더 무서워(경외)할 줄 아시고, 어머니를 먼저 아버지를 후에 놓았다. 이는 자녀들이 아버지 어머니를 동일하게 공경하고 경외해야 한다는 것을 뜻한다(Greenbaum, 1989, pp. 5-6). 하나님은 인간을 손수 창조하신 분이시기 때문에 인간의 마음을 너무나 잘 아신다. 그러므로 이렇게 두 가지로 명령하셨다.

　유대인은 가정에서도 식사 시간에 아버지가 안 계실 경우 자녀들이 아버지의 자리에 앉지 못한다. 아버지를 경외하기 때문이다. 이것을 교육학적인 입장에서 '내용(contents)'과 '형식(forms)'으로 설명한다면, 그들이 아버지를 경외하는 것은 교육의 '내용'이고 식사 시간에 아버지의 자리에 앉지 않는 것은 그 경외의 표시 방법, 즉 '형식인 예(禮)'이다. 따라서 기독교인은 자녀들을 예의(禮儀)바르게 키워야 한다.

3. 한국인의 예(禮)

　위에서 언급한 유대인 효도 교육의 예는 성경적인 예인 동시에 우리나라에서도 행해 온 내용과 방법이다. 이와 함께 구체적으로 한국인 자녀가 부모를 경외하는 의미에서 깍듯한 예를 행하는 방법 몇 가지를 소개하겠다.

　첫째, 식탁에서
　1) 자녀는 아버지가 나오시기 전에 먼저 식탁에 나와 앉아 있어야 한다.
　2) 부모 앞에서 정중한 자세로 앉는다.
　3) 식사를 들기 전에 하나님께 감사 기도를 드린다.
　4) 자녀는 식탁에서 부모가 먼저 수저를 든 후에 든다.
　5) 맛있는 음식은 먼저 부모님께 양보한다.
　6) 식탁에서의 대화는 긍정적이고 명랑한 주제들을 고른다.
　7) 기독교인은 부모와 자녀 간의 종교적인 이야기를 서로 토론하며 먹는다.

8) 자녀는 식사를 다 한 후라도 부모가 식사를 마치기 전이라면 식탁에 앉아 부모가 식사를 모두 마칠 때까지 기다린다.

둘째, 부모가 출입할 때

1) 부모가 집을 나설 때에는 모두 문간으로 나와서 "아버지(어머니) 안녕히 다녀오세요" 하고 인사드린다.
2) 부모님이 집에 들어오실 때에도 모두 문간으로 나와서 "아버지(어머니) 안녕히 다녀오셨어요?" 하고 인사드린다.
3) 부모님이 2-3일 이상 출타할 경우 떠나시기 전에 혹은 돌아오신 후에 큰절을 하며 위와 같은 문안 인사를 드린다.
4) 부모님이 장거리 여행을 하실 경우 기차역이나 공항에 마중을 나간다. 그리고 무거운 짐은 대신 들어드린다.

셋째, 자녀가 출입할 때

1) 자녀가 외출할 때에는 부모님에게 다가가서 "아버님 어머님 안녕히 다녀오겠습니다" 하고 인사드린다.
2) 자녀가 외출 후 집에 들어왔을 때에는 부모님에게 다가가서 "아버님 어머님 잘 다녀왔습니다" 하고 인사드린다.
3) 혹시 병중의 할아버지나 할머니가 있으면 방에 문안드리며 사랑과 존경을 표한다. 불편한 것이 있다면 도와드린다.
4) 자녀가 2-3일 이상 출타할 경우 떠나시기 전에 혹은 돌아온 후에 부모님께 큰절을 하며 위와 같은 문안 인사를 드린다.
5) 자녀가 오랫동안 타지에 나가 있을 경우, 그 곳에서 부모님에게 문안 편지를 자주 쓴다.

넷째, 기타

1) 자녀가 부모님이나 이웃의 어른들에게 인사할 때에는 공손하게 허

리를 45도로 굽히고 머리를 숙여 "안녕하세요"라고 말한다.

2) 부모님에게는 항상 존경어로 바른말 고운말을 써야 한다.

3) 부모님이 힘든 일을 할 때에는 자녀가 그 일을 대신 해드린다. 특히 부모님이 식당이나 상점을 운영할 때는 학교 공부가 끝나는 대로 사업장에 나가 하루에 몇 시간씩 부모의 일을 도와 준다.

결론적으로 말하면, 비록 한국인 기독교인은 자신의 이면적 사상이 하나님을 섬기는 신본주의 사상을 가졌다고 하더라도 예의는 한국인의 예의를 지켜야 한다. 왜냐 하면, 교육의 내용은 유교에서 기독교로 바뀌었다 하여도 교육의 형식인 예의는 한국 사람다워야 하기 때문이다. 기독교인의 구원은 믿음으로 얻는 것이지 행함으로 얻는 것이 아니다. 기독교인에 있어서 행함이나 예의는 믿음의 열매인 것이다.

II. 자녀가 하나님을 기쁘게 해드리는 방법

1. 효도 교육은 종교적 책임

옛날에는 자녀들이 부모의 심정을 헤아려 부모를 기쁘게 해드리려고 최선을 다했으나, 요즘은 부모가 자녀의 심경을 헤아려 자녀의 비위를 맞추려고 안간힘을 쓰고 있다. 최근 들어 존속 상해범도 많이 늘어났다. 부모들이 덩치 큰 아들을 무서워하는 세상이 되었다. 우리가 그 동안 효도 교육을 안 가르쳤거나 잘못 가르친 탓이다. 그러면 효도 교육은 누가 어디에서 가르칠 것인가?

유대인 아버지의 헌신적인 가르침은 가정뿐 아니라 어디에서나 볼 수 있다. 사진은 유월절 절기 전 누룩 태우는 행사에서 아버지가 자녀에게 죄의 누룩을 태우라고 설명하고 있다. 이러한 교육을 받은 아이들은 짐승 같은 마음이 아니고 인간의 마음을 갖는다.

    유대인의 탈무드는 '효도 교육은 온전히 종교적 책임'이라고 못박았다 (Cohen, 1995). 과거 한국에서도 효도 교육은 유교라는 종교 교리에 의해 책임 있게 이루어졌다. 이는 무엇을 의미하는가? 만약 우리 사회에 효도를 안 하는 사람이 있다면 그 책임이 학교나 사회에 있는 것이 아니고 각 가정의 종교 교육에 있음을 의미한다. 특히 기독교인 중에 불효자가 있다면 그것은 그 책임이 기독교에 있다는 얘기이다. 왜냐 하면 하나님이 소원하신 효도 교육을 가정에서 부모가 자녀에게 제대로 가르치지 않고 스스로 행하지 않았기 때문이다.

    유대인의 효도 교육에 대한 강도는 얼마나 높은가? 그들은 하나님 공경과 부모 공경을 동일한 무게로 여긴다. 왜 그러한가? 성경은 하나님을 저주하는 자나 부모를 저주하는 자 모두 사형에 처하도록 명령하셨다(레 20:9, 24:15). 즉, 하나님을 저주한 것이나 부모를 저주한 것이나 사법적 형량은 동일한, 사형감이기 때문이다.

따라서 기독교인도 효도 교육을 하나님 공경처럼 철저하게 가르쳐야 부모로부터 하나님의 말씀을 받아 생명을 얻고 인간의 윤리를 잘 지킬 수 있다. 이것이 바로 하나님 공경 방법이다.

2. 하나님을 기쁘게 해드리는 방법: 부모를 기쁘게 해드려라

탈무드에 의하면, 인간에게는 세 동역자, 하나님과 아버지와 어머니가 있다. 그렇기 때문에 자녀가 아버지나 어머니를 노엽게 하면 동역자인 하나님께서 노여워하신다(Scherman & Zlotowitz, 1994, p. 411)고 기록되어 있다. 이 말은 무슨 뜻인가? 주 안에서 부모 공경은 바로 하나님 공경이란 뜻이다.

유대인이었던 바울도 자녀들이 주님을 기쁘게 해드릴 수 있는 방법은 바로 부모에게 순종하는 것이라고 말했다. "자녀 된 사람들은 무슨 일에나 모든 일에 부모에게 순종하십시오. 이는 주님을 기쁘게 해드리는 것입니다"(골 3:20, 공동 번역).

따라서 자녀는 마땅히 부모를 즐겁게 하며 자신을 낳은 어미를 기쁘게 해드려야 한다(잠 23:25). 이것은 자녀가 성경을 읽고 기도하는 영적 믿음의 열매가 '부모 공경'이란 행함으로 나타나야 한다는 뜻이다.

하나님은 아무나 축복하지 않으신다. 하나님은 부모를 공경하는 자녀를 축복하신다. 유대인의 탈무드에는 "사람이 자신의 부모를 공경하면 하나님께서도 그들과 함께 그 가정에 거하신다"고 쓰여 있다. 이를 다른 말로 표현한다면, 만약 자녀가 부모를 공경하지 않는다면 하나님은 그들과 함께 계시지 않고 그 가정을 떠나신다는 말씀이다. 따라서 유대인은 '부모 공경'을 통하여 하나님 공경을 증명해 보인다.

저자는 이 교훈을 아이들에게 가르친 적이 있다. "눈에 보이지 않는 하나님을 너희들은 어떻게 기쁘게 해드릴 수 있는가?"라고 질문했다. 이 때에 아이들은 여러 가지로 대답했다. 성경 읽기, 기도하기 등등.

이에 대하여 저자는 "물론 너희들이 하나님에 대한 좋은 신앙 생활을 하는 것이 가장 중요하다. 그러나 너희들의 좋은 신앙을 어떻게 하나님에게 표현하여 하나님을 기쁘게 해드릴 수 있는가? 그것은 근본적으로 하나님을 기쁘게 해드리기 위해서는 먼저 너희 부모를 기쁘게 해드려야 한다. 너희들이 성경을 많이 읽고 기도를 많이 하는 좋은 신앙을 하나님에게 표현하여 보이는 방법이 바로 아버지 어머니를 기쁘게 해드리는 것이다"라고 가르쳤다. 이것은 자녀가 부모님을 만족하게 해주면 하나님도 만족해 하시고, 부모님을 노엽게 하면 하나님도 그 자녀에 대하여 노여워하신다는 논리이다.

저자는 재차 아이들에게 "그러면 아버지 어머니를 어떻게 기쁘게 해드릴 수 있느냐?"고 물었다.

이 때에는 자녀들이 "아버지를 위해서는 일 주일에 한 번씩 잔디를 깎고 세차를 해드리며, 어머니를 위해서는 설거지도 해드리고 카펫 청소도 해드리는 것"이라고 대답했다. 옳은 말이다. 저자는 아들들에게 "앞으로 너희들이 이런 일을 하라"고 일렀다. 그 후 우리 집에서는 저자 대신 아들들이 잔디를 깎고 세차도 한다. "지혜로운 아들은 아비로 기쁘게 하거니와 미련한 아들은 어미의 근심이 된다"(잠 10:1).

물론 자녀가 부모를 기쁘게 해드리는 방법에는 학교 공부를 열심히 하는 것도 포함된다. 기독교인은 모든 면에서 이방인의 모범이 되어야 하기 때문이다. 그러나 부모가 자녀에게 "무엇을 먼저 강조하느냐"가 중요하다. 저자의 아들이 이러한 질문을 한 적이 있다. 왜 한국 부모님들은 "훌륭한 기독교인이 되라"고 하시지 않고 "공부 잘 하라"는 말씀만 강조하시느냐고. 주위에 있는 한국인 친구들의 고민을 들었다는 것이다.

저자는 이에 대한 대답으로 "너는 먼저 좋은 크리스천이 될 것"을 강조했다. 이어서 "그러나 좋은 크리스천은 세상에서 안 믿는 아이들보다 공부도 더 열심히 잘 해야 한다"고 가르친다. "왜냐 하면 너희들이 예수는 잘 믿는다고 하면서 예수 안 믿는 아이들보다 공부를 더 안 하면 부모는 물론 예수님이 얼마나 섭섭해하시겠니? 또한 예수 안 믿는 아이들에게 어떻게 전도를 할 수 있겠니?"라고 하면서….

한국에서는 전통적으로 부모를 기쁘게 해드리는 방법으로 부모의 뜻을 받들어 가계를 빛나게 해야 한다고 가르친다. 이를 기독교식으로 바꾸어 말하면, 하나님의 자녀가 육신의 아버지 이름을 빛나게 하면 하나님 아버지의 이름도 높아지는 것이기 때문에 하나님도 기뻐하신다고 설명할 수 있다. 따라서 자녀는 아버지의 뜻을 받들어 가문을 위하여 공헌하는 것이 효도이다.

유대인에 대한 관심이 지대한 것도 그들이 행하는 신앙적 자녀 교육보다는 그들의 우수한 삶 때문인 것이 솔직한 표현일 수도 있다. 공부와 출세면에서 세속인과 신자는 각각 무엇이 다른가? 세속인들은 자신들의 힘으로 스스로 지혜롭고자 하지만 기독교인은 하나님께서 주시는 지혜로 승리한다고 믿는다. 그리고 세속인들은 자신의 배만을 위하여 열심히 공부하지만 기독교인은 여호와 하나님의 영광을 위하여 공부한다. 기독교인이 공부를 열심히 해야 할 명분이 이렇게 다르다.

3. 자녀는 부모를 위하여 기도하라

　요즘 왜 효도 교육에 문제가 있는가? 그 원인 중 하나가 자녀들이 부모를 잊고 살기 때문이다. 자녀들이 자신의 일만 생각하며 앞만 보고 살고 있다. 뒤에서 기도하며 지켜보는 부모에 대한 관심이 없다. 자신이 필요할 때만 부모를 생각한다.

　그 이유는 부모들이 "너만 잘 되면 그만이다. 집안의 어려운 문제는 부모가 해결할 테니 너는 걱정 말고 공부만 열심히 해라"는 말로 어렸을 때부터 부모와 자녀 사이를 이을 수 있는 좋은 줄들을 끊어 버렸기 때문이다. 이 또한 세대 차이의 원인이 된다.

　자녀가 '부모 공경'을 하기 위해서는 늘 부모를 생각하고 그리워해야 한다. 마치 성도가 하나님을 늘 생각하고 사모하듯이. 즉, 자기만 아는 이기적인 사람이 아닌 가정을 생각하는 자녀로 키워야 한다. 또한 더 나아가 교회를 생각하고 민족을 생각하는 사람으로 키워야 한다. 이것이 유대인 자녀 교육의 공동체 개념이다.

　기독교인은 어떻게 자녀가 부모를 항상 생각할 수 있도록 교육시켜야 하는가? 몇 가지 방법이 있다.

　첫째, 부모들이 자녀들에게 매주마다 기도 제목을 준다. 그리고는 자녀들이 기도할 때마다, 집에서 가정 예배를 드릴 때마다 자녀들이 그 기도 제목을 놓고 간절히 기도하게 한다.

　저자의 연세 많으신 모친은 한국에 계신다. 비록 몸은 멀리 떨어져 있지

자녀는 늘 부모에 대한 관심을 갖고 부모의 신앙과 건강과 평안과 생업을 위하여 기도해야 한다. 사진은 정통파 유대인 소년이 아침에 일어나 찌찌를 손에 매고 기도하는 모습.

만 저자는 기도할 적마다 어머님을 위하여 기도한다. 어머님을 위하여 기도하는 시간은 잊었던 어머니를 생각하게 하는 시간이다. 마치 가까이 계신 것처럼. 이를 위해서는 부모들이 매주마다 사소한 일이라도 자녀들에게 기도 제목을 만들어 주어야 한다. 기도 제목은 구체적일수록 좋다. 부모의 건강, 여행, 사업, 직장에서의 어려운 점, 형제 자매를 위하여, 친척들을 위하여 등등.

또한 자녀에게 기도 부탁을 할 때에는 부모를 위한 기도 외에 할아버지, 할머니를 위한 기도도 함께 하도록 가르쳐야 한다. 가정의 질서를 지키고 가족의 결속을 위해서이다. 특히 자녀에게 할아버지, 할머니 공경하는 법을 가르치면 이 다음에 부모와 자녀가 함께 축복을 받는다. 이를 위해서 선행되어야 할 일이 있다. 그것은 부모가 먼저 할아버지, 할머니 공경하는 모습을 자녀에게 보여 주어야 한다. 부모가 조부모를 무시하면 자녀들도 그들을 무시하기 때문이다.

유대인 부모는 자녀에게 할아버지, 할머니에 대한 얘기를 많이 해준다. 조상의 역사를 자손에게 전수해 주기 위해서이다. 자녀들의 이름을 지을 때도 가급적이면 조상의 이름을 사용한다. 부모는 할아버지, 할머니를 소외시키면서 자식 편만을 들어서는 안 된다. 유대인 부모는 자녀 앞에서 할아버지, 할머니의 권위를 세워 줌으로써 질서의 권위에 도전하지 못하도록 가르친다. 유대인의 이러한 수직적인 개념은 가정의 영적 세대 차이를 막는 데 크게 기여한다. 이러한 일들은 자녀들이 할아버지와 할머니, 그리고 부모를 잊지 않고 늘 생각하게 하는 방법이다. 자녀가 부모를 늘 생각할 때 그리워지고 걱정하며 공경할 수 있다.

가정에서 부모와 자녀가 하나 되려면 각자의 노력이 필요하다. 몇 년 전 평소에 잘 아는 L집사의 부인이 몹시 아프다고 했다. 그 집사 가정은 10년 전 미국에 이민 와서 세탁소를 운영하였다. 남편과 부인 둘이서 쉬지 않고 일을 하다가 마침내 부인이 드러누웠다. 갱년기 장애까지 겹쳤다. 여러 병원에서 장 수술을 몇 번씩 받았지만 병의 원인을 몰랐다. 중병이었다.

L집사의 가정에 도착하여 가정 예배를 준비하였다. 그 가정에는 고등학교 다니는 아들 둘을 합하여 모두 네 식구가 살고 있었다. 그런데 두 부부만 나와 있었다. 저자는 "두 아이들은 왜 안 나옵니까?"라고 물었다. L집사는 "그 아이들은 한국 말을 못 합니다. 우리는 전에도 함께 예배를 드리지 않았습니다"라고 대답하였다. 그리고 그들은 어른끼리만 예배드릴 것을 고집하였다. 그러나 저자는 "만약 그 아들들이 안 나오면 예배를 드리지 않겠습니

다. 나도 한국 말과 영어로 설교할 테니 데려오십시오" 하고 제안하였다. 마침내 아버지가 아들들의 방에 들어가서 두 아들을 데리고 나왔다.

그리고 함께 찬송을 부르고 예배를 마쳤다. 곧 기도가 시작되었다. 기도를 시작하기 전 환자인 여집사를 눕게 하였다. 그리고 남편과 아들들에게 각각 어머니의 환부에 손을 얹게 하였다. 저자는 두 아들들에게 "어머니를 위하여 기도한 적이 있느냐"고 물었더니 "없다"고 대답하였다. 저자는 "이제 너의 어머니를 위하여 기도를 시작한다. 오늘 너희 어머니의 병이 낫느냐 안 낫느냐 하는 것은, 물론 하나님이 목사인 나의 기도를 들으시기도 하지만 너희들의 간절한 기도에 달려 있다. 먼저 하나님께 회개하고 기도하라"고 일렀다.

기도의 순서는 남편부터 시작하여 맏아들로 이어졌다. 맏아들은 처음에는 영어로 더듬거리더니 점점 속도가 빨라져 진정한 회개의 기도가 터지기 시작하였다. "하늘에 계신 아버지여, 나의 죄를 용서하여 주소서. 저는 죄인입니다. 저는 우리 어머니와 아버지를 위하여 기도하지 못했습니다…." 그러면서 그는 흐느끼기 시작하였다. "어머니가 아픈 것은 나의 죄 때문입니다. 저를 용서하시고 어머니를 낫게 하여 주옵소서…." 마침내 통곡하기 시작하였다. 성령께서 역사하셨다. 둘째 아들은 처음부터 울면서 기도하였다. 그는 우느라고 제대로 말을 잇지 못하였다. 마지막에 기도한 저자도 마찬가지였다. 환자도 울고 온 가족이 울었다. 기도가 끝난 후 환자인 어머니는 자신의 병 나음보다도 두 아들의 진정한 회개와 자신을 위한 눈물의 기도에 더 감사하며 울었다. 감동적인 순간이었다. 그 후 그 집사님의 병은 점차 낫기 시작했다.

가정은 교회이다. 가족끼리의 중보 기도의 능력, 자녀가 부모를 위하여 울부짖는 모습, '부모 공경'의 일부분이다. 하나님께서 얼마나 기뻐하시겠는가? 가족이 세대 차이 없이 하나가 되는 순간이었다. 여러분의 가정은 어떠한가?

둘째, 집안의 일들을 가정 예배 시간이나 가족 회의 때에 자녀와 서로 의논하고, 자녀들이 도울 수 있는 일은 돕도록 일을 만들어 줌으로써 가정의 대소사가 있을 적마다 자녀들의 참여 의식을 고취시켜 준다. 아버지와 아들이 집안의 잔디도 같이 깎고, 꽃도 같이 심는다. 어머니와 딸은 음식도 함께 만든다. 집안에 좋은 일이든 나쁜 일이든 큰일이 일어났을 때 가정이 더욱더 하나가 될 수 있다. 그 이유는 온 식구가 함께 매달려 문제를 풀 수 있는 기회이기 때문이다. 부모의 고난이 자녀의 고난이 되고, 부모의 기쁨이 자녀의 기쁨이 되어야 한다.

유대인이 왜 그렇게 단결을 잘 하는가? 그 이유들 중 하나가 그들이 이 나라 저 나라 구박을 받으며 이사를 자주 다녔던 국제 고아 출신이기 때문이다. 피난 다닐 때는 온 가족이 한몸이 되어 필사의 노력을 발휘해야 살아남을 수 있다.

여러분의 가정은 자녀들이 가정의 모든 것을 잊게 하고 학교 공부만 하도록 강조하지는 않는지요?

III. 부모의 노후를 보살피라

1. 부모를 모시고 살아라

인간은 누구나 늙는다. 늙으면 힘도 없어지고 경제력도 없어진다. 그러면 어떻게 할 것인가? 힘있는 자녀가 보살펴야 한다. 그러한 의미에서도 인간은 자손을 많이 가져야 한다. "젊은 자의 자식은 장수의 수중의 화살 같으니 이것이 그 전통에 가득한 자는 복되도다"(시 127:4-5).

하나님은 왜 부자와 배운 자와 힘센 자를 두셨는가? 성경의 원리는 부자는 가난한 자를 도와 주고, 배운 자는 못 배운 자를 도와 주고, 힘이 있는 자는 연약한 자를 도와 주게 하기 위함이다. 따라서 가정에서도 자녀가 어릴 때는 부모가 그들을 돌보고, 부모가 늙으면 자녀가 부모를 돌보아드리도록 설계하셨다. 이것이 가정의 틀을 유지시키는 하나님의 창조 원리이다.

정통파 유대인이었던 바울도 부모 공양은 자녀나 손자의 책임이라고 가르쳤다. "만일 어떤 과부에게 자녀나 손자들이 있거든 저희로 먼저 자기 집에서 효를 행하여 부모에게 보답하기를 배우게 하라. 이것이 하나님 앞에 받으실 만한 것이니라"(딤전 5:4).

탈무드는 소득이 없는 집의 자손에게는 부모 공경하는 것이 하나님 공경하는 것보다도 더 힘들다고 하지 않았는가? 왜냐 하면, 하나님에게는 소득이 없으면 십일조를 안 드려도 되지만 부모는 동냥을 해서라도 모셔야 하기 때문이다(Cohen, 1995, pp. 180-181).

특히 성경은 자식이 없는 노인들은 그 주위의 친족이 보살피도록 말씀하고 있다. "누구든지 자기 친족 특히 자기 가족을 돌아보지 아니하면 믿음을 배반한 자요, 불신자보다 더 악한 자니라"(딤전 5:8). 이 말씀은 자녀는 먼저 부모를 공경해야 하지만 친족 되는 노인들도 보살펴야 할 의무가 있다는 뜻이다.

　우리가 분명히 알아야 할 것이 있다. 하나님의 창조의 원리에 의하면, 근본적으로 늙으신 부모의 노후 대책은 정부에서 마련해 주는 것이 아니라 자녀들이 책임지도록 되어 있다는 진리이다.

　현재 미국이 하나님의 축복을 받지 못하는 이유 중의 하나도 미국 정부에서 노인들의 여생을 책임지고 있기 때문이다. 미국인 자녀들은 정부만 믿고 부모에 대하여 아예 생각조차 안 하는 불효자들이 많다. 사실이 이러한데 어찌하여 하나님의 축복을 바라겠는가?

2. 예수님의 십자가에서의 효도

　마태복음 15장 4절부터 9절에는 예수님이 모세의 율법을 잘못 지키는 바리새인을 책망하시는 장면이 나온다. 바리새인이 부모 공경과 하나님 공경을 혼동하고 있었기 때문이었다. 당시 바리새인들은 하나님만 잘 공경하면 '부모 공경'도 그 속에 모두 포함되기 때문에 따로 부모를 공경할 필요가 없다고 주장하였다.

　예수님은 하나님이 이르셨으되 "네 부모를 공경하라 하시고 또 아비나 어미를 훼방하는 자는 반드시 죽으리라"(신 21:18-21) 하신 모세의 율법을 근거로 그들이 사람의 계명으로 하나님의 말씀을 폐하는 처사라고 경고하셨다. 다시 말하면, 인간이 눈에 보이는 부모도 공경치 않으면서 어떻게 하나님을 공경할 수 있느냐는 말씀이다.

　여기에서 주목할 것은 예수님도 율법에 밝으신 유대인이셨다는 사실이다. 그러므로 예수님은 자신이 하나님의 아들이셨으면서도 손수 천한 인간

예수님은 하나님 공경과 부모 섬김에 타고난 효자이셨다. 삽화는 예수님이 처절한 고통의 십자가상에서도 어머니 마리아의 노후를 제자 요한에게 부탁하시는 모습. 예수님은 유대인으로서 율법의 완성자이시다.

이었던 육신의 부모인 요셉과 마리아에게 순종하는 모습을 보이시며 자라셨다. 그리고 마침내 그 가정의 장남으로 태어나신 예수님이 십자가상에서 운명하시기 전에 어머니 마리아의 노후를 제자 요한에게 맡기시는 효도의 모범을 보이셨다(요 19:25-26). 그는 유대인이셨다. 다섯째 계명, 부모 공경의 계명을 지키셨다. 성경 말씀을 보자.

    예수의 십자가 곁에는 그 모친과 이모와 글로바의 아내 마리

> 아와 막달라 마리아가 섰는지라. 예수께서 그 모친과 사랑하시는 제자가 곁에 섰는 것을 보시고 그 모친께 말씀하시되, 여자여 보소서 아들이니이다 하시고, 또 그 제자에게 이르시되, 보라 네 어머니라 하신대, 그 때부터 그 제자가 자기 집에 모시니라. (요 19:25-26)

예수님은 십자가상의 극한 상황의 고통 속에서 최후로 운명하시기 전에 일곱 마디의 귀한 말씀을 하셨다. 그 중의 하나가 바로 어머니에 대한 노후 대책이었다. 그 당시 호적상의 아버지 요셉은 이미 죽었다. 예수님은 어머니 마리아에게 "여자여, 보소서. (이제부터는 요한이 당신의) 아들이니이다"고 말씀하시고, 요한에게는 "보라! 네 어머니라"라고 말씀하셨다.

이것은 예수님께서 십자가에 달리시어 온몸이 채찍으로 맞아 피투성이인 상태에서 마지막 운명하시기 전 어머니 마리아의 여생을 제자인 요한에게 부탁하시는 장면이다. 지치고 지친 상태에서 사력을 다하여 말씀하셨다. 성경은 요한이 "그 때부터 자기 집에 모시니라"(요 19:26)고 증언하고 있다.

웬만한 사람이면 인류의 죄를 담당하시는 최악의 고통의 순간에 어떻게 감히 어머니의 노후를 생각할 수 있겠는가? 예수님은 하나님 아버지의 뜻에 죽기까지 복종하심으로 대신 관계의 계명을 완수하셨고, 어머니에 대한 효성을 행하심으로 대인 관계의 첫 계명인 제5계명을 완수하셨다. 따라서 예수님은 모든 면에서 성도의 모델이시다.

예수님은 하나님의 형상을 온전히 닮으신 분이다. 그렇기 때문에 그는 태어나실 때부터 '타고난 효자' 이셨다. 이 말의 뜻은 하나님의 형상을 닮은 하나님의 사람은 당연히 효자라는 뜻이다. 반대로 불효자는 하나님의 형상을 안 닮았다고 보아야 한다.

따라서 우리들도 예수님을 잘 믿는다는 말은 예수님의 형상을 닮은 사람이라는 말이다. 예수님의 형상을 닮은 사람은 효의 성품을 갖고 있는 사람이다. 이러한 사람은 계명을 지키기 위하여 효를 행한다기보다는 더 적극적으로 하나님의 사람이기 때문에 마음에서 우러나는 EQ의 마음을 갖고 부모에게 효를 행하는 사람이다.

3. 부모에게 물질을 드려라: 저자의 부끄러운 깨달음

부모가 자녀로부터 가장 받고 싶어하는 선물은 무엇일까? 지난 1994년 5월 가정의 달을 맞아 '사랑의 전화'가 노인들이 자녀로부터 무엇을 가장 받고 싶어하는가를 조사하였다. 대상은 노인대학, 노인병원, 탑골공원 등에 계신 노인 400명이었다. 조사 결과 노인들 중 73.9%가 현금을 선호하였다. 그 다음이 여행(13%)이었다(한국일보, 1994년 5월 6일). 다시 말하면 인간은 늙을수록 현금에 대한 애착이 강하다는 것을 보여 준다.

이 책을 읽는 독자들의 이해를 돕기 위하여 부족한 저자의 부끄러웠던 경험을 소개하고자 한다. 저자의 홀어머님은 연세가 70(1976년)이 넘어서 미국에 오셨다. 저자 내외는 부족하지만 어머님께 이곳 저곳 구경도 시켜드리면서 잘 해드리고자 노력하였다. 어머님께 용돈도 드렸다. 그러나 그 때마다 어머님은 거절하셨다. 이유는 "글도 모르고 운전도 못 하는데 돈이 어디에 필요하냐"는 것이었다. 그 후 교회에 바칠 헌금 이외에는 용돈을 드리지 않았다.

몇 년이 지난 후 어머님이 우리 내외에게 그 동안 섭섭한 일들을 말씀하신 일이 있었다. "너 그 동안 나에게 용돈 준 적 있느냐?" "어머님, 드린다고 해도 필요 없다고 말씀하셨잖아요." "너는 그 말을 바보처럼 믿었냐! 너도 늙어 봐라. (눈물을 닦으시면서) 젊을 때는 힘이 있어서 괜찮지만 늙을수록 돈이 있어야 든든하다. 그리고 늙을수록 어미의 입에서 자식에게 돈 달라는 말이 안 나오는 법이다." "…… (유구무언)." 너무나 어머님의 마음을 몰랐다. 그 이후 저자는 어머님에게 매달 용돈을 드렸다. 어머님은 매달 용돈이 쌓이는 것을 그렇게 좋아하셨다. 그리고 어머님을 통하여 하나님의 속성도 더 깨닫게 되었다.

모친께서는 10년 동안 미국에 계시다가 연세가 80이 되신 후에 부친의 묘소 옆에 묻히시겠다며 한국의 큰형님 댁으로 가셨다. 지난 봄 어버이날에 있었던 일이다. 한국의 둘째 형님에게 전화하여 저자 대신 어머니에게 25만 원(미국 돈 300달러)을 어버이날 선물 대신 드리라고 말씀드렸다. 형님은 "연세가 86이신데 무슨 돈이 필요하시냐"고 일축하셨다. 그러나 저자는 "어쨌든 무조건 드리라"고 요청하였다. 둘째 형님은 나를 대신하여 25만 원을 어머니께 드렸다. 미국의 막내아들이 보냈다며…. 이 말씀을 들으신 어머님이 "너는 왜 돈을 안 주느냐! 네 돈 25만 원도 채워서 50만 원을 만들어라"고 둘째 형님에게 말씀하셨다고 한다. 저자의 생각은 적중하였다.

저자가 독자 여러분보다 효자이기 때문에 이런 말을 하는 것은 아니다. 저자도 부끄러운 점이 많은 사람이다. 다만 인간은 둔하기 때문에 이러한 지혜는 몸소 체험해야 깨닫게 된다는 것을 예로 들었을 뿐이다. 혹시 피할 수 없는 사정으로 부모와 자녀가 떨어져 살 경우라도 종종 부모님을 찾아가 뵙고 형편에 맞게 용돈을 드리는 자녀가 되어야 한다.

그러면 하나님도 부모처럼 물질을 좋아하시나? 물론이다. 말라기 3장에는 하나님이 이스라엘 백성에게 "내 돈 떼어먹은 도둑놈아 내 돈 내어 놓으라"고 대로하시는 장면이 나온다. 이스라엘 백성이 하나님에게 바쳐야 할 십

저자도 부모 공경을 제대로 하지 않았던 불효자였다. 그러나 이 글을 쓰면서 철들기 시작하였다.
사진은 저자가 박사 학위 취득 후 86세 되신 어머님께 박사모를 씌워 드리고 찍은 모습. 당시 어머님은 병중에 계셨다.

일조와 헌물을 안 바쳤기 때문이다(말 3:8-9). 이스라엘 백성이 하나님이 눈에 안 보인다고 얼마나 인색하였나?

하나님께서 이에 대하여 얼마나 섭섭하셨으면 "너희의 온전한 십일조를 창고에 들여 나의 집에 양식이 있게 하고 그것으로 나를 시험하여 내가 하늘 문을 열고 너희에게 복을 쌓을 곳이 없도록 붓지 아니하나 보라"(말 3:10)고까지 말씀하셨겠는가? 인간은 자신의 물질이 있는 곳에 마음도 있다.

그러면 우리 어머님은 그 돈을 어디에 쓰시는가? 노래방이나 술집에 가시겠는가? 그렇지 않다. 우리 형제 중에는 피난중에 학교를 못 다닌 형제가 한 분 있다. 사는 것도 다른 형제와 좀 다르다. 어머님은 늘 그 아들에게 온 정성을 쏟으신다. 여유가 있는 아들의 재물을 얻어다가 없는 아들에게 주신다. 그리고는 여유가 있는 아들들에게 그 아들 안 도와 주신다고 책망하시며 섭섭해하신다. 인간은 형제지간이라 하더라도 출세한 사람들과 가까워지고 싶어하지만 어머님은 그 반대이다. 잘난 아들보다는 남들이 돌보지 않는 못난 아들에게 더 많은 관심이 있으시다.

이것이 바로 하나님의 마음이시다. 하나님은 이 땅에서 공부 많이 하고 출세한 사람들보다는 가난하고 병든 자들에게 더 관심이 많으시다. 하나님과 부모는 생명을 낳고 키우시는 동역자이시다. 어리석은 인간들이 하나님의 깊고 넓은 사랑의 마음을 어찌 다 알고 다 실천할 수 있으랴!

4. 부모 경외와 공경 없으면 효(孝) 아닌 부양(扶養)

유대인 자녀는 부모를 경외하면서도 존경한다. 탈무드의 설명에 의하면, "인간이 하나님을 공경하는 것보다 '부모 공경' 하는 것이 더 힘들다"고 말한다. 왜 그러한가? 인간이 하나님을 공경할 때는 소산의 십일조와 땅에서 난 만물의 첫 곡식을 드려 공경할 수 있다. 그러나 자녀가 부모를 공경할 때는 소산이 있을 때는 물론 소산이 없을 경우 거지 노릇을 해서라도 꼭 공경해야 한다.

그뿐만 아니라 부모에 대한 효도는 효도하는 사람의 진실한 마음과 행함을 요구하고 있다. 탈무드는 이를 설명하기 위하여 두 가지 종류의 사람을 소개하고 있다. 어떤 사람은 살진 고기를 아버지에게 대접하면서도 지옥에 가고, 어떤 이는 아버지를 방앗간에서 방아 찧게 하고도 천당에 간다.

전자는 이러한 사람이다. 아들이 저녁상을 잘 차렸다. 아버지가 식사를 하면서 아들에게 "얘야, 요즘 불경기인데 어디서 이렇게 좋은 고기를 구했느냐?"고 묻는다. 이 때에 아들은 "아버지! 밥 먹을 때에는 개도 말 없이 먹어요. 잠자코 잡숫기나 하세요!" 하면서 아버지의 마음을 상하게 한다. 이런 아들은 지옥에 갈 사람이다.

　후자에 속한 천당 가는 아들은 어떤 사람인가? 나라에 전쟁이 일어났다. 방아 찧는 사람을 제외하고 모든 남자를 전쟁에 징병하라는 명령이 내렸다. 방아를 찧던 한 아들이 이 소식을 듣고 아버지에게 말했다. "아버지, 저 대신 방아를 찧으세요. 제가 아버지 대신에 군대에 입대하겠습니다." 그는 "군대에서 아버지가 맞을 매를 대신 맞고, 아버지가 전쟁터에서 당할 모욕을 제가 대신 당하겠습니다"고 말씀드렸다(Cohen, 1995). 하나님은 자녀들의 형식적인 효도보다는 마음에서부터 우러나오는 효도를 원하신다. 하나님 공경도 마찬가지이다.

　자녀들이 부모를 진심으로 공경하는 마음 없이 부모를 모시면 이것은 효(孝)가 아니고 부양이다. 공자는 이것을 견마지양(犬馬之養)이라고 말했다. 집에서 개나 말을 기르는 것과 같다는 뜻이다. 돈만 있다고 효자가 되는 것은 아니다. 효에는 진정한 존경과 정성이 있어야 한다.

　또한 유대인은 자녀들에게 가난한 사람을 돕는 자선을 행하도록 강조한다. 유대인이 자선을 행하는 것은 그들의 의무이다. 이를 쩨다카(tzedakah)라고 한다. 유대인이 궁핍한 부모를 물질로 도와 주는 것도 쩨다카이다(Donin, 1972, p. 49).

제5장

자녀에게 부모 공경을 가르침으로써 얻는 유익

Ⅰ. 부모에게 최고의 노후 대책이다

이제 부모가 자녀에게 '부모 공경'을 가르칠 경우 어떠한 유익이 있는가를 살펴보자.

첫째, 부모가 자녀에게 '부모 공경'을 가르칠 경우 이것은 최고의 노후 대책이 된다. 중세기 유대인의 격언 중에 "한 아버지는 열 명의 아들을 먹여 살리지만, 열 명의 아들들은 한 아버지만 공궤하면 된다"(Telushkin, 1994, p. 159)는 말이 있다. 그러나 현실에서는 그것 자체가 쉬운 일이 아니다.

저자의 아들들은 모두 미국에서 출생하여 미국에서 성장하였다. 모두 아들만 넷이다. 그들이 초등학교에 다닐 때의 일이다. 아들아이 하나가 저녁상에서 같이 식사를 하면서 무심코 한마디 했다. "나는 열여덟 살만 되면 독립하여 따로 나가 살 거야." 저자는 깜짝 놀랐다. 너무나 섭섭했다. "너 뭐라고 했니? 그런 것 누구한테 배웠니?" 아이는 "학교 선생님도 그렇게 말씀하시고 친구들도 모두 그렇게 얘기하는데, 왜 아빠만 모르고 있어요?"라며 의아해하였다.

미국에서는 자녀가 18세가 되면 성인이다. 그 후에는 부모가 자녀에 대한 법적 권한도 없을 뿐만 아니라 자녀도 부모에게 순종할 의무가 없다. 따라서 미국에서는 많은 자녀들이 18세가 되면 가정을 떠난다. 이를 좋게 얘기하면, 자녀들에게 책임감과 독립심을 길러 준다고 할 수 있지만 자녀를 잘못된 이기주의자로 키우는 악법도 된다. 이는 부모와 자녀 간의 세대 차이를 만드는 원인이 된다. 한국 가정에서도 언제부터인가 이를 닮아 가고 있다.

그 때 저자는 아이들에게 못을 박았다. "너희들은 아무리 나이를 먹어도 부모를 떠나 살 생각은 꿈에도 하지 말아라! 아빠 엄마는 너희들과 죽을 때까지, 그리고 죽어서도 천국에서 같이 살 것이다. 한국 사람은 결혼한 후에도 부모님을 모시고 사는 것이 전통적인 도덕이다." 저자는 요즘도 가끔 이를 자녀들에게 확인시킨다. 혹 독자 중에 화가 난다고 "이놈아, 네가 커도 너만 잘 살면 그만이지, 네 덕 안 본다"라고 말하는 분은 없는지 모르겠다.

1994년 9월 15일자 언론 보도에서 가슴아픈 기사를 보았다. 지병을 앓고 있는 74세 노인이 92세 노모를 목 졸라 숨지게 한 사건이었다(한국일보). 사건의 내역은 이렇다. 74세 된 홀아비가 92세 된 노모를 모시고 살다 자신의 지병 악화로 더 이상 노모와 살림을 할 수 없게 되었다. 이를 안 자녀들은 아버지만 모시지 할머니는 모실 수 없다고 버티었다. 아버지는 하는 수 없이 자신만이라도 살기 위하여 노모를 아버지 산소에 모시고 가 살해하였다.

저자는 이 기사를 읽고 밤에 잠이 안 왔다. "만약 내가 이 상황에 처한다면 나는 어떻게 할 것인가?" 선택은 두 가지뿐이다. 노모와 함께 굶어 죽든가, 아니면 자녀들의 원대로 혼자만 살기 위하여 노모를 살해하든가…. 지난 1994년 11월 16일자에는 지병을 앓고 있는 노인 부부가 자녀들에게 짐이 되지 않게 하기 위하여 자살한 사건도 있었다(중앙일보). 이것은 현재 만연되어 있는 노인 문제의 심각성을 나타내 준다.

어쩌다가 이러한 사회가 되었는가? 자녀들에게 효도 교육을 안 가르쳤거나 잘못 가르쳤기 때문이다. 우리 모두 분명히 깨달아야 할 것은 모든 젊은이들도 세월이 지나면 다 늙는다는 진리이다. 인간은 심는 대로 거두는 법이다.

인간은 젊은이나 늙은이나 귀한 자나 천한 자나 모두 그 생명은 천하보다 귀하다. 하나님의 형상을 닮았기 때문이다. 따라서 어떠한 인간의 생명이라도 그 생명을 모독하면 그것은 바로 하나님을 모독한다는 사실을 깨달아야 한다.

II. 부모 공경을 통하여 하나님 공경을 배운다

부모를 공경할 경우 유익한 점을 더 살펴보자. 하나님은 생명을 창조하시고 번성케 하시고 양육하시는 분이시다. 하나님은 이를 부모라는 동반자를 통하여 성취하신다. 따라서 하나님이나 부모나 자녀에 대한 생명 사랑의 근본 정신은 똑같다. 즉, 하나님과 부모의 자녀에 대한 사랑의 속성은 동일하다. 다만 하나님은 무한하시고 흠이 없으신 반면, 인간은 제한적이며 흠이 있다는 점이 다르다.

따라서 눈에 안 보이는 하나님의 사랑의 속성은 눈에 보이는 부모의 속성을 통하여 발견할 수 있다. 그리고 자녀들은 눈에 보이는 '부모 공경'을 통하여 눈에 보이지 않는 하나님 공경 방법을 배우게 된다. 부모 공경이나 하나님 공경은 공경하는 방법면에서 같기 때문이다. 그 방법을 깨달음으로 성도가 하나님을 더 기쁘게 해드리는 방법을 실천할 수 있게 된다.

그러면 '부모 공경'을 통하여 하나님의 속성을 어떻게 알 수 있는가? 성경은 하나님과 인간의 관계를 아버지와 자녀의 관계로 비유하였다. 따라서 성도는 두 아버지를 모시고 산다. 하나는 육신의 아버지이고, 다른 하나는 영적인 하나님 아버지이시다. 육신의 아버지의 속성과 하나님 아버지의 속성은 동일하다. 히브리 원어 '아버지'를 뜻하는 '아바'의 4가지 의미인 공급자, 보호자, 인도자 및 가르치는 자도 육신의 아버지와 하나님 아버지에 모두 동일하게 적용된다(Brown, Driver & Briggs, 1979; Rashi, 1996, Vol. V. p. 81). 따라서 자녀의 행동 중에서 부모가 좋아하는 것은 하나님도 좋아하시고 부모가 싫어하는 것은 하나님도 싫어하신다.

실례를 몇 가지 들어 보자. 부모는 자녀의 순종을 좋아한다. 하나님도 순종이 제사보다 낫다고 말씀하셨다. 부모는 자녀와 함께 있기를 원하신다. 하나님도 마찬가지이다. 그러면 성도가 하나님 아버지와 어떻게 함께 지낼 수 있는가? 성도가 늘 기도하며 말씀을 묵상하므로 하나님과 함께 있을 수 있다. 그리고 부모는 자녀들이 가문을 빛내기를 원하신다. 하나님도 성도들이 하나님의 영광을 나타내기를 원하신다. 하나님은 부모가 자녀로부터 "아빠, 엄마 사랑해요"라는 말 듣기를 좋아하는 것까지도 똑같다. 이것이 바로 성도들이 늘 사용하는 "할렐루야," "아멘"이 아닌가.

반대로 가정에서 "미련한 아들이 그 아비의 근심이 되고 그 어미의 고통이 되는 것"(잠 17:25)처럼 미련한 성도는 하나님에게 근심이 되고 고통이 된다.

따라서 성도는 부모 공경을 통하여 부모가 기뻐하는 방법을 터득하고, 또한 이 방법을 하나님 공경하는 데 사용할 수 있다. 즉, 자녀는 부모 공경을 통하여 하나님 공경을 배운다. 하나님 공경과 부모 공경의 방법은 동일하기 때문이다.

III. 자녀가 하나님의 축복을 받게 하기 위해서이다

1. '장수의 복'과 '땅의 복'을 받는다

부모가 자녀에게 효도 교육을 가르칠 경우 어떠한 유익을 얻나? 그 세 번째 유익에 대하여 생각해 보자. 왜 부모 공경을 자녀에게 가르쳐야 하는가? 이는 부모가 자녀에게 대접을 받기보다도 자녀가 하나님의 축복을 받게 하기 위해서이다.

자녀들이 이를 따를 때 자녀의 일생 동안, 또한 자손 만대로 하나님의 축복을 받아 가문이 번창하고 빛난다. 그렇지 않으면 자녀들이 자손 만대로 저주를 받는다. 성경을 믿을진대 어떻게 "너만 잘 살면 된다"고 가르칠 수 있는가?

구약의 십계명 이외에도 유대인이었던 바울이 구약과 똑같은 개념으로 부모 공경을 약속 있는 첫 계명이라고 강조하였다(엡 6:1-3). 그러면 부모 공경에 대한 하나님의 약속은 무엇인가? 부모를 공경하는 자는 생명이 길고 네가 잘 되고 복을 누린다(출 20:12; 엡 6:3). 여기에서 말씀하는 '장수(長壽, 생명이 길고)의 복'과 '네가 잘 되고 복을 누린다'는 무슨 뜻인가?

첫째, '장수의 복'에 관하여 설명해 보자.

'장수'에는 두 가지가 있다. 첫째는 개인의 수명이 긴 것을 말하고, 둘째는 개인의 가문이 번성하여 대(代)가 끊어지지 않는 것을 뜻한다. 본문에서 말씀하는 '장수의 복'은 물론 두 가지를 모두 포함하나, 더 깊은 뜻으로는 두 번째 가문의 번성을 '장수의 복'으로 강조하고 있다. 그 이유는 무엇인가?

유대인은 부모 공경을 통하여 조상 대대로 내려오는 하나님의 말씀을 전수받을 수 있다. 이는 유대인 자손이 끊임없이 장수하는, 즉 자손의 대수(代數)가 늘어나는 축복을 받을 수 있다는 뜻이다. 만약 부모 공경이 없을 경우, 유대인은 하나님의 말씀의 맥이 끊어져 마침내 유대 민족은 타민족과 동화되어 지상에서 사라질 것이다.

이에 대해서 하나님은 무섭게 경고하셨다. "오늘날 너희에게 선언하노니 너희가 반드시 망할 것이라. 너희가 요단을 건너가서 얻을 땅에서 너희의 날이 장구치 못할 것이니라"(신 30:18). 역사적으로 볼 때에도 유대인은 부모 공경을 통하여 여호와의 말씀이 있었을 때 자손이 번성하며 장수하고 복을 누렸지만, 부모에 반역하여 말씀이 끊어질 때는 패망하고 말았다. 하나님의 말씀이 자녀에게 전수되지 않고는 하나님의 구원의 역사도 수포로 돌아갈 수밖에 없음을 명심해야 한다.

둘째, '복을 누린다'는 부모 공경을 통하여 부모로부터 하나님의 말씀을 받고 그 말씀을 지키는 유대인에게 땅의 기름진 충만한 축복도 더불어 받는다는 뜻으로, 하나님은 이에 관한 약속의 말씀을 주셨다(신 28:1-14). "내가 오늘날 천지를 불러서 너희에게 증거를 삼노라. 내가 생명과 사망과 복과 저주를 네 앞에 두었은즉 너와 네 자손이 살기 위하여 생명을 택하라"(신 30:19).

따라서 우리 민족도 장수하면서 복을 누리기 위하여 자녀들에게 효도 교육을 가르쳐야 한다. 이것이 나와 우리 자손이 영원히 살기 위하여 사망 대신에 생명을, 저주 대신에 축복을 택하는 길이다.

부모가 자신의 자녀에게 효도 교육을 시킨다는 것이 쉽지는 않다. 마치 부모 자신이 자녀들에게 여태까지 키워 준 대가를 강요하는 느낌이다. 아이들에게 아니꼽게 나의 노후를 책임지라고 하는 것은 자존심 상할 수 있는 일이다. 특히 요즘 신세대 부모에게는 어울리지 않는 구시대의 모습처럼 보인다. 그러나 몇십 년 전만 해도 보수 가정에서는 부모가 자녀에게 어려서부터 철저하게 효도 교육을 시켰다. 그렇게 철저히 가르쳤는데도 불효자가 많이 나는데 요즘은 가르치지도 않으니 큰일이다. 지금은 너무나 세대 차이가 많이 난다. 어려서 자녀에게 마땅히 행할 일(잠 22:6)을 제대로 가르치지 못하는 가정이 얼마나 많은가?

2. 복된 가정을 위하여 딸 가진 부모를 교육시켜라

부모 공경을 가르칠 경우 노후에 부모도 좋지만 더 좋은 쪽은 부모 공경을 행해 하나님께 축복을 받는 자녀들이다. 이를 깨달은 저자는 기회 있을 때마다 아들들에게 이른다. "너희들이 장가가면 한 달 수입의 10%는 하나님에게 먼저 바치고, 5 내지 10%는 부모에게 바쳐라. 그리고 너희들의 배우자 선택의 조건도 '만약 시부모를 안 모시겠다' 고 하는 여성은 쳐다보지도 말아라." 이는 저자 자신을 위해서라기보다는 아들들의 장래와 현씨 가문의 축복과 번성을 위해서이다. 물론 부모 공경에는 처가집도 포함된다.

그러나 문제는 아들이 아무리 부모 공경을 원해도 며느리가 싫어하면 곤란하다. 요즘 자녀들은 무조건 편하게 부모와 독립하여 살기를 원하는 경향이 있다. 부모도 피차 마찬가지 추세이다. 부모 자식 간에 계산도 빠르다. 대부분 딸 가진 부모는 은근히 딸이 시부모와 함께 살지 않기를 바란다. 세상이

부모를 모시는 일은 아들뿐만 아니라 딸에게도 중요하다. 부모는 딸들에게 시부모를 모시는 일이 축복 받는 비결이라고 가르쳐야 한다. 사진은 정통파 유대인 유치원에서 기도책을 읽으며 기도하는 유대인 소녀들.

잘못되어 가고 있다. 이렇게 될 때 성경적으로는 "너희는 자손 만대에 저주 받아라"는 말과 같은 논리이다. 이는 자녀를 사랑하는 것이 아니라 저주를 심는 것이다. 물론 부모를 모시는 데 예외도 있을 수 있다. 시부모와 따로 살아도 다른 면으로 부모 공경을 얼마든지 할 수 있다.

저자는 이것을 깨닫고 성경 공부 시간에 딸 가진 부모에게 효 교육을 시켰다. 얼마 전 저자에게 이것을 배운 여집사님들을 그룹으로 만난 적이 있다. 딸 가진 어머니들이 "목사님 말씀을 듣고 그 날 집에 가서 가정 예배 시간에 딸애에게 '시집가면 시부모 모시고 살아야 하나님의 축복을 받는다'고 가르쳤어요"라고 말했다. 교육의 효과는 놀라운 것이다.

지금부터 이러한 효 사상을 철저히 심어야 20-30년 후에 열매를 맺는다. 한국의 개혁은 효 사상 심기에서부터 시작해야 한다. 교회가 앞장서야 한다. 그래야 지존파와 막가파도 안 생기고 성수대교도 무너지지 않고 삼풍 사건도 없어진다.

3. 어느 엘리트 노부부의 이기주의

한국인에게는 가산을 다 정리해서라도, 혹은 배추 장사를 해서라도 자녀 교육을 시켜야 부모 노릇을 한 것 같은 아름다운 문화가 있다. 그런데도 불구하고 자녀 교육 때문에 문제가 많은 나라도 한국일 것이다. 교육에 대한 그 많은 투자에도 불구하고 왜 우리의 자녀는 부모의 바람대로 살아 주지 않고 곁길로 나가는가? 그 이유 중의 하나가 문제만 말할 줄 알고 옳은 것, 즉 법대로 실천하지 못하기 때문이다. 결혼 후에도 개인적 혹은 집단적인 이기주의가 만연하다.

이해를 돕기 위하여 실례를 들어 보자. 얼마 전 한국에 계신 지도급 엘리트 노부부가 미국을 방문하였다. 미국에서 살고 있는 아들과 딸을 방문하기 위해서이다. 두 남매는 모두 미국에서 공부하여 성공해 있었다. 아들은 미국의 명문 의대를 나와 의사가 되었고, 딸은 의사 남편에게 시집을 갔다.

노부부는 먼저 서부에 사는 딸네 집을 들렀다. 집도 잘 해놓고 살지만 노부부를 기쁘게 해드린 것은 저녁 식사 시간이었다. 의사인 사위가 앞치마를 두르고 뒤뜰에서 고기를 구웠다. 그리고 맛있는 식사를 장만했다. 그러더니 식사 후 사위가 딸보다 먼저 일어나 앞치마를 두르고 설거지를 하는 게 아닌가? 설거지를 마친 사위가 부엌과 뒤뜰에 쌓인 쓰레기를 말끔히 청소하였다. 딸은 의사인 남편에게 이것저것 시키고 있었다. 그러면서 딸은 부모님과 아름다운 대화의 꽃을 피웠다. 밤이 늦어 두 노인이 잘 정돈된 침실에 들었다.

그리고 노부부는 정말 흐뭇한 표정으로 사위를 칭찬하였다. 사위를 잘 봤다고 하나님께 감사 기도를 드렸다.

딸네 집에서 며칠을 지내고 동부에 사는 아들네 집을 방문하였다. 그 집도 역시 풍족하게 잘 살고 있었다. 저녁 식사 시간이 되었다. 의사인 아들이 부모님을 공경하기 위해 앞치마를 두르고 뒤뜰에서 고기를 구웠다. 그리고 손수 맛있는 식사를 준비했다. 그러더니 식사 후에도 며느리는 일어날 생각을 안 하는데 아들이 먼저 일어나 앞치마를 두르고 사위처럼 설거지를 하는 게 아닌가? 그리고는 설거지를 마친 아들이 부엌과 뒤뜰에 쌓인 쓰레기를 말끔히 청소하였다. 그 동안 며느리는 별 하는 것 없이 의사인 아들한테 이것저것 시키고 있었다.

이 광경을 본 엘리트 노부부는 심히 불쾌하여 잠을 이루지 못했다. 힘겹게 공부시켜 의사를 시켜 놨더니 며느리에게 꽉 잡혀 부엌에서 밥하고 설거지하는 아들에게 배신감을 느꼈다. 며느리가 미웠다. 이튿날 당장 모든 약속을 취소하고 한국으로 돌아왔다.

문제는 어디에 있는가? 남의 자식은 어쨌건 내 자식만 편하면 된다는 만연된 이기주의에 있다. 아들과 사위가 똑같은 의사인데 사위가 부엌일을 할 때는 기뻤는데 아들이 할 때는 불쾌했다. 내 딸이 귀하면 남의 딸도 귀한 줄 알아야 한다. 법 적용에 편파적이고 정에 약한 한국인의 이기적인 모습의 표본이다. 한국의 지도층 부부가 이러하니 전 국민에 이기주의가 얼마나 팽배해 있겠는가?

왜 한국에서 양가 문제로 이혼이 증가하는가? 상식이 안 통하는 이기적인 주장이 심하기 때문이다. 언제 어디에서나 변함 없는 사회적으로 합의된 계약, 즉 도덕적이고 윤리적인 법 적용, 이것이 곧 곧은 양심의 행위이다. 일관성 없는 윤리와 법도의 혼돈, 아전인수격인 법 적용이 문제이다. 우리의 삶

속에서 법과 은혜의 효율적인 조화 없이는 무질서의 혼돈만이 되풀이될 뿐이다.

유대인 부모는 무엇이 다른가? 유대인은 가정에 대한 율례와 법도를 딸이나 며느리에게, 아들이나 사위에게 공평하게 적용한다. 저자가 자주 방문하는 랍비의 집에서 유월절 절기를 지킬 때였다. 예루살렘에서 랍비의 장인 장모님이 명절을 함께 지내기 위하여 와 있었다. 특히 명절 때 가정 주부는 앉아 있을 틈이 거의 없다. 순서에 맞게 실수 없이 음식을 날라야 한다. 전통적인 유월절 절기를 다 마치는 데는 자그마치 일곱 시간이나 걸린다.

그 집에는 일곱 아들이 있었고, 한 명의 예쁜 딸이 있었다. 딸이 좀 거들어 주었고, 남자들은 모두 앉아 있었다. 저자는 퍽 미안하였다. 그래서 랍비 부인의 모친께 살며시 웃으며 물었다. "따님이 시집와서 저렇게 힘들게 일하는데 어떻게 생각하십니까?" 그녀는 저자에게 되물었다. "나도 저렇게 일평생을 지냈고, 또한 유대인 여자들은 다 저렇게 일하는데 뭐가 불쌍합니까? 하나님께 감사하지요. 하나님의 율법을 지켜야지요."

한국인 노부부는 딸네 집에서는 딸이 특별히 건강에 이상이 없는 한 딸을 심히 책망했어야 했다. "여자가 그렇게 게으르면 어떻게 하느냐? 부엌일은 여자가 해야지, 왜 네 남편만 시키느냐?" 그리고 사위에게 "여보게, 내가 딸을 잘못 교육시켜서 미안하네. 같이 살면서 얼마나 불편한 게 많은가?" 하면서 오히려 미안하게 생각해야 했다.

이 말은 남존여비의 사상으로 되돌아가 따르라는 의미가 아니다. 유대인 남편도 절기 때 바깥 청소와 쓰레기 청소를 열심히 한다. 서로 도와 가며 사는 부부의 모습이 얼마나 아름다운가. 그러나 저자가 말하는 의미는 딸이건 아들이건 자기의 몫은 자기가 하도록 교육시켜야 한다는 뜻이다. 힘들게 땀을 흘리고 바쁘게 노력하는 자녀로 키워야 한다. 인간은 배부르고 등 따뜻하고 한가하면 마귀가 틈타기 쉽다. 육의 쾌락을 따라가기 쉽다.

왜 한국인은 그렇게 교육을 강조해도 점점 교육이 어려워지고 있는가? 유대인의 우수성은 어디에서 나타나는가? 한 국민의 수준은 얼마나 많은 사람이 얼마나 수준 높게 법 질서를 지키느냐 하는 평균치로 가늠할 수 있다. 이제 한국인도 참교육을 위해서는 국민적 합의에 의한 도덕과 윤리의 법을 적용하고 지키려는 국민적 계약과 실천 없이는 요원할 따름이다.

IV. 유대인의 효도 교육은 사회 진출의 지름길

1. 사회 진출의 필수 조건

머리 좋고 똑똑한 한인이 미 주류 사회에서 탈락되는 경우가 허다하다. 특히 미국같이 국제화된 사회일수록 그 정도는 심하다. 그 이유는 품성 교육이 잘 안 되었기 때문이다. 이 품성 교육은 어떻게 이루어지는가? 물론 가족 간의 인간 관계에서 시작되지만 특히 부모에 대한 효도 교육이 큰 몫을 차지하고 있다.

유대인은 윗사람 공경을 매우 강조한다. 그들은 하나님 공경, 선생님 공경, 그리고 부모 공경을 같은 맥락에서 강조한다. 유대인이 선생의 직분을 하나님이나 부모와 같은 맥락에서 보는 것은 매우 성서적이다. 즉, 하나님 말씀을 가르치는 유대인의 선생 랍비는 유대인에게 영의 아버지 격이다. 따라서 유대인의 선생에 대한 존경은 지극하다(Benson, 1943, p. 25). 그러면 윗사람 공경을 어려서부터 배운 사람은 그렇지 않은 사람과 무엇이 다른가?

부모에 대한 효도는 바로 하나님을 위하는 일이다. 효도에는 두 가지를 병행해야 한다. 즉, 효도는 부모의 말씀에 순종하는 것과 부모에 대한 공경이 따라야 한다. 이 두 가지 순종과 공경은 인간이 인간 사회라는 집단에 적응하는 데 필요한 기본 요소이다. 이 두 가지는 또한 하나님의 자녀인 성도가 하나님 아버지에게 행해야 될 근본 도리이기도 하다.

부모 공경을 어렸을 때부터 교육 받은 자녀들은 다른 사람도 존경할 줄 안다. 또한 이러한 자녀들은 윗사람을 존경하는 방법을 안다. 즉, 예의가 있다. 그들은 선생님을 존경할 줄 안다. 그리고 목사님이나 장로님을 존경할 줄 안다.

레위기 19장 32절에서 하나님은 "너는 센머리 앞에 일어서고 노인의 얼굴을 공경하며 네 하나님을 경외하라, 나는 여호와니라"라고 말씀하셨다. 이 말씀은 자신의 부모 이외에도 웃어른에 대한 경로 사상을 갖는 것이 바로 하나님을 경외하는 길이라는 말씀이다.

저자가 잘 아는 평신도 정통파 유대인의 말을 들어 보자. 그는 슬하에 네 명의 자녀가 있다. 그의 자녀들은 아버지가 다른 일로 식사 시간에 참석을 못할 경우, 아버지의 의자를 빈 자리로 남겨 둔다. 왜냐 하면 "자녀는 아버지의 자리에 앉지 말라"는 탈무드의 부모 경외의 교훈을 따르기 때문이다(Cohen, 1983). 이것이 바로 아버지에 대한 존경의 표시이다. 유대인은 이러한 교육을 13세 이전에 모두 완성시킨다. 13세가 되면 성년식을 치르고 성년이 되기 때문이다.

유대인은 왜 부모 없는 고아들이 교육적인 면에서 위험하다고 생각하는가? 고아는 어려서부터 존경할 대상, 즉 부모 없이 자라기 때문이다. 존경할 대상이 없이 자란 사람은 커서도 남을 존경할 줄 모른다. 마치 어렸을 때에 사랑을 듬뿍 받지 못한 사람이 커서도 남을 사랑하기 힘든 것처럼, 남을 존중하지 않는 사람은 인간의 존엄성을 모른다. 인간의 존엄성을 모르는 사람이 어떻게 남을 존중하고 윗사람을 존중하겠는가? 이는 가정 교육이 제대로 안 된 사람들의 특징이다. 우리의 자녀들을 부모가 있으면서도 고아처럼 자라게 하고 있지는 않는가?

저자는 정통파 유대인 중·고등학교에 자주 간다. 저자가 강의실에 수업 도중인데도 가끔 들어갈 때가 있다. 그 때마다 그들은 모두 자리에서 일어나 겸손히 저자에게 인사를 한다. 자신들 스승의 친구이기 때문이다. 저자가 강의 도중에 다시 앉았다가 나갈 때에도 마찬가지로 모두 일어나 인사를 한다. 그들이 책상에 앉아 있다가 일어나는 일은 책상의 구조상 대단히 불편하다. 그러나 그런 불편함은 상관치 않고 모두 일어나 존경을 표한다. 미안할 정도다.

여러분이 만약 직장의 상사라면 이렇게 훈련받은 사람과 그렇지 못한 사람 중 누구를 채용하겠는가?

여호와의 율례와 법도 교육을 잘 받으면 품위 있는 언동, 포용력 있는 대인 관계, 그리고 말을 절제할 수 있는 자기 훈련이 된 사람으로 변한다. 즉, '들 사람'이 아니라 여호와의 '장막에서 길들여진 자들'이다. 이것이 바로 유대인이 차별이 심한 미국의 주류 사회에서도 승리하는 이유 중의 하나이다.

2. 개인주의와 결혼 기피 현상

월드 리서치 연구소가 서울 지역 20대 여성을 대상으로 결혼에 대한 설문 조사를 하였다. 그 결과에 의하면 "여성이 능력 있으면 꼭 결혼할 필요가 없다"는 대답이 58%였다. 한국보건사회연구원의 '한국 여성의 결혼 형태 조사'에서도 전국의 18세에서 34세 여성 5천1백95명을 대상으로 조사한 결과 25세에서 29세 여성의 약 22%, 30세에서 34세는 5.6%가 독신을 주장하는 것으로 나타났다(최정숙, 신앙계, 1994, 9월호, pp. 60-61). 또한 미국 UCLA 문애리 교수의 연구에 의하면, 18세 이상의 재미 교포 여성 256명을 대상으로, "여성에게 있어서 결혼은 어떤 것이라고 생각하는가?"라는 질문에 응답자 중 69.7%가 '반드시 해야 한다고 생각지 않는 것'으로 대답했다(중앙일보, 1995년 11월 14일, 미주판). 왜 신세대일수록 점점 독신을 고집하는 여성들이 늘어만 가는가? 그 해독은 무엇인가?

저자가 결혼에 실패한 자매님을 상담한 적이 있다. 미국에 이민 온 후 계속 혼자 살다가 나이 40이 지나서 친구의 소개로 어렵게 결혼했다. 그러나 몇 년을 넘기지 못하고 헤어졌다. 그녀의 변을 들어 보자. 그녀는 어려서부터 계속 혼자 살아왔다. 그런데 막상 시집을 가고 보니 여러 사람과의 인간 관계가 부담스러웠다. 그리고 여러 사람과 함께 살다 보니 그 집안의 법을 따라야 했다. 밥도 해야 하고 식사도 함께 해야 했다.

그런데 이혼을 하고 나니 너무나 시원하다고 고백했다. 직장에서 돌아오면 피자 가게에 전화하여 피자 한 쪽을 배달해 먹는다. 그리고 텔레비전을 보거나 자유롭게 친구를 만난다. 남의 간섭도 받지 않고 남에게 해도 끼치지 않고 혼자 사니 얼마나 편하냐고 반문하였다. 이는 현대 교육을 받은 사람들의 대표적인 생활 철학이다.

그녀는 가정에 대한 잘못된 가치관을 갖고 있다. 선진국민들 특히 현대 교육을 받은 사람들 중 독신주의가 계속 늘어나는 이유를 알아야 한다. 개인적 이기주의 때문이다. 아이를 갖는 것도 싫어한다. 이는 반성경적이다. 프랑스는 한때 인구 감소 현상을 보여 자녀 낳기 장려 운동도 벌이고 있다.

유대인은 이를 먼저 알고 여성의 진보적인 교육을 철저히 저지하였다. 유대인 종교 지도자들은 과거 그리스와 로마에서 여성이 교육으로 인해 남성과 가까워지면서 도덕적 이완을 가져온 사실을 잘 알고 있었다. 이러한 두려움을 '외설'이라고까지 표현하였다. 또한 여성들이 종교적 광신에 빠지면 독신 생활을 한다는 것도 잘 알고 있었다. 따라서 랍비들은 여성이 토라에 너무 깊이 빠지는 것을 반대했다. 결혼은 하늘이 정해 준 것이라고 생각하는데 독신주의란 유대교 사회에서는 전율할 만한 것으로 생각되었다(Cohen, 1983, pp. 74-75). 요즘의 생각으로는 좀 지나친 감이 있지만 그 의미만은 생각해 볼 만하다.

결혼하여 시부모를 모시고 살고자 하는 딸들과 결혼 후 독립하여 따로 살고자 하는 딸들은 무엇이 다른가? 인간 됨됨이가 다르다. 시부모를 모시고 살고자 하는 딸들은 마음이 넓고, 포용력이 있으며, 가족을 위한 고귀한 희생정신이 있다. 이것이 바로 여성의 상징인 사랑, 눈물, 따뜻함, 즉 EQ의 마음이다.

그러나 독립하여 살고자 하는 딸들은 근본적인 삶의 철학이 다르다. 자신의 안일함만을 내세우며, 개인주의가 팽배하고 이기주의적이기 쉽다. 하나님은 누구를 더 축복하시겠는가? 부모를 공경하는 사람은 하나님의 형상을 더 닮았다는 점에서도 하나님의 축복을 받을 만하다. 여러분의 자녀를 어떻게 기르고 싶은가? 여러분은 어떠한 며느리를 얻길 원하는가?

유대인 가정을 방문하면 대가족을 흔히 볼 수 있다. 여러 사람이 함께 식사한다. 항상 가정이 따뜻하다. 우리가 옛날 시골에서 추석 때나 설날에 온 가족이 함께 모인 잔치 기분이다.

　유대인은 매주마다 이런 잔치 같은 안식일 절기를 지킨다. 유대인 어머니는 그 가족들을 밥해 먹이느라고 항상 부엌에서 분주하게 움직인다. 유대인 어머니는 안식일 절기에 맞는 음식을 준비하기 위하여 화요일에 식단을 짜고 수요일에 장을 본다. 그리고 목요일에 힘든 요리는 다 해놓고 금요일에 대청소를 한다. 물론 금요일 해진 이후부터 토요일 해지기 전까지는 음식을 만드는 부엌일은 안 한다.

　유대인 여성에겐 주중에 열심히 일하고 가족을 위하여 쉴새없이 찾아오는 하나님의 절기를 준비하고 지키는 것이 바로 생활 그 자체이다.

　유대인 여성도 다른 여성처럼 낮에는 직장에서 일하거나 자기 사업체를 경영하기도 한다. 홀로 살면서 퇴근길에 햄버거나 하나 사들고 집에 가서 편히 먹으며 쉬고 싶은 생각이 그들에겐 왜 없겠는가?

　기본적으로 인격의 열매는 인간 관계에서 나타난다. 이 인간 관계의 기본을 배우고 연습하는 교육의 장이 바로 가정이다. 한 가정에서 여러 식구와 살다 보면 인간과 인간 사이에 문제가 없을 수 없다. 그러나 대가족 속에서 살다 보면 이러한 인간 관계 문제의 해결 방법을 어려서부터 터득하게 된다. 가정의 질서를 배운다. 부딪치지 않고 피해 가는 지혜를 터득한다. 양보의 미덕이 바로 그 지혜이다. 자신의 모난 성격이 둥글어진다. 남을 껴안는 너그러운 마음이 형성된다. 그렇기 때문에 어려서부터 대가족속에서 생활하는 것이 원만한 품성 개발에 필수적이다. 이것이 하나님의 창조 원리이다.

　핵가족 사회에서 사는 우리의 삶은 어떠한가? 그 결과는 어떠한가? 요즈음 많은 젊은 주부들이 시어머니와 함께 살면서 겪는 갈등을 극복하지 못하고 우울증이나 정신착란증으로 고통을 겪는 이유가 무엇인가? 어려서부터 3대(三代)가 함께 살아 본 경험 없이 핵가족 속에서 살다가 갑자기 시부모와 함께 살면서 적응을 하지 못해 이런 아픔을 겪는 것이다. 따라서 이러한 문제는 적응 못 하는 여성 자체의 문제라기보다는 자녀를 대가족 속에서 키우지 않고 핵가족 속에서 편하게 키운 기성 세대에 문제가 있다. 교육은 이론뿐만 아니라 실천이 병행되어야 한다는 교훈을 다시 한 번 생각해야 한다.

V. 말씀 전파의 측면에서 본 성령 운동과 효도 교육의 차이점

신약 교회의 태동은 오순절 성령 강림으로부터 시작되었다. 예루살렘에서 시작된 초대 교회의 성령의 역사는 2천 년 간 유다와 사마리아와 땅 끝까지 복음을 전파시켰다. 그 결과 한국도 110여 년 전 복음을 접하게 되었다.

그러나 기독교 역사를 살펴보면, 어느 기독교 가정이나 민족도 2천 년 간 계속해서 자녀들에게 복음을 전수한 유례는 거의 찾아볼 수 없다.

신약 교회가 성령 운동을 통하여 이웃 전도나 세계 선교를 너무 강조한 나머지 가정의 자녀들에게 말씀을 전수하는 가정 사역에는 소홀하였기 때문이다.

그러나 유대인은 아브라함 때부터 현재까지 4천2백 년 간 말씀을 자자손손 전수하는 데 성공했다. 가정 사역에 전심 전력을 다했기 때문이다. 특별히 신약 성도는 유대인의 가정 사역 중 유대인의 효도 교육 자체가 여호와의 말씀을 자녀에게 전수하기 위한 하나님의 교육 방법임에 주목해야 한다.

유대인의 성경적 효도 교육 자체가 자녀의 육적 생명 사랑 운동이면서도 영적 생명 사랑 운동이기 때문에 부모는 마땅히 자녀에게 말씀을 전수할 책임이 있고, 자녀는 부모 공경을 통하여 부모의 말씀을 받아 왔다. 그들은 자녀를 자자손손 말씀 맡은 자(롬 3:2)로 키워야 하기 때문이다.

요약하면, 성령 운동이 이웃 전도나 세계 선교를 위한 수평 전도에 크게 공헌했다면, 유대인의 효도 교육은 부모가 자녀에게 말씀을 전수하는데 공헌했다. 이를 다른 말로 표현한다면, 성령 운동은 수평 전도에 유익하고 효도 교육은 자녀에게 말씀을 전수하는 데 유익하다.

따라서 이제부터 모든 가정과 교회가 철저한 효도 교육과 함께 성령 운동도 병행하여 자녀들에게 자자손손 말씀도 전수하고 이웃 전도와 세계 선교에도 성공하여야 한다.

제6장

효도 교육의 결론

Ⅰ. 효도 교육의 요약

하나님은 사랑이시다. 하나님은 특별히 생명을 사랑하시되 하나님의 형상을 닮게 창조하신 인간의 생명을 더 사랑하신다. 하나님은 인간을 창조하시고 그 인간의 번성과 양육을 위하여 부모를 두셨다. 그리고 그 인간의 생명을 사랑하는 구체적인 방법으로 인간의 영육간의 생명을 보호하기 위하여 십계명을 포함한 율법을 주셨다.

따라서 하나님과 부모를 통한 생명의 창조와 번성과 양육은 우선 생명 사랑에서부터 시작해야 한다. 그러므로 생명 사랑은 인간이 하나님을 사랑하고 부모를 공경하지 않고는 이루어질 수 없다.

하나님은 선민인 유대인에게 생명 사랑을 위하여 시내산에서 여호와의 말씀을 주셨다. 하나님은 이 말씀이 세세토록 전파되기를 원하신다. 이를 위하여 하나님이 가장 귀하게 쓰시는 사람과 직분이 바로 부모이다. 자녀를 가진 사람은 누구나 부모가 된다. 부모는 자녀에게 말씀을 가르치는 으뜸 가는 교사이다. 따라서 모든 부모는 하나님의 소원을 이루는 사명을 가진 사람이다.

하나님은 인간에게 인간의 하나님에 대한 네 가지 계명과 인간 대 인간에 관한 여섯 가지 계명을 잇는 계명으로 "너의 부모를 공경하라"는 다섯째 계명을 주셨다. 다시 말하면, 하나님과 인간을 잇는 연결 고리, 즉 십계명의 두 돌판을 잇는 계명이 바로 '부모 공경'의 제5계명이다.

만약 이 '부모 공경'이라는 연결 고리가 끊어지면 하나님과 인간과의 관계도 끊어질 수밖에 없다. 왜냐 하면, 부모를 공경하지 않는 자녀는 부모가 간직하고 있는 자손 대대로 내려오는 여호와의 말씀을 전수받을 수 없기 때문이다. 즉, 말씀 맡은 자가 될 수 없다. 따라서 자녀는 부모에게서 하나님의 말씀을 배우기 위하여 부모에게 순종해야 한다. 부모에게 순종하는 것은 하나님에게 순종하는 것이고 부모에게 거역하는 것은 하나님에게 거역하는 것이다.

하나님은 부모에게 자녀를 축복할 수 있는 권한을 주셨다. 아버지가 축복하는 자가 하나님의 축복을 받는다. 이삭이 야곱에게, 야곱이 열두 아들에게 축복한 것이 그 신학적인 근거이다.

자녀는 마땅히 천하보다 귀한 생명을 주시고 하나님의 말씀을 전수시킨 부모님에게 그 은혜를 갚아야 한다. 자녀가 부모의 은혜를 갚는 방법이 바로 부모에 대한 경외와 공경이다. 그리고 이를 바로 가르치는 것이 곧 효도 교육이다.

부모 공경이 없어지면 여호와의 말씀이 없어지고, 여호와의 말씀이 없어지면 나머지 인간과 인간 사이에 지켜야 할 계명들도 지켜지지 않는다. 그렇게 되면 인간 사회의 모든 도덕과 윤리가 무너지고 타락한다. 그리고 인간은 땅에서도 저주를 받게 된다. 그러나 자녀가 부모 공경을 통하여 말씀을 받게 되면 하나님께서 약속하신 하늘의 축복과 땅의 축복을 주신다. 따라서 '부모 공경'은 하나님께서 약속하신 축복 받는 첫 계명이 된다. 하나님은 자녀에게 부모 공경의 대가로 땅에서 장수하고 범사에 잘 되는 축복을 주시겠다고 약속하셨다.

성도는 생명 사랑을 위하여 우선 하나님을 사랑하고 부모를 공경해야 한다. 그리고 자녀가 부모님을 공경하는 것이 바로 하나님을 공경하는 길이다. 하나님이 그런 자녀를 보시고 얼마나 기뻐하실까? 따라서 부모의 미래뿐만 아니라 자녀들 자신의 미래와 번영을 위해서도 효도 교육은 꼭 시켜야 한다.

II. 허망한 자식 농사의 꿈에서 깨시오

저자의 어머님은 시골에서 사실 때 무슨 농사 무슨 농사 해도 '안방 농사'가 최고라고 말씀하셨다. 옛 어른들의 말 한 마디 한 마디에는 직선적이지 않으면서도 깊은 뜻이 담겨 있다.

'안방 농사'를 잘 지은 사람과 못 지은 사람은 무엇이 다른가?

그것은 자식이 장성한 후 그 열매로 알 수 있다. 그런데 너무나 많은 부모가 늙은 후 안방 농사에 실패한 사실에 통곡하고 있다. 그러나 때는 이미 늦었다. 그 예를 하나 들어 보자.

미국 모 교회에 K장로라는 분이 있다. 그분은 과거 만주와 중국에서 대한 민국 독립 운동을 하신 분이다. 신앙과 지식과 덕을 겸비한 분으로 한국에서 중·고등학교 교장 선생으로 지내면서 육영 사업에도 공헌하였다.

K장로는 두 명의 아들 중 막내를 유난히 귀여워하였다. 머리가 영특하여 공부를 잘 하였기 때문이다. 막내가 명문 K중학교에 다닐 때 K장로는 아들

을 크게 키워 볼 생각으로 아들을 미국으로 유학 보냈다. 그리고 그에게 힘에 겨운 투자를 아끼지 않았다.

어린 나이에 미국으로 유학 간 아들은 그 곳에서도 두각을 나타내어 중·고등학교를 거쳐 미국 일류 대학을 쉽게 졸업하였다. 그리고 그 곳에서 박사 학위도 취득하였다.

아들은 곧 그 곳에서 함께 공부한 엘리트 한국 여성과 결혼하였다. 그 여성도 박사 학위 소지자이다. 그리고 둘 다 미국 대기업에 취직하였다. 이른바 미국 주류 사회에서 출세 가도를 달리고 있었다.

K장로는 나이가 들자 한국에서의 모든 일을 정리하고 미국으로 이민 왔다. 1년쯤 지났을까? 그는 한국에서 가지고 온 돈을 모두 날렸다. 두 부부가 먹을 것이 없을 정도였다. 그의 사정을 알고 몇몇 교회 집사들이 쌀도 사다 주고 라면도 사다 주어 그것으로 연명하였다. 자존심 강한 K장로는 그 때까지도 출세한 아들에게 궁핍한 사정을 알리지 않았다.

그러나 주위의 도움도 그쳐 가고 있었다. 위기 의식을 느낀 K장로는 아들에게 전화를 걸어 여차여차하니 좀 도와 달라고 했다. 아버지의 전화를 받은 아들의 답변은 이랬다. "아버지, 미국은 사회 보장 제도가 잘 되어 있어서 사람을 절대로 굶어 죽게 할 나라가 아닙니다. 내일 사회 보장 사무실(Social Security Office)에 가셔서 등록을 하시면 그 곳에서 극빈자 보조금이 나옵니다. 그리고 앞으로는 돈 문제로 나에게 전화하지 마세요." 그리고는 전화를 끊었다.

K장로는 저자에게 이 이야기를 하면서 한없이 우셨다. 일평생을 육영 사업을 하시고 신앙과 인격을 갖춘 장로시다. 그런데 그가 자신의 안방 농사에는 실패한 것이다.

왜 그런가? 아들에게 IQ 교육만 시켰지 EQ 교육이나 성경적 수직 문화인 효도 교육은 시키지 못했기 때문이다.

다 늙은 후에야 안방 농사에 실패한 줄 알고 통곡하는 부모가 어디 한 둘인가? 원래 효자는 부잣집에서보다는 가난한 집에서 더 많이 나온다. 그리고 배운 집안에서보다는 못 배운 집안에서 더 많이 나온다. 따라서 돈과 IQ 교육은 효자를 만들지 못한다는 이론이 성립된다.

누가 자녀 교육에 성공한 사람인가? 자식을 일류 대학에 보내는 사람인가, 아니면 효자를 둔 사람인가? 물론 IQ 교육을 잘 시켜 자녀가 사회에서 성공하는 것도 중요하지만 그보다 더 중요한 것은 늙은 부모를 공양할 줄 아는 자녀로 키우는 일이다. IQ 교육에만 정성을 쏟은 부모들이여, 허망한 자식 농사의 꿈에서 깨시오!

자녀들아 너희 부모를 주 안에서 순종하라.
이것이 옳으니라. 네 아버지와 어머니를 공경하라.
이것이 약속 있는 첫 계명이니
이는 네가 잘 되고 땅에서 장수하리라. (엡 6:1~3)

유대인 아들은 열세 살 때 성년식을 치른다. 그 후에 비로소 율법의 아들이 되어 성년으로서의 책임을 감당할 수 있다. 사진은 성년식을 마친 아들에게 아버지가 쉐마가 들어 있는 경문을 이마와 팔에 감는 방법을 가르치는 모습. 효도 교육을 통한 신앙의 대물림이다(서기관 랍비 크레프트 씨 가정의 식탁 옆 액자에서 찍음). 효자는 IQ 교육보다 종교 교육을 함으로써 얻을 수 있다.

제6부

유대인의 어머니 교육

제1장

서론

첫째 질문: 왜 가정이 메말라 가는가?
둘째 질문: 왜 사회가 차가워지는가?
셋째 질문: 왜 사회의 범죄가 많아지는가?

Ⅰ. 어머니는 얼마나 중요한가

누가 유대인인가? 유대인은 혈통적으로 어떤 사람인가? 유대인의 혈통은 모계(母系)를 따르는가, 아니면 부계(父系)를 따르는가? 유대인은 모계 혈통을 따라간다. 유대인 자녀는 부모 중 어머니가 유대인이어야 유대인이다. 물론 부모가 모두 유대인인 경우 자녀는 유대인의 혈통이지만 부모가 이방인과 결혼했을 경우, 아버지가 아무리 훌륭한 유대인이라 하여도 어머니가 이방인이라면, 그 자녀는 유대인이 아니다. 그만큼 유대인에게는 어머니가 중요하다(그 이유는 후에 설명). 그러나 자녀의 성(姓)은 아버지를 따른다.

"여성은 약하나 어머니는 강하다"는 말이 있다. 왜 그런가? 어머니에게는 눈에 보이지 않는 신비한 힘이 있기 때문이다. 어머니의 신비한 힘이 얼마

자녀들에게 어머니는 가장 귀한 존재이다. 사진은 머리를 모자로 가린 정통파 유대인 어머니가 두 형제를 껴안은 모습. 키파를 쓰고 머리가 긴 자녀는 두 살 반 된 아들이다. 유대인은 세 살까지 아들의 머리를 깎지 않는다. 유대인은 세 살부터 아들의 머리를 깎는 것처럼 세 살 때부터 토라 교육을 시킨다.

나 큰가에 대하여 나이팅게일(Nightingale, 1820-1910)의 회고를 들어 보자. 그녀는 영국의 간호사이면서 군간호 사업의 개척자였다. 나이팅게일은 유럽의 크림전쟁(Cream War, 1853-1910)시 많은 병사들이 페스트로 죽어 간다는 보도를 접하게 되었다. 당시 페스트 환자는 1만 3천 명이었는데 그 중 52%가 죽어 갔다. 그러나 나이팅게일이 유럽으로 건너간 후의 사망률은 8%로 줄었다(세계인명대사전, 1981, p. 248). 그 후 그녀는 '백의의 천사'로 불렸다. 그녀의 박애 정신은 오늘도 간호사들이 학교를 졸업하고 캡을 쓸 때 하는 선서 속에 살아 있다.

나이팅게일은 전쟁터에서 젊은 병사를 치료하면서 수많은 병사들의 임종을 지켜보았다. 그녀의 회고에 의하면 죽어 갈 때 거의 모든 병사들이 마지막으로 '어머니'를 찾았다. 왜 젊은 병사들이 마지막으로 찾는 사람이 아버지나 애인이 아니고 하필 '어머니'였을까? 자녀들에게 어머니는 보이지 않는 무서운 힘을 지닌 분이기 때문이다.

실제로 우리의 주변에서도 객관적인 입장에서 별로 인정받지 못하는 주부들도 그 가정의 자녀에게는 절대적인 어머니로 존경받는 모습을 볼 수 있다. 그만큼 어머니는 자녀에게 귀중한 존재라는 것을 뜻한다. "어머니를 잃은 아이는 문고리가 없는 문과 같다." 유대인의 격언이다(Tokayer, 1989a, p. 230).

II. 성서적 가정의 구조

하나님은 하늘과 땅의 만물을 먼저 창조하시고 인간을 창조하셨다. 그리고 가정을 창조하셨다(창 2:24). 이미 앞에서 언급했듯이 가정은 기본적으로 아버지, 어머니, 자녀로 형성된다. 하나님께서는 이 세 가지 구성 요소가 뜻하는 상징과 각 구성 요소들의 역할을 분담시키셨다. 하나님의 창조의 뜻을 이루시기 위해서이다.

아버지는 사상, 힘, 권위의 상징이며, 어머니는 사랑, 정서, 동정(눈물)의 상징이다. 그리고 자녀는 희망의 상징이다(잠 19:18). 이를 교육학적으로 말한다면, 아버지는 지식과 사상의 영역(Cognitive Domain)을 담당하고, 어머니는 정서의 영역(Affective Domain)을 담당한다.

　온전한 가정은 아버지, 어머니, 그리고 자녀가 하나를 이루어야 한다. 그리고 하나님께서 각자에게 맡겨 준 역할을 잘 감당해야 한다. 이러한 가정에는 아버지가 있기에 사상과 힘이 있고, 어머니가 있기에 따뜻하고, 자녀가 있기에 희망이 있다.

　하나님은 이러한 가정을 통하여 자신의 소원을 이루신다. 아버지는 자녀에게 토라 사상을 전수한다. 그리고 자녀는 아버지의 신본주의 사상을 본받는다. 제자는 선생을 닮기 때문이다(제2권 3부 5장, 유대인의 아버지 교육 참조). 유대인은 지혜롭기 때문에 희망이 있는 곳에 모든 것을 투자한다. 따라서 그들은 자녀 교육에 온 정성과 물질을 투자한다.

　모든 민족이 자녀를 귀하게 여기겠지만 유대인은 특별히 자녀를 귀하게

성서적 가정의 구조

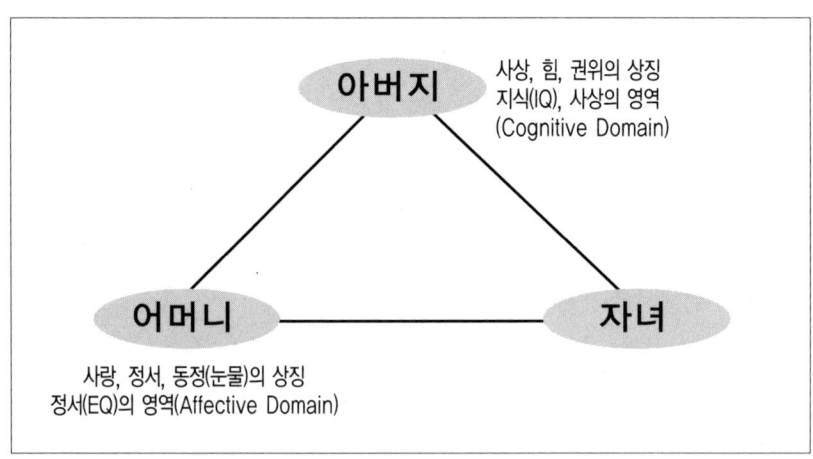

여긴다. 과거 독일의 나치 시절에 부모에게 행한 가장 혹독한 고문 중의 하나가 부모 보는 데서 자녀를 괴롭히는 고문이었다. 자녀가 고통을 당하는 모습을 보면 아무리 독하게 비밀을 지키던 유대인 어머니도 대부분 수사관 앞에서 기절하거나 비밀을 털어놓았다(Ditmont, 1979).

이스라엘의 국가 제목도 희망(Hope)이다. 메시아적인 믿음이 있는 민족은 항상 희망이 있다. 유대인이 기다리는 희망 사상, 즉 메시아 사상은 절망 가운데 처해 있던 그들의 고난의 역사 속에서 강인한 인내력을 주었다. 그리고 항상 승리로 이끄는 삶의 원동력이 되었다.

유대인 자녀 교육에서는 누가 가장 중요한 교사인가? 아버지와 어머니이다. 그런데도 유대인 자녀 교육에 있어서 어머니의 역할은 절대적이다. 왜 그런가? 서론의 질문에서 첫째, 왜 가정이 메말라 가는가 둘째, 왜 사회가 차가워지는가 셋째, 왜 사회의 범죄가 많아지는가에 대한 답이 어머니 교육에서 나오기 때문이다. 유대인 자녀는 어머니에 의하여 유대인다워진다.

제2장

하나님의 역사 주관 방법

Ⅰ. 남성은 역사를, 여성은 남성을 주관한다

하나님은 역사를 주관하신다. 그분은 알파와 오메가요, 처음과 나중이시다(계 1:8, 21:6). 하나님은 본질적으로 영이시기 때문에 우리가 눈으로 볼 수가 없다. 그런데 그 하나님이 어떻게 눈에 보이는 역사를 주관하시나? 하나님은 인간을 통하여 역사를 주관하신다. 창세기에 의하면, 하나님이 천지를 창조하신 후 하나님의 형상대로 인간을 만드시고 그 인간으로 하여금 모든 생물을 다스리게 하셨다(창 1:26). 따라서 첫번째 사람 아담은 하나님이 명하신 모든 생물의 첫번째 관리자였다. 그리고 아담을 돕는 자가 바로 그의 부인 하와였다.

여기에서 역사를 움직이는 남성과 여성의 상관 관계에 대해 살펴보자. 남성은 역사를 움직여 왔다. 그러나 남성은 여성의 조종을 받아 왔다. 따라서 남성은 역사를 움직이지만 여성은 남성을 움직인다. 실제로 세계 인류의 역사는 역사를 주도한 남성들에게 어떠한 여성이 있었느냐에 따라 흥하기도 하고 망하기도 했다. 이 논리는 가정에서도 마찬가지이다. 가정에 어떠한 여성이 있느냐에 따라서 가정이 흥하기도 하고 망하기도 한다.

현숙한 여성은 남편과 자녀의 영혼을 지킨다. 사진은 유대인촌 절기에 외출중인 평화로운 정통파 유대인 가족.

그 예로 유대인의 랍비 문서 중 창세기에 나오는 예화를 보자.

> 신앙심이 깊은 남성이 신앙심 깊은 여성과 결혼했으나 자식이 없었다. '우리는 축복의 하나님에게 쓸모 없는 사람들이다.' 그들은 서로 이혼하였다. 그리고 그는 다시 사악한 여성과 재혼하게 되었다. 그의 새 아내는 그를 사악하게 만들었다. 한편 이혼 당했던 신앙심 깊은 그녀는 다시 사악한 남성과 결혼하여 사악한 남편을 올바른 사람으로 만들었다. 이것은 모든 것이 여성에게 달렸다는 것을 증명한다.(Genesis Rabbah 17:7)

이 예화는 여성이 자기 남편의 인생에 얼마만큼 결정적인 역할을 하는지를 잘 설명해 준다(Telushkin, 1994, p. 117).

남성은 여성에게 인정받고 싶어하는 심리가 강하다. 남성은 외형적으로는 여성을 무시하거나 여성의 말을 안 듣는 것 같으나 속마음은 여성의 말을 귀담아듣고 그것을 기억한다. 그리고 기회가 오면 아내의 말대로 행동하여 아내에게 자신이 남성임을 인정받고 싶어한다. 또한 남성은 은연중 여성의 환심을 사고 싶어하는 심리가 있다.

구약 성경에는 여성에게 인정받고 싶어서 사위까지 죽이려고 한 왕이 있다. 이스라엘의 첫번째 왕 사울이다(삼상). 사울 왕에게는 자신이 전쟁의 위기에 처했을 때 전쟁을 승리로 이끌어 준 청년 다윗이 있었다. 다윗은 후에 사울 왕의 맏사위가 된다. 마땅히 사울 왕은 다윗을 사랑해야 했다. 그러나 사울 왕은 다윗을 미워하였다. 그 이유는 다윗에게 여인들의 인기를 빼앗겼기 때문이었다. 그 당시 다윗은 이스라엘 민족 최대의 적, 블레셋의 골리앗을 무찌르고 여인들에게 인기가 높았다. 다윗의 승리를 기뻐한 여인들은 "사울의 죽인 자는 천천이요 다윗은 만만이로다"(삼상 18:7)고 노래했다. 사울은 이 말에 불쾌하여 심히 노했다(삼상 18:8). 여성들에게 인기를 잃은 사울 왕은 질투로 인해 다윗을 죽이고자 했다. 만약 남성들이 이 노래를 불렀다면 사울이 그토록 화가 나지는 않았을 것이다.

1993년 5월 한국 정부는 군장성들의 비리에 칼을 대었다. 그 당시 언론의 집중 보도에 의하면, 대부분 남편이 별을 달게 되는 과정과 별을 단 후의 비리는 남성인 장군들보다도 부인들의 정치 운동 결과였다는 것이다. 뇌물을 준 이도 부인이었고, 받은 이도 부인이었다. 즉, 뇌물을 주어 남편에게 별을 달아 준 이도 아내였고, 뇌물을 받아 남편의 별을 떨어지게 한 이도 아내였다. 그뿐 아니라 김영삼 정부가 들어서면서 대대적인 공무원 사정을 했을 때 한 통계에 의하면, 공무원 비리의 80%가 부인들의 바가지에 영향을 받았다. 청렴결백한 남편일지라도 아내가 밥상에서 계속하여 "여보, 당신과 똑같이 들어간 철수 아버지는 수단이 좋아서 벌써 자가용 타고 다니데요" 한 마디 하면 처음 몇 번은 못 들은 척하지만 나중에는 귀담아듣게 된다. 그리고 이러한 남편에게 뇌물의 기회가 오면 아내의 소리가 자꾸만 귀에 들리는 걸 어찌하랴!

진정으로 지혜로운 여성이라면, 설사 남편이 근거 없는 돈 봉투를 갖다 준다 하여도 "여보 나 정말 실망했어요. 하나님 앞에 바로 살기로 작정한 우리 아닙니까? 그러니 이 돈 다시 돌려주세요!" 하고 단호히 거절해야 한다. 혹시 은근히 "여보 뒤탈은 없겠지요" 하거나 한술 더 떠서 "여보. 이제 당신, 수단이 보통이 아니네요!" 하면 안 된다.

결론적으로 아내의 마음에 탐욕이 일면 남편에게 그 탐욕이 전염되어 남편이 범죄에 빠지게 되고, 아내의 마음이 깨끗하면 그 깨끗함이 남편에게 전염되어 남편의 행위가 깨끗해진다. 어느 여성이 "내 남편은 나의 머리지만 나는 머리를 움직이는 목이다"고 말했다. 의미 있는 말이다. 아내의 깨끗한 마음과 삶은 남편에게만 영향을 미치는 것이 아니라 자녀들에게도 미친다. 가정의 현모양처(賢母良妻)의 중요성은 이를 두고 하는 말이다.

남편과 자녀는 사회에 잘 드러나는 사람들이다. 반면 아내와 어머니는 사회에 잘 드러나지 않는다. 그러나 사회에 드러나는 남편과 자녀들의 생각과 행위에는 보이지 않는 아내와 어머니의 영향력이 지대하다는 사실을 깨달아야 한다. 미국에서도 클린턴에게 지대한 영향력을 미치는 이가 부인인 힐러리임은 삼척 동자도 다 아는 사실이다. 따라서 남성은 역사를 움직이고 남성은 아내가 움직인다는 등식이 성립된다.

II. 성서에 나타난 부덕한 여인의 예

성경 속에도 인류의 역사에 영향을 준 남성이 있는가 하면 여성도 많다. 남성이 하나님의 역사를 주관하는 동안 아내가 내조를 잘 하여 역사에 도움이 된 긍정적인 예도 많지만 내조를 잘 못 하여 역사를 그르친 부정적인 예도 허다하다.

먼저 부덕한 여인 때문에 빛의 역사가 어두움으로 바뀐 부정적인 예를 몇 가지 들어 보자.

1. 아담의 부인 하와

인류의 조상인 아담과 하와는 최초의 부부였다. 그들은 하나님께서 마련해 주신 에덴(기쁨이란 뜻) 동산에서 행복하게 살았다. 부인 하와가 돕는 배필로서 남편 아담을 잘 도와 주었기 때문이다. 그 당시 아담은 하나님의 대리인으로서 모든 생물을 다스렸고, 아내 하와는 남편을 위하여 내조의 역할을 잘 감당하였다.

그러나 아담의 부인 하와가 뱀과 사귀면서 엄청난 비극을 맞이한다(창 3장). 하와는 하나님께서 금지하신 선악과를 따 먹는다. 그리고 남편에게도 그 선악과를 권한다. 아담은 어쩔 수 없이 하와의 권고를 받아들인다. 눈물 나는 장면이다. 아담은 이 장면에서 "당신이나 먹고 죽지 왜 나까지 끌어들이느냐?"고 반문하지 않았다. 만약 그 때에 남편인 아담이 끝까지 선악과를 안 먹겠다고 버텼다면 인류의 역사는 달라졌을 것이다. 아담과 하와는 영원한 이산 가족이 되었을 것이다. 그러나 눈물을 머금고 죽음까지도 무릅쓰고 아내를 따라가는 아담의 모습에서 바로 현대에도 아내의 영향을 받는 순진한 남편들의 모습을 볼 수 있다. 인간의 고통은 바로 내조를 잘 못 한 여성이자 아내인 하와에게서 비롯되었다. 남편 아담은 죽기까지 아내를 사랑한 남편의 모델이다.

여기에서 이와 관련된 성경의 교훈을 살펴보자. 하나님은 사랑이시다. 그리고 아담 이후 에덴에서 추방된 인간은 모두 죄인이다. 그러나 하나님은 죄인을 구원하시기 위한 하나님의 사랑을 보여 주셨다. 이 하나님의 사랑을 설명하기 위하여 하나님은 성경에서 하나님 자신과 인간을 남편과 아내로 비유하셨다(호 2:2, 16-20).

남편인 하나님은 패역한 아내인 인간을 너무도 사랑하셨다(요 3:16). 그렇기 때문에 본래 하나님의 본체이신 둘째 아담 예수님께서 하늘 보좌를 버리시고 낮고 천한 죄인의 모습으로 이 세상에 내려오신 것이다. 인간을 아내 삼기 위해서이다. 그것을 '성육신(Incarnation) 사건'이라고 한다(요 1:14). 그리고 우리 신랑 예수님께서 패역한 아내를 살리시기 위하여 대신 십자가를 지셨다(빌 2:5-8). 아내 된 성도들을 살리기 위함이다. 따라서 남편 된 예수님은 죽기까지 아내 된 성도들을 사랑한 참남편의 모델이다.

2. 솔로몬의 아내들

솔로몬은 다윗의 아들이었으며, 이스라엘의 왕이었다. 그는 하나님의 은혜로 인류 역사상 가장 지혜로운 인물이었다. 그는 생전에 온갖 부귀 영화를 다 누린 인물이었다. 솔로몬이 사용하는 그릇은 다 금이어서 솔로몬 시대에 은은 귀히 여기지도 않았다(왕상 10:21, 27).

그러한 솔로몬이 마지막에는 타락하기 시작하였다. 그 이유는 무엇인가? 여인들 때문이었다. 그 이유를 알아보자. 그는 후비가 7백 명, 빈장이 3백 명, 도합 1천 명이나 되는 부인을 거느렸다. 이 여인들 중에는 애굽 바로의 딸을 포함한 이방 여인들이 많았다. 그 당시 이방 여인들은 국제 외교상 이스라엘의 왕인 솔로몬에게 시집온 사람들이었다. 그들은 시집올 때 하나님이 제일 싫어하시는 자신들이 섬기던 우상들을 이스라엘로 들여왔다. 솔로몬이 젊었을 때에는 이방 여인들을 잘 다스렸다. 그러나 지혜로운 솔로몬도 나이 들어 늙으면서 이방 여인의 말에 귀를 기울였다. 그리고 하나님 이외의 다른 신들을 좇아갔다(왕상 11:4). 이 사실은 곧 남편이 얼마나 아내의 말에 오랫동안 견딜 수 있느냐 하는 인간의 한계를 드러낸다. 시간이 문제이지 남편은 결국 아내의 말에 넘어간다는 사실을 보여 준다. 문제는 아내 말이 유익한 것이냐, 그렇지 않으면 해로운 것이냐이다.

여성으로 인한 솔로몬의 실수는 이스라엘 백성에 대한 하나님의 혹독한 징계로 이어진다. 솔로몬 사후에 이스라엘 왕국은 북왕국과 남왕국으로 나뉘고, 급기야 분단 왕국들은 국운이 쇠하게 된다. 북왕국 백성은 앗수르의 포로로 잡혀가고, 남왕국 백성은 바빌론의 포로로 잡혀간다. 솔로몬 왕 한 사람이 여인들 때문에 저지른 죄의 엄청난 대가이다. 인간의 역사는 남자가 주관하나 남자는 여자가 주관한다는 또 다른 예이다.

이 외에도 이방 여인인 데릴라에 빠져 망한 삼손, 그리고 이방 부인 이세벨에 빠져 망한 아합 왕 등 여인 때문에 망한 역사는 얼마든지 많다. 여성이 그렇게 중요하다는 말이다.

누가 현숙한 여인을 찾아 얻겠느냐 그 값은 진주보다 더하니라. 그런 자의 남편의 마음은 그를 믿나니 산업이 핍절치 아니하겠으며, 그런 자는 살아 있는 동안에 그 남편에게 선을 행하고 악을 행치 아니하느니라.(잠 31:10-12)

III. 성서에 나타난 현숙한 어머니의 예

지금까지 성경에 나타난, 역사를 움직이는 남성의 가정에 부덕한 여인이 들어옴으로 빛의 세계에서 어두움의 세계로 바뀐 부정적인 예들을 들었다. 이제 성경에 나타난 현숙한 여성들 때문에 어두움에서 빛으로 바뀐 역사의 긍정적인 예를 들어 보자.

하나님은 인류의 역사를 주관하신다. 하나님은 사랑이시기 때문에 인류의 역사가 암흑으로 들어가게 되면 그대로 썩도록 방치하지 않으시고 새로운 지도자를 선택하셔서 이스라엘 백성을 구원하도록 하셨다. 그러나 하나님은 지도자를 선택하실 때 그 지도자를 하나님의 사람으로 키우시기 위하여 그의 어머니도 미리 택하신다. 모세의 어머니 요게벳, 사무엘의 어머니 한나, 그리고 예수님의 어머니 마리아가 바로 그런 예들이다. 훌륭한 여인이 있었기 때문에 훌륭한 지도자가 배출된 예들이다.

1. 모세의 어머니 요게벳

이스라엘 민족은 수많은 고난을 겪은 민족이다. 그들은 B.C. 15세기 이

후 애굽에서 4백 년 간 종살이를 한 적이 있다. 그 때에 하나님은 종살이하는 이스라엘 백성을 애굽에서 탈출시켜 시내 광야로 인도하셨다. 하나님은 이스라엘 백성을 노예에서 해방시키기 위하여 모세란 위대한 지도자를 택하셨다. 그러나 모세를 키우시기 위해 하나님이 모세의 어머니를 먼저 준비시키셨다는 사실을 알아야 한다(출애굽기 1장, 2장).

당시 애굽의 바로 왕은 이스라엘 백성이 남아를 낳으면 모두 하수에 버리라는 명을 내렸다(출 1:22). 따라서 모세의 어머니 요게벳은 모세를 낳아 석 달을 숨겼으나, 바로 왕의 명에 따라 갈상자에 넣어 하수에 버렸다. 그러나 모세는 곧 바로 왕의 딸인 공주에게 발견되어 바로의 궁전에서 왕자로 자라게 된다. 이 때에 모세의 어머니 요게벳은 큰딸 미리암의 소개로 아기 모세의 유모로 궁전에 들어간다. 그리고 그녀는 아들 모세에게 젖을 먹이며 히브리 뿌리 교육을 시킨다(출 1:1-10).

이 세상에 자신의 사랑하는 아들에게 젖을 먹이며 궁전에서 유모의 젖값까지 받은 어머니가 요게벳 외에 또 있겠는가? 그런 의미에서 모세는 나면서부터 노예 생활을 하는 어려운 부모에게 경제적인 도움과 신분 보장의 도움을 주어 효자 노릇을 한 셈이다. 물론 이 역시 전지전능하신 하나님의 오묘한 섭리와 계획이었음이 분명하다.

유대인이었던 모세의 어머니 요게벳의 유아 교육의 열매는 모세가 40세 성년이 되어 자신이 유대인임을 자각하고 유대인 동족을 위하여 일하고자 하는 민족 정신으로 나타났다(출 2:11-15). 그 후 그는 위대한 유대 민족의 지도자로 40년 간 일하게 되었다. 특히 모세가 쓴 모세오경은 구약적 유대주의의 기초가 된다. 여기에서 중요한 것은 첫째, 모세의 어머니 교육의 중요성이고 둘째, 모세의 아버지 아므람은 자신의 아들 모세의 교육에 별 도움을 주지 못했다는 사실이다.

이 외에도 출애굽기에 나타난 위험에서 생명을 지키는 영웅적인 일들은 남성이 아니라 여성에 의하여 성취되었음을 주목하자. 첫째, 히브리 산파(産婆) 십브라와 부아는 출산 후 아기가 남아이거든 즉시 죽이라는 바로 왕의 명을 어겨 가며 히브리 남아들을 살렸다. 둘째, 모세의 큰누나 미리암이 모세를 지켜 주었고, 자신의 목숨을 걸고 공주에게 자신의 어머니를 유모로 소개해 주었다. 셋째, 동정심 많은 바로의 딸이 모세 아기를 구해 주었다(출애굽기 1장, 2장). 넷째, 모세가 생명의 위협을 받았을 때 그의 부인 십보라가 그를 구해 주었다(출 4:24-26)(Telushkin, 1994, pp. 104-105).

2. 사무엘의 어머니 한나

이스라엘 민족은 모세의 인도로 애굽에서 탈출하여 광야에서 여호와 하나님으로부터 시내산에서 말씀을 받고 40년 간 훈련을 받았다. 모세가 느보산에서 죽은 후 이스라엘 백성은 후계자 여호수아에 의하여 요단강을 건너 가나안을 정복하였다. 그 후 사사기가 시작되었다. 처음에는 신앙 생활을 잘하던 이스라엘 백성들이 점점 타락하기 시작하였다. 사무엘은 부패했던 사사기 시대 후기의 중요한 인물로 등장했다.

사랑의 하나님은 이렇게 이스라엘 백성이 부패할 적마다 새로운 지도자를 선택하셨다. 하나님이 부패한 이스라엘 백성을 위하여 새로 선택하시고 키우신 지도자가 바로 사무엘 선지자다. 그리고 모세 때처럼 사무엘을 키우시기 위한 하나님의 계획 속에는 사무엘의 어머니를 먼저 준비시키시는 계획이 있었다는 사실을 알아야 한다(사무엘상 1장).

사무엘의 아버지는 엘가나였다. 그는 두 아내를 두고 있었다. 하나는 브

유대인의 여성 교육은 자녀를 위하여 절
대적이다. 사진은 정통파 유치원에서 만난
미래의 정통파 유대인 어머니들. 저자에게
사진을 찍어 달라고 포즈를 취했다.

닌나요, 다른 하나는 한나였다(삼상 1:2). 남편 엘가나는 한나를 브닌나보다 더 사랑하였으나 한나는 자식이 없었고, 브닌나는 많았다. 자식이 많은 브닌나는 한나를 심하게 울리곤 했다.

이 배후에는 하나님의 섭리가 있었다. 사실은 하나님께서 한나를 성태치 못하게 하심으로 그 대적 브닌나가 그를 심히 격동하여 번민케 하였다(삼상 1:6). 하나님은 이러한 환경을 조성하여 먼저 사무엘의 어머니 한나가 눈물로 기도하도록 하셨다. 한나를 위대한 어머니가 되게 키우시는 하나님의 방법이었다. 또한 이는 하나님의 뜻을 이루시기 위한 하나님의 계획이었다.

한나는 실로에 있는 여호와의 제단에서 통곡하며 기도한다. 그리고 마침내 하나님께서 그 여종에게 아들을 주심으로 나실인으로 주께 바칠 것을 서원한다(사무엘상 9-11장). 한나는 이렇게 하여 하나님의 은혜로 아들 사무엘을 얻었다. 그 후 사무엘은 젖을 뗀 후 실로에 있는 엘리 제사장 밑에서 이스라엘 민족의 지도자 수업을 받는다(삼상 1:21-28).

한나는 이렇게 고백했다. "이 아이를 위하여 내가 기도하였더니 여호와께서 나의 구하여 기도한 바를 허락하신지라"(삼상 1:27). 사무엘은 어머니 한나의 눈물의 기도로 얻은 아들이며, 눈물의 기도로 키움 받은 아들이다. 사무엘은 성장하여 이스라엘 민족의 훌륭한 제사장, 선지자 및 왕직을 수행하였다. 그는 이스라엘을 통치하는 동안 부패한 이스라엘을 바로잡고 이스라엘의 초대왕 사울과 둘째 왕 다윗에게 기름을 부은 인물이었다(삼상 10:1, 16:11-13).

여기에서 중요한 것은 두 가지로, 첫째, 사무엘의 어머니가 행한 교육의 중요성이고 둘째, 사무엘의 아버지 엘가나는 자신의 아들 사무엘의 교육에 별 도움을 주지 못했다는 사실이다.

3. 예수님의 어머니 마리아

구약의 마지막 선지자 말라기 이후에는 약 4백 년 간 하나님의 계시가 없었다. 온 세계가 어두움에 잠겨 있을 때 하나님은 인류의 구원을 위하여 빛 되신 메시아를 준비하셨다(요 1:5). 그가 바로 예수님이시다. 그러나 모세와 사무엘 때처럼 예수님을 낳고 키우시기 위한 하나님의 계획 속에는 예수님의 어머니 마리아를 먼저 준비시키시는 계획이 있었다는 사실을 알아야 한다(눅 1:26-38).

동정녀 마리아는 남자를 알지 못하는 가운데 하나님의 은혜로 하나님의 아들 예수를 잉태하였고, 그 아기를 낳은 여인이다(눅 1:31-35, 2:7). 그리고 하나님의 뜻에 따라 아기 예수를 키운 여인이다. 또한 마리아는 예수님의 공생애 기간에 예수님과 함께 사역하였고, 예수님의 죽음을 지켜본 위대한 역사적인 여인이었다.

지금까지 성경의 예를 통하여 인류의 역사에 여성이 얼마나 중요한가를 살펴보았다. 인류의 역사는 여성이 얼마나 위대했느냐 혹은 부덕했느냐에 따라 전 세계가 구원을 받기도 하였고, 전 세계가 타락하기도 했다. 가정도 마찬가지이다. 어머니가 얼마나 훌륭하느냐에 따라 그 가정이 행복해질 수도 있고 혹은 불행해질 수도 있다.

결론적으로 하나님은 인류의 역사를 주관하시는 분이시다. 그리고 하나님은 사람을 통하여 인류의 역사를 주관하신다. 역사의 경험을 보면, 남성은 역사를 움직이고 여성은 남성을 움직인다. 따라서 여성은 세계를 움직인다고 보아도 과언이 아니다. 이것은 여성이 얼마나 중요한가를 말해 준다. 여성들이여! 당신들은 정말 귀한 존재들입니다.

제3장

어머니가 유대인이어야 유대인이다

I. 서론

1. 샤리트 사건

1969년, 이스라엘에서 국민뿐 아니라 전 세계 유대인의 관심을 끄는 사건이 있었다. 샤리트 사건이다. 사건의 주제는 '누가 유대인의 자녀인가'였다. 사건의 장본인은 베냐민 샤리트라는 이스라엘 해군 소령이었다. 그는 이스라엘 해군사관학교 졸업생 중에서도 뛰어난 수재였다. 그는 훌륭한 유대인 엘리트 남성이었다. 그는 영국 유학 중에 기독교인인 영국 여인과 결혼하여 두 아이를 둔 가장이었다.

어느 날 그의 두 아이가 다니고 있는 유대인 초등학교에서 호적 조사표를 보내 왔다. 호적 조사표의 종교란에는 두 가지 표시를 해야 한다. 첫째는 어느 민족인가? 둘째는 어떤 종교를 갖고 있는가였다. 샤리트 소령은 주저없이 자녀들을 '유대인' 란에 표시하였다. 이것이 문제의 발단이었다. 이스라엘 시 당국의 교육위원회는 그 조사표를 되돌려 보냈다. 교육위원회는 이 아이들을 '유대인' 란이 아닌 '기타' 란에 기입할 것을 요구했다. 당국의 주장에 의하면, 유대교로 개종하지 않은 이교도의 어머니에게서 난 아이는 유대인으

머리에 키파를 쓴 정통파 유대인 소년이 유치원 앞에서 포즈를 취한 모습. 허리춤으로 613개의 율법을 상징하는 찌찌의 술이 보인다. 유대인은 자녀를 소중한 자산으로 여기며 유대인다운 유대인은 어머니에 의하여 형성된다.

로 불릴 자격이 없다는 해석이었다. 그들은 '유대인'을 '유대교도'로 해석했다. '어느 민족인가'는 '어느 종교를 갖고 있느냐'와 다르다.

평소에 유대인으로서의 자부심이 대단했던 샤리트 소령은 곧 법원에 고소했다. "내 아이들이 유대인이 아니라니…." 역사적으로 정통파 유대인 랍비들이 이스라엘 국정에 깊이 간여하고 있고, 이 정통파 랍비들은 샤리트 소령을 민족의 배신자요, 국가의 적이요, 이단자로 매도했다. 이에 대항하여 샤리트 소령의 편에 선 자유주의 신앙이 섞인 보수파나 개혁파 유대인의 반발도 대단하였다. 인구 비율로 보면 정통파 유대인은 10-20%(미국은 더 적고 이스라엘에는 더 많다)에 불과한 소수이고, 보수파나 개혁파는 이보다 훨씬 많은 다수이다. 그러나 유대인의 종교적인 주요 문제는 언제나 정통파 유대인에 의하여 결정됐다. 정통파 유대인은 역사적으로 종교적인 문제뿐만 아니라 일반적인 유대 민족의 장래를 이끄는 견인차 역할을 해왔다. 그런 의미에서 정통파 유대인은 성경이 말하는 '남은 자'의 역할을 하고 있다.

샤리트 사건은 이스라엘 국회에서도 논란이 되었다. 재판의 결과는 정통파 유대인의 승리로 끝났다. 샤리트 소령의 아이들을 '유대인'이라고 하지 말고 '이스라엘인'이라고 등록하도록 했다. "유대인은 어머니가 유대인이어야 유대인이다"는 탈무드의 정의를 확인시켜 준 좋은 예이다(Yuro, 1988).

2. 그녀의 말을 들으라

'그녀의 말을 들으라(Listen to Her Voice)'는 제목은 유대인 랍비 요셉 텔루쉬킨이 지은 〈유대인의 지혜〉란 책 속의 한 소제목이다(Telushkin, 1994). 랍비 요셉 텔루쉬킨은 성서와 탈무드에 나오는 여성관에 관한 제목을 '그녀(사라)의 말을 들으라'로 정했다(p. 104). 이 말은 아브라함 가정에 상속자 문제가 생겼을 때 하나님이 아브라함에게 "그녀(네 아내)의 말을 들으라"고 판결한 창세기 21장 12절의 말씀이다. 유대인이 여성에 관한 글을 쓸 때 흔히 인용하는 말씀이다.

유대인은 모계 혈통을 따라간다. 그러나 자녀의 성(姓)은 아버지를 따른다. 따라서 유대인의 열두 지파의 혈통은 아버지의 혈통을 따라 결정된다. 물론 부모가 모두 유대인이라면 자녀는 당연히 유대인이지만 부모 중 어느 한쪽이 이방인인 경우, 그 중에서도 어머니가 이방인일 때는 아버지가 아무리 훌륭한 유대인이라 하여도 그 자녀는 유대인이 아니다.

왜 그런가? 그 이유에 대해서는 정통파 유대인들도 뚜렷하게 정리해 놓고 있지 못하다. 여러 종파의 각 랍비마다 의견도 서로 다르다. 그러나 정통파 랍비들이 제시하는 성서적 근거는 있다. 이제 저자는 가장 뚜렷한 유대인의 성서적 의견을 바탕으로 그 이유를 신구약 성경에서 찾아보고 어머니의 중요성을 다시 살펴보고자 한다. 본서는 성경적 근거가 없는 역사적, 교육학적 이유는 취급하지 않겠다.

II. 선민은 어머니에 의하여 결정된다

유대인은 어머니가 유대인이어야 유대인이다. 유대인 가정에서 어머니가 자녀에게 미치는 영적 영향은 얼마나 큰가? 이를 설명하기 위하여 성경에 나타난 유대인 조상의 예를 들어 보자.

창세기 1장에서 11장까지는 인류의 역사이다. 창세기 12장 1절에 아브라함이 등장한다. 유대인의 조상은 아브라함이다. 아브라함과 이삭과 야곱의 시대를 족장 시대라고 한다. 이 삼대 족장들을 거치면서 이스라엘 민족의 기초가 형성된다. 아브라함은 이삭을 낳고, 이삭은 야곱을 낳고, 야곱은 열두 아들을 낳는다. 야곱의 열두 아들은 이스라엘 민족의 열두 지파를 형성한다.

이렇게 선민인 이스라엘 민족의 기초가 형성되기까지는 아브라함과 이삭과 야곱의 부인들의 영향이 절대적이었다. 하나님께서 선민의 조상으로 남자만 택하신 것이 아니라 돕는 배필들도 아울러 택하셨기 때문이다(갈 4:21-31의 '사라와 하갈의 비유' 참조). 특히 아브라함과 이삭의 아내들은 그들의 아들을 선민으로 결정하는 데 지대한 공헌을 했다. 그 예들을 살펴보자.

1. 아브라함과 사라의 예

성경에 나타난 최초의 유대인(히브리인)은 아브라함이다(창 14:13). 아브라함은 하나님이 선택하신 최초의 선민이며, 족장이었다(창 12:1-3). 아브라함은 남성이다. 그에게는 두 부인이 있었다. 하나는 첫째 부인 사라이고, 다른 한 사람은 종 출신 애굽인 하갈이었다(창 16:1-3). 두 여인 모두 아들을 하나씩 두었다. 사라의 아들 이름은 이삭이었고, 하갈의 아들 이름은 이스마엘이었다. 이삭과 이스마엘은 똑같은 아브라함의 씨임에도 불구하고 하나님의 선민이냐 아니냐는 아버지에 의해서가 아니라 어머니에 의하여 결정되었다. 결국 사라의 아들 이삭은 선민이 되었고, 하갈의 아들 이스마엘은 이방인이 되었다.

이제 왜 그렇게 되었는가를 자세히 알아보자. 아브라함이 하나님의 말씀을 좇아 하란을 떠난 때는 그의 나이 75세 때다. 그리고 76세에 가나안에 도착하였다. 하나님께서는 아브라함에게 하늘의 별과 같이 많은 자손을 주겠다고 약속하셨다(창 15:3-5). 그러나 가나안에 도착한 지 10년이 지났지만 아브라함의 부인 사라에게는 하나님께서 약속하신 자식이 없었다. 이미 사라에게 경수가 끊어진 지도 오래 되었다. 기다리다가 지친 사라는 결국 자녀 생산을 포기하고 대신 자신이 데리고 있었던 여종 하갈을 아브라함에게 첩으로 준다. 이 때 아브라함의 나이 86세였다(창 16:1-3). 그리고 아브라함과 그 여종 하갈 사이에서 얻은 아들 이름이 이스마엘이었다(창 16:15-16).

아브라함의 입장에서는 너무 기뻤다. 젊은 둘째 부인에게서 그렇게도 바라던 아들을 낳았으니 말이다. 그런데 아브라함의 나이가 99세였을 때(창 17:1), 하나님은 아브라함의 이름 '아브람'을 '아브라함'으로 바꾸어 주셨다(창 17:5). 그리고 아브라함은 하나님의 명령에 의하여 할례를 행했다(창 17:9-14). 그 이후 사라는 아브라함의 아이를 임신하여 아들 이삭을 낳았다. 이 때 아브라함은 100세, 사라는 90세였다(창 21:1-5).

문제는 이 때부터 생겼다. 이삭이 젖을 떼는 날 아브라함이 대연회를 베풀었다. 그 때에 이삭의 이복 형 이스마엘이 동생 이삭을 희롱하였다. 이를 본 이삭의 어머니 사라는 아브라함에게 여종 하갈과 그 아들을 내어쫓으라고 요구했다. 사라는 남편 아브라함에게 "이 종의 아들은 내 아들 이삭과 함께 기업을 얻지 못하리라"고 주장한다(창 21:8-10). 아브라함은 큰 근심에 싸였다. 그 동안 큰아들 이스마엘을 얼마나 사랑하고 의지했던가(창 21:11).

이 때에 하나님은 이 일에 심판관으로 나타나신다. "네 아이나 네 여종을 위하여 근심하지 말고 사라가 네게 이른 말을 다 들으라"(창 21:12). 결국 아브라함의 영적 상속자는 아버지인 아브라함이 선택한 것이 아니고 어머니인 사라가 선택하였다. 마침내 다음날 이른 아침 아브라함은 눈물을 머금고 하갈과 그 아들 이스마엘을 집에서 내어쫓는다(창 21:14).

신약 시대에 정통파 유대인이었던 사도 바울의 해석은 어떠한가? 그는 하갈을 '계집종'으로, 사라를 '자유하는 여자'로 비유하면서 이스마엘과 이삭은 똑같은 아브라함의 아들이었지만 하나님이 택하신 약속의 여인 사라의 아들 이삭이 선민의 맥을 잇는다(갈 4:21-31)고 말했다.

이것은 하나님이 유대 전통 속에 남성 위주의 권한(예를 들어 재산 상속 혹은 이혼권)을 많이 주셨지만 영적인 가정을 지키는 일에서는 아내의 권위를 동등하게 높여 주셨다는 증거이다(Telushkin, 1994, p. 104). 이러한 예는 사라의 며느리 리브가에서 더 뚜렷하게 나타난다.

2. 이삭과 리브가의 예

A. 리브가가 선택한 야곱의 축복

최초의 유대인은 아브라함이다. 그리고 아브라함의 영적 자녀는 본처 사라에게서 난 이삭이다. 따라서 이삭은 아브라함에 이어 두 번째 선민의 족장이 된다. 그는 나이 사십에 리브가와 늦은 결혼을 했다. 두 부부는 아이를 갖지 못했는데 뒤늦게 여호와 하나님의 도움으로 쌍둥이 아들을 낳았다. 그 중 큰아들은 에서였고, 작은아들은 야곱이었다(창 25:19-26). 이삭과 리브가의 가정에서 난 아들들 중 하나님이 택하신 영적 선민은 누구의 영향을 받아 선택되는가? 아버지인가 어머니인가?

두 아들들은 잘 자랐다. 그리고 이삭과 리브가도 늙었다. 하나님의 백성인 이삭은 자신이 늙어 눈이 어두워지자 죽기 전에 자신의 후계 아들에게 축복 기도 해주기를 원했다. 아버지의 축복 기도를 받는 자가 영적 후계자가 된다. 자녀에 대한 하나님의 축복은 가정의 제사장 아버지의 손길을 통하여 내려지기 때문이다.

아버지 이삭은 축복해 줄 상대로 당연히 장자 에서를 불렀다. 차자 야곱은 생각조차 안 했다. 그리고 그는 내가 죽기 전에 너를 축복해 줄 터이니, 대신 사냥을 하여 내가 즐기는 별미를 만들어 오라고 말했다(창 27:1-5). 에서는 원래 들사람이므로 아버지를 위하여 음식 만들 짐승을 잡기 위하여 전통과 화살을 가지고 들로 나갔다.

이삭의 아내 리브가는 이 사실을 엿듣고 곧 야곱을 불러 이 사실을 알렸다. 그리고 말하기를 "네가 염소 떼에 가서 좋은 염소 새끼를 가져오면 내가 네 부친이 즐기는 별미를 만들어 주겠다. 그러니 너는 그 음식을 아버지에게 갖다드리고 너의 형 에서 대신 네가 축복을 받으라"고 권했다. 리브가는 장

선민은 어머니에 의하여 결정된다. 태아기부터 유아기 및 소년기까지 어머니가 자녀에게 미치는 영향은 절대적이다. 사진은 유대인 어머니가 두 살 반 된 아들에게 어린이 성경책을 주고 이를 읽게 하고 있는 모습.

자 에서보다 차자 야곱이 축복 기도 받기를 원했다. 그녀는 야곱을 더 사랑했기 때문이었다.

이 말을 들은 야곱은 깜짝 놀랐다. "내 형 에서는 털사람이요 나는 매끈매끈한 사람인즉 아버지께서 나를 만지실진대 내가 아버지께 속이는 자로 뵈일지라 복은 고사하고 저주를 받을까 하나이다"(창 27:12). 리브가는 다시 "내 아들아 너의 저주는 내게 돌리리니 내 말만 좇고 가서 가져오라"(창 27:13)고 권한다. 급기야 이러한 속임수를 써서 야곱은 아버지 이삭의 축복을 받는다. 어머니의 희생적인 사랑 때문이었다.

그 결과 에서 대신 어머니가 사랑한 야곱이 아버지 이삭의 축복을 받았다. 그리고 야곱은 아브라함과 이삭에 이어 이스라엘의 세 번째 족장으로 선민의 대열에 서게 된다. 이것은 하나님이 아브라함에게 "네 아내의 말을 들으라"는 말씀이 일 세대 후에 이삭과 리브가에서 더 확실해지는 장면이다 (Telushkin, 1994, p. 104). 물론 우리는 아브라함과 사라, 이삭과 리브가를 통한 모든 선민의 맥은 하나님의 주권에 의하여 결정되었음을 믿어야 한다.

B. 리브가와 예수의 중보의 역할 비교

여기에는 죄인인 인간에 대한 하나님의 공의와 예수님의 사랑에 관한 깊은 뜻이 담겨 있다. 여기에 등장하는 이삭, 리브가 및 야곱은 신약적 입장에서 각각 무엇을 상징하는가? 아버지 이삭은 하나님을, 어머니 리브가는 예수님을, 그리고 야곱은 죄인인 인간의 표상이다. 야곱은 아버지 이삭의 축복을 받을 수 없는 형편이었다. 그러나 아버지와 야곱 사이에 어머니가 희생적인 중보의 역할을 했다. 이처럼 죄인인 인간은 하나님 아버지의 축복을 받을 수 없는 형편이었다. 그러나 하나님 아버지와 인간 사이에 예수 그리스도께서 중보의 역할을 하셨다.

야곱의 어머니는 사랑하는 아들에게 "저주는 내게 돌리고 축복은 네가 받으라"고 간곡하게 권했다. 이 간곡한 호소는 예수님께서 죄인인 우리가 하나님에게 받을 사망의 저주에 대하여 "저주는 내게 돌리고 구원의 축복은 네가 대신 받으라"는 은혜의 말씀과 같다. 야곱 같은 죄인들의 구원의 축복을 위하여 예수님은 우리 죄의 저주와 사망을 대신 짊어지시고 십자가의 형틀에서 돌아가셨다. 예수님은 죽음으로 인간이 살 수 있는 길을 열어 주셨다. 예수님은 하나님과 인간의 화목을 위하여 화목 제물로 희생당하신 것이다 (롬 5:6-11; 고후 5:15, 19; 엡 2:14-16).

여기에서 우리가 다시 꼭 기억해야 할 것은 '신학적으로 중보자의 역할이 얼마나 중요한가' 하는 사실이다. 야곱이 중보자 어머니의 희생으로 이삭의 축복을 받은 것처럼, 신약의 성도들은 중보자 예수님의 희생을 통하여 하나님의 축복을 받았다. 다시 말하면 야곱이 아버지보다 어머니와의 관계 때문에 아버지의 축복을 받은 것처럼, 죄인인 인간도 하나님보다는 예수님과의 관계 때문에 구원의 축복을 받는다. 따라서 유대인은 하나님의 이름밖에 모르지만, 신약의 성도들은 '예수'라는 이름과 뗄 수 없는 깊은 관계가 있다.

신약의 성도는 '예수의 이름'으로 세례를 받고 죄사함 받으며(행 2:38), '예수의 이름'으로 성령 받고(행 2:38), '예수의 이름'으로 권능 받고(행 2:22), '예수의 이름'으로 병 고침도 받는다(행 2:22). 신약 시대에는 오직 '예수의 이름'뿐이다. 신약의 성도는 하나님만 잘 믿어 천국에 가는 것이 아니고 예수를 믿어야 천국에 간다. 왜냐 하면 하나님께서 하늘과 땅의 모든 권세를 예수님에게 주셨기 때문이다(마 28:18; 요 3:35, 17:2). 하나님이 그를 지극히 높여 모든 이름 위에 뛰어난 이름을 주시고, 하늘에 있는 자들과 땅에 있는 자들과 땅 아래 있는 자들로 모든 무릎을 예수의 이름에 꿇게 하시고, 모든 입으로 예수 그리스도를 주라 시인하여, 하나님 아버지께

리브가와 예수의 중보자 역할 비교

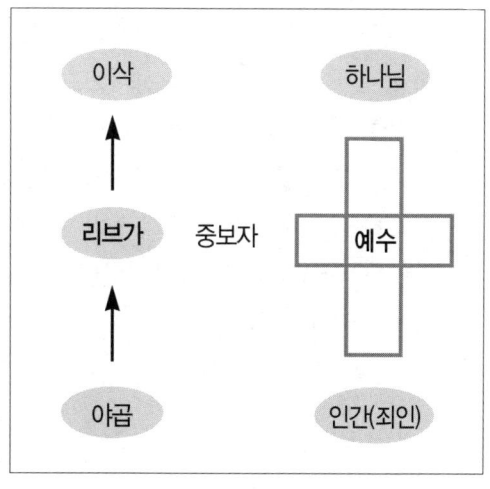

영광을 돌리게 하셨다(빌 2:9-11). 심판은 물론 하나님이 하시는 것이지만 심판의 권한도 예수님에게 맡기셨다(요 5:22).

"아버지께서 아무도 심판하지 아니하시고 심판을 다 아들에게 맡기셨으니, 이는 모든 사람으로 아버지를 공경하는 것같이 아들을 공경하게 하려 하심이라. 아들을 공경치 아니하는 자는 그를 보내신 아버지를 공경치 아니하느니라"(요 5:22-23).

따라서 '예수' 이외에 천하 인간에 구원을 얻을 만한 다른 이름이 없다(행 4:12). 유대인이 아무리 하나님을 잘 믿어도 그들이 천국에 갈 수 없는 이유는 바로 그들은 예수를 믿지 않기 때문이다. 우리가 유대인 자녀 교육을 연구하면서 유대인의 구원론과 신약의 구원론을 혼돈해서는 절대로 안 된다. 우리는 유대인의 성서적 자녀 교육의 개념과 방법만을 배울 뿐임을 명심해야 한다. 신약 시대에는 중보자이신 예수님, 그분만이 우리의 영원한 구원자이시다.

이해를 돕기 위해 저자의 예를 들어 보자. 저자는 유대인과 만나 가끔 구약 성경을 해석해 주기도 한다. 그럴 때면, 그들은 "당신은 유대교로 개종하여 랍비가 되라"는 권유를 하기도 한다. 그 때에 저자는 조심스럽게 "당신들이 믿는 하나님을 나는 예수님을 통하여 알게 되었습니다. 나는 예수님 때문에 하나님을 알았으므로 그분을 버릴 수가 없습니다"라고 말해 준다. 유대인! 그들도 우리의 전도의 대상이다. 분명히 그들도 때가 되면 예수님을 믿고 구원을 받을 것이다(로마서 11장). 따라서 기독교인들은 연민의 정을 갖고 그들을 사랑해야 한다.

III. 어머니는 신앙의 전수자

1. 조직신학적인 견해: 이성과 신앙; 아버지와 어머니의 역할

피조물인 인간은 창조주 하나님을 어떻게 알 수 있는가? 이 질문은 조직신학 분야의 교의신학에 나오는 논제이다. 여러 신학자들은 이 논제를 세 가지 원리로 설명하였다. 첫째는 실유의 원리(하나님), 둘째는 내적 원리(이성과 신앙), 셋째는 외적 원리(하나님의 계시; 자연 계시, 특수 계시 및 성경)이다(Bavinck, 1988; Berkhof, 1971). 저자가 하나님을 아는 원리를 소개하는 것은 가정에서의 아버지와 어머니의 역할을 조직신학적으로 설명하기 위해서이다.

부모가 자녀에게 어떻게 하나님을 알게 할 수 있는가? 이를 위한 아버지의 역할과 어머니의 역할은 각각 무엇이 다른가? 본서의 성격상 하나님을 아는 세 가지 원리를 모두 설명할 필요는 없다. 다만 이 중 아버지와 어머니의 역할 분담이 뚜렷한 두 번째의 내적 원리를 자녀 교육과 관련하여 설명해 보고자 한다.

인간이 하나님을 아는 내적 원리에는 두 가지 방법이 있다. 하나는 '이성'이고, 다른 하나는 '신앙'이다.

인간이 이성으로 하나님을 알 수 있다는 말은 무엇을 뜻하는가? 논리적인 이성으로 하나님의 진리를 깨닫고 하나님의 존재를 알 수 있다는 말이다. 이와 함께 '신앙'으로 하나님을 알 수 있다는 말은 무엇을 뜻하나? 신앙은 이성으로 따지기 이전에 하나님을 믿고 하나님의 증언들과 약속을 믿는 것이다(박형룡, 1988, pp. 167-172). 믿음은 하나님과 인간과의 관계를 잇는 연결 고리이기 때문이다.

그러면 여기에서 아버지와 어머니가 자녀를 교육함에 있어서 하나님을 아는 방법인 '이성'과 '신앙'이 어떠한 상관 관계가 있는지 알아보자.

기독교 가정에서의 우선적인 교사는 아버지이다. 아버지는 자녀에게 토라의 사상을 가르칠 의무가 있다. 아버지가 교사로서 자녀들에게 토라의 사상을 가르치는 방법은 자녀의 이성을 이용하는 방법이다. 그리고 아버지가 교사로서 자녀들에게 토라의 사상을 가르칠 수 있는 시기는 자녀들이 세 살 이후 논리적인 생각을 할 수 있을 때부터이다. 따라서 아버지는 자녀가 철이 든 이후 이성을 통하여 논리적인 신본주의 사상을 전수한다.

어머니는 어떠한가? 어머니는 자녀의 신앙과 관계 있다. 어머니의 자녀 교육은 아이를 낳기 전 뱃속의 태아 때부터 시작된다. 그리고 어머니는 자녀를 낳은 후 자녀가 철들기 전에도 기도와 종교 생활로 자녀의 신앙이 형성되도록 돕는다. 이러한 신앙 교육 방법은 믿음의 어머니 몫이다. 따라서 어머니는 자녀에게 믿음의 신앙을 전수시킨다. 이를 정리하면, 아버지가 자녀들에게 하나님을 알게 해주는 방법은 '이성'이고, 어머니가 자녀들에게 하나님을 알 수 있게 해주는 방법은 '신앙'이다.

그렇다면 인간이 하나님을 아는 두 가지 방법인 '이성'과 '신앙' 중에서 어느 것이 먼저인가? 조직신학자 워필드(B.B. Warfield)는 이성이 신

인간이 하나님을 아는 두 가지 방법

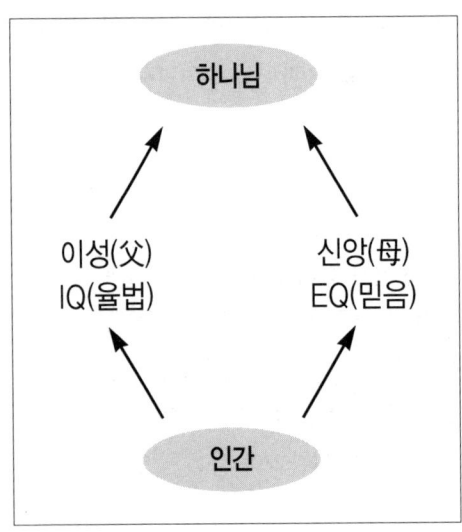

앙보다 우선한다고 주장했고, 네덜란드 신학자 아브라함 카이퍼(Abraham Kuyper)는 칼빈의 교리를 따라 신앙이 이성보다 우선한다고 주장했다(박형룡, 1988, pp. 167-172).

저자는 두 가지 이유에서 아브라함 카이퍼의 주장에 전적으로 동조한다. 첫째, 예수를 믿는 신앙은 배운 사람들의 전유물이 아니다. 신앙은 이성이 발달되지 못하여 IQ와 논리가 부족한 정신 박약아나 공부를 못 한 사람 혹은 노인들도 가질 수 있다. 만약 하나님의 구원의 역사가 IQ가 높고 배운 사람에게만 적용된다면 공평치 못하다. 왜냐 하면 하나님의 은혜는 누구에게나 다 적용되기 때문이다. 둘째, 이성적 논리가 발달된 사람이라 하더라도 먼저 신앙이 있어야 이성의 도움을 받아 논리적으로 하나님을 더 잘 알 수 있다.

우리가 예수님을 믿고 구원받을 때에도 마음으로 믿는다. "마음으로 믿어 의에 이르고 입으로 시인하여 구원을 얻는다"(롬 10:10). 마음은 신앙에 속한다.

똑같은 논리로 가정에서 자녀에게 하나님을 알게 하는 데에는 어머니의 신앙 전수가 아버지의 이성적인 가르침보다 우선한다. 따라서 한 가정의 자녀가 신앙이 있느냐 없느냐는 문제는 우선적으로 아버지보다는 어머니 교육에 달려 있다고 보아야 한다. 물론 이 논리는 '반드시 그렇다' 기보다는 아버지와 어머니의 역할 분담 측면에서 이론상 그렇다는 말이다.

2. 성서신학적인 견해

어머니는 유대인 가정에서 자녀에게 신앙을 전수하는 데 중요한 역할을 한다. 성경에서 그 답을 찾아보자.

먼저 어머니란 히브리어 단어부터 살펴보자. '어머니' 란 히브리어 단어는 '엠(אם)' 이다. 어머니에 해당하는 '엠' 이란 히브리어 단어는 유대인이 사용하는 대단히 중요한 세 단어의 어원이 되었다. 첫째는 '신앙' 혹은 '믿음(faith)' 을 뜻하는 '에무나' 이고, 둘째는 '진리(truth)' 를 뜻하는 '에메트' 이다. 그리고 셋째는 기독교인도 항상 사용하는 '아멘(so be it)' 이란 단어이다(Lamm, 1993, p. 14f). 특히 유대인은 '아멘' 이란 단어를 축복의 말씀을 받을 때나 혹은 축도 후 그 내용에 대한 '확인' 혹은 '동감' 을 표하는 대답으로 사용한다(Birnbaum, 1991, p. 46). 따라서 어머니는 가족의 신앙, 진리, 아멘의 역할을 담당한다고 볼 수 있다.

어머니의 신앙과 자녀의 신앙 사이에는 어떠한 관계가 있는가? 왜 어머니는 자신의 신앙을 자녀에게 전수시켜야 하는가? 이 질문에 답하기 위하여 하나님이 여성을 창조하실 때 부여하신 여성의 의무를 알아보자.

창세기 3장 20절에 따르면 아담이 그 아내에게 하와란 이름을 지어 주었다. 아담과 하와가 타락한 이후였다. 아담과 하와가 타락하기 이전에는 둘 다 '사람' 으로 불렸다(창 1:27). 다시 말하면, 타락하기 이전에는 하나님의 형상을 닮은 '사람' 이란 단어 속에 남자와 여자가 모두 포함되어 있다.

그러면 '왜 타락한 이후 아담이 자신의 아내 이름을 하와라고 불렀을까', 그리고 '하와란 단어에는 무슨 뜻이 있는가' 를 알아보자. 첫째, 아담이 '하와' 라고 부른 이유는 하와가 "모든 산 자의 어머니"가 되었기 때문이다(창 3:20). 이 말은 모든 인간은 어머니를 통하여 이 세상에 태어나고, 하와는 모든 어머니의 대표란 뜻이다.

둘째, 하와란 단어의 뜻에는 '여성의 의무' 가 나타난다. 하와는 인류 최초의 여성이며, 어머니였기 때문이다. 하와(חוה)란 히브리어 단어는 '생명을 주는 자'란 뜻을 갖고 있다. 당시 아담과 하와가 타락한 이후에는 개인적인 죽음을 맛보아야 했다. 그들은 하나님으로부터 '사망의 저주'를 받았기 때문이다(창 3:19). 그러나 하나님은 인간 개체는 죽되 인류의 종족은 계속 보존되고 번창하기를 원하셨다. 인류의 종족이 보존되고 번창할 수 있는 유일한 방법이 무엇인가? 그것은 여성이 아이를 낳아야 한다는 것이다(Hirsch, 1990, p. 20). 만약 여성이 아이를 안 낳는다면 인간은 멸종된다. 이것은 하나님의 뜻이 아니다. 하나님에 대한 도전이다. 그렇기 때문에 탈무드에는 결혼 후 여성이 10년 간 임신을 못 할 경우 남편은 더 이상 자식 없이 살아서는 안 된다(Cohen, 1995, p. 168)고 명시하고 있다.

따라서 성서신학적인 입장에서 어머니는 자녀의 육신적인 생명을 주는 자로 볼 수 있다. 유대인 정통파 랍비 허쉬(Hirsch)는 이에 더하여 성경에 포함된 이 단어의 깊은 뜻에는 "어머니는 자녀에게 육신적인 생명만 주는 것이 아니고, 영적 생명인 신앙을 주는 사명도 갖고 있다(1989a)"고 설명한다. 즉, 어머니는 자녀에게 육신적인 생명과 영적 생명인 신앙을 함께 전수해 주어야 할 책임이 있다.

그 근거의 실례를 신약에서 찾아보자. 정통파 유대인이었던 바울은 디모데에게 "이 믿음은 먼저 네 외조모 로이스와 네 어머니 유니게 속에 있더니 네 속에도 있는 줄을 확신하노라"(딤후 1:5)라고 말하였다. 바울은 왜 디모데의 믿음을 재는 척도로 디모데의 할아버지나 아버지의 믿음을 거론하지 않고 외할머니와 어머니, 즉 여성의 믿음만을 거론하였는가? 특히 디모데는 국제 결혼한 부부 사이에서 난 사람이다. 디모데의 어머니는 유대인이었고, 아버지는 헬라의 이방 사람이었다. 그런데도 디모데의 종교는 헬라 아버지를 닮지 않고 유대인 어머니를 닮았다.

유대인의 미드라쉬에도 여성에 따라 남성의 종교 교육이 결정된다는 해석이 있다. 랍비 엘리에셀은 "축복의 거룩하신 하나님이 모세에게 '너는 이스라엘의 딸들에게 가서 토라 말씀을 받을지 물으라'"고 말씀하신 것에 의문을 제기했다. 왜 하나님이 '이스라엘의 아들들'이 아니고 먼저 '딸들'에게 물으라고 하셨는가? 그의 해석은 "남편의 길은 여성의 의견에 따르기 때문이다"고 말했다(Telushkin, 1994, p. 116).

3. 심리학적인 견해

하나님께서는 오직 여성만이 자궁을 갖게 하시고 임신하게 하셨다. 자궁 속에 아기가 생기면 어머니는 10개월 동안 탯줄을 통하여 아기가 일용할 양식을 공급할 뿐만 아니라 EQ까지도 그대로 전달한다. 이것이 어머니와 아기와의 강한 모계 결속감(maternal bonding)이다. 즉, 어머니의 희로애락의 감정이 아기에게 그대로 전수된다. 따라서 태중의 아기에게 미치는 어머니의 심리적 영향은 절대적이다. 어머니의 태중 교육은 그만큼 중요하다.

그러나 그 동안 아버지는 그야말로 아기에게 아무런 영향을 미치지 못한다. 다만 아내를 사랑하면 사랑받는 아내의 행복감이 아기에게 전달될 뿐이다.

임산부가 아기를 해산한 후 어머니와 아기와의 심리적인 관계(EQ bonding)는 어떠한가? 유아 교육에 대한 유대인 심리학자의 연구를 보자.

에리히 프롬(Fromm, 1989)은 어머니와 아기의 관계를 이렇게 표현했다. 태중의 아기가 어머니의 뱃속에서 세상으로 나오면 심한 생명의 공포를 느낀다. 어머니 자궁에서의 따뜻함과 음식의 공급이 끊어졌기 때문이다. 그러나 아기는 어머니의 젖을 빨면서 음식을 공급받고, 가슴을 만지면서 따뜻한

체온을 느낀다. 그리고 아기가 울 때면 어머니가 안아 준다. 어머니는 아기가 필요한 모든 것에 대한 공급처이다. 어머니는 바로 따뜻함 자체이고, 어머니는 생명의 양식이다. 어머니는 아기에게 만족과 행복감을 준다. 프로이드의 말을 빌리면, 이것은 아기에게 있어서는 '자기 도취의 상태'이다. 그리고 차츰 아기는 외부의 두려움에서 벗어나 안정감을 되찾는다(Fromm, 1989, pp. 35-36).

이 때에 아기는 본능적으로 어머니를 신뢰하기 시작한다. 자궁 속에서 탯줄에 의지하던 아기가 점차 어머니의 사랑을 현실에서 믿기 시작하는 단계이다. 교육심리학자 에릭슨(Erikson, 1968, 1982)은 심리사회적 발달 측면에서 이 믿음의 단계를 '기본적 신뢰감 대(對) 불신감'의 시기(0-1세, 영아기)라고 구분하였다. 이 과정에서 아기는 육적인 체온이나 양식만 받는 것이 아니고, 어머니의 영혼의 신앙도 전수받는다. 어머니에 대한 무조건적인 신뢰 때문이다. 따라서 어머니는 자녀에게 신앙을 전수한다.

결론적으로 유대인 자녀는 아버지가 이방인일지라도 어머니가 유대인이면 유대인이다. 선민은 어머니에 의하여 결정된다. 신약의 성도들은 이 말을 법적인 유대인의 권한이라기보다는 유대인다운 유대인은 어머니의 교육에 달렸다는 어머니 교육의 중요성을 보여 주는 예로 보아야 할 것이다. 어머니는 자녀들에게 믿음을 전수해야 할 중요한 책임이 있기 때문이다. 따라서 한국 어머니의 종교 교육이 한국 기독교의 앞날을 밝게 할 수도 있고, 어둡게 할 수도 있다.

> 집과 재물은 조상에게서 상속하거니와
> 슬기로운 아내는 여호와께로서 말미암느니라. (잠 19:4)

제4장

어머니의 본질

I. 어머니는 사랑의 상징이다

여인이 어찌 그 젖 먹는 자식을 잊겠으며
자기 태에서 난 아들을 긍휼히 여기지 않겠느냐
그들은 혹시 잊을지라도
나는 너를 잊지 아니할 것이라.
(사 49:15)

1. 자녀를 양육하기 위한 어머니의 필수 요소

가정에서 어머니는 어떤 존재인가? 하나님은 여성을 창조하시고 왜 그들로 어머니가 되게 하셨는가? 어머니의 본질을 이해하려면 첫째, 하나님이 주신 여성의 의무가 무엇인지를 알고 둘째, 그 의무를 행할 수 있는 기본 필수 요소가 무엇인지를 알아야 한다. 그리고 셋째, 어머니 사랑의 위력에 대하여 알아야 한다.

첫째, 하나님이 여성에게 주신 의무는 무엇인가? 이를 알기 위해서는 여성이 남성과 다른 가장 큰 생물학적인 차이를 알아야 한다. 그 첫번째 차이는 하나님이 여성에게 아이를 낳는 사명을 주셨다(창 3:16)는 점이다. 앞서 언급한 대로 아담의 아내의 이름 '하와'란 히브리 단어 자체가 '생명을 주는 자'이다. 두 번째 차이는 하나님이 어머니에게 자녀를 양육해야 할 사명도 함께 주셨다는 점이다. 아이가 태어나면 어머니의 젖을 먹고 자란다. 아이를 양육하기 위한 젖은 아버지에게서 나오지 않고 어머니에게서만 나온다. 하나님의 창조의 방법이다.

둘째, 아이를 낳아 키우는 데 가장 필요한 기본 요소는 무엇인가? 그것은 사랑이다. 하나님은 어머니가 자녀를 낳을 때 어머니에게 강한 모성애를 함께 주신다. 어머니에게 자녀에 대한 사랑이 없다면 자녀를 도저히 키울 수 없기 때문이다. 따라서 자녀에 대한 어머니의 사랑은 하나님이 주신 본능이다. 물론 아버지도 자녀를 사랑하지만 어머니와 비교가 안 된다. 이 점에서 남성과 여성은 커다란 차이가 있다. 어머니가 갖고 있는 헌신적인 사랑, 그것은 하나님이 어머니에게 주신 귀한 특성이다. 따라서 "여성은 약하지만 어머니는 강하다"란 격언이 우리의 코를 찡하게 한다.

하나님은 왜 자신의 사랑을 젖 먹이는 어머니를 들어 비유하셨을까(사 49:15)? 하나님의 사랑은 어떤 어머니의 사랑보다도 깊고 넓다는 것을 설명하기 위함이다. 하나님은 사랑이시기 때문이다(요일 4:8). 특히 하나님의 사랑은 조건 없이 주시는 아가페적인 사랑이다. 남녀 간의 에로스적인 사랑이나 친구 간의 조건적인 필요의 사랑이 아니다. 또한 하나님의 사랑을 젖 먹이는 어머니에 비유하신 이유에는 하나님의 사랑 다음으로 이 땅에서 깊고 넓은 사랑은 어머니의 사랑이라는 사실이 포함되어 있다. 유대인의 속담에 "하나님은 모든 곳에 있을 수가 없으므로 어머니를 만들었다"는 말이 있다(Tokayer, 1984c, p. 132). 이 말은 하나님은 각 가정에 인간의 모습으로 나타나 자녀를 키우실 수 없으므로 각 가정마다 어머니를 두셨다는 뜻이다. 즉, 어머니는 하나님의 동역자로 하나님의 사랑을 대신 전해 주는 자란 뜻이다.

저자가 어렸을 때 저자의 어머니가 가끔 하신 말씀이 있다. "세상에 가장 보기 좋은 장면은 어미가 구워 놓은 고기를 자식들이 맛있게 뜯어 먹는 장면이다"라고. 실상 본인은 잡수셨다고 거짓말하시고 구경만 하시면서 말이다. 그 고기를 만약 다른 집 아이가 먹었다면 그 마음이 어떠하셨을까? 또한 어머니는 자식의 잘못을 무한정 용서해 준다. 사랑은 오래 참는 것이다. 그뿐만 아니라 어머니는 자식의 잘못까지도 자신이 뒤집어쓰기를 서슴지 않는다. 앞서 설명한 야곱의 어머니 리브가와 죄인을 구원해 주신 예수님의 희생 정신이 바로 이런 사랑의 표본이다.

사랑은 위에서 아래로 흐른다. 종족을 보존하기 위해서는 부모가 자식을 더 사랑할 수밖에 없다. 만약 하나님이 부모가 자식을 사랑하는 것보다 자식이 부모를 더 사랑하도록 창조하셨다면 인류의 역사는 오래 전에 끊어졌을 것이다. 이것은 인간이 아무리 하나님을 사랑한다고 하여도 하나님이 인간을 사랑하시는 것과는 비교가 안 되는 것과 마찬가지이다.

2. 모성애(母性愛)의 히브리 어원: 자궁의 역할

유대인의 탈무드는 "유대인은 동정심 있는 부모의 동정심 있는 자녀들이다. 만약 동정심이 없다면 그는 아브라함의 자손이 아니다(Betzah

모성애를 나타내는 사랑과 정서와 눈물(EQ: compassion)의 히브리 원어는 여성의 '자궁'이란 뜻이 있다. 자궁은 아기를 임신하고 사랑과 보살핌으로 키우는 역할을 한다. 사진은 딸을 가슴으로 껴안아 사랑을 표현하는 유대인 어머니.

32a)"라고 단정하였다. 유대인은 인간다운 인간의 조건으로 동정심을 그만큼 강조하는 민족이다. 유대인의 동정심(EQ)은 여성의 몫이다. 여기에서 말하는 '동정심'에 해당되는 영어 단어 '컴패션(compassion)'은 한 가지 의미의 한국어로 번역하기 힘들다. 히브리 원어의 뜻을 살리기 위해서는 '컴패션'을 한국어로 사랑·정서·눈물(동정)이라 표현하는 것이 적절하다. 이는 EQ에 해당되는 단어이다. 여성은 왜 '사랑과 정서와 눈물(EQ)'의 상징인가? 그 이유를 히브리 원어에서 알아보자.

탈무드에서는 아예 하나님을 '동정(同情)' 혹은 '자비(the Compassionate, HaRahamim)'로 부른다. 신약 성경에도 하나님을 '자비의 아버지(the Father of mercies)'로 불렀다(고후 1:3). 그리고 한글 개역 성경에는 영어 단어 '컴패션(compassion, 동정심)'의 동사형이 '불쌍히 여기다' '긍휼히 여기다'(마 5:7, 18:33)로 표현되어 있다.

불우한 사람을 불쌍히 여기는 동정심은 하나님의 속성이다. 하나님의 동정심은 사랑의 다른 표현이다. 따라서 성도가 하나님의 형상(속성)을 닮는다는 말은 하나님의 동정심을 닮는다는 뜻이다. 그러면 하나님 이외에 인간 사회에서 동정심의 원천은 어디인가? 이에 답하기 위해서 성경에 쓰인 동정이란 단어의 원뜻을 살펴보자.

동정심이란 히브리어 '라하밈(רחמים)'은 여성의 자궁을 뜻하는 단어 '레헴(רחם)'에서 유래됐다. 그러면 동정심과 여성의 자궁과는 어떠한 상관관계가 있는가? 여성의 자궁은 여성이 남성의 귀한 아기씨를 임신하여 탯줄을 통하여 아기가 필요한 영양분을 공급할 뿐만 아니라 태중의 아기를 따뜻하게 보살피고 사랑을 주는 가장 귀한 신체 기관이다. 그리고 하나님은 자궁을 여성에게만 주셨다. 따라서 자궁을 소유한 여성은 부드러움, 따뜻함, 보살핌, 그리고 사랑의 상징이다(Lamm, 1980, p. 99, 1993, p. 122). 이러한 여성의 상징은 바로 어머니의 상징이다. 그렇기 때문에 아기를 임신하고 키우는 여성의 자궁은 보배로운 것이다.

이 말은 무슨 뜻인가? 이는 자궁을 소유한 모든 여성은 선천적으로 자녀를 잉태하고 키우는 어머니의 모성애를 갖고 있다는 뜻이다. 그리고 이 여성의 모성애는 하나님의 동정심이다. 긍휼히 여기는 따스한 눈물의 마음이다. 사랑의 마음이다. 따라서 여성은 따뜻함과 보살핌, 그리고 동정심과 눈물의 상징이다. 즉, 사랑의 상징이다.

이러한 모성애는 여성들이 어릴 때 즐기던 장난감 놀이에서도 잘 나타난다. 여아들은 장난감으로 아기 인형을 갖고 논다. 아기 인형을 추스르며 안아 주고, 밥을 먹이거나 예쁜 옷을 입혀 주는 시늉을 한다. 아기가 울면 달래는 시늉으로 함께 울기도 한다(Lahaye, 1978, p. 70). 이러한 가상의 어머니 모습에서 하나님이 여성에게 부여하신 본능적인 사랑의 모성애를 발견할 수 있다. 이는 하나님의 속성이다. 이는 같은 또래 남자 아이들이 밖에서 장난감 권총을 잡고 '탕! 탕!' 하면서 전쟁놀이를 하는 것과 크게 대조된다.

남녀의 성격은 유전적으로도 다르다는 것이 입증되었다. UCLA의 심리학자인 멜리사 하인즈가 3~8세 어린이를 대상으로 놀이 기구 선택의 차이와 이유를 조사한 결과에 의하면 남아들은 전형적인 남자 장난감인 트럭을 선호하고, 여아들은 아기 인형을 좋아한다(한국일보, 남녀 성격 유전적으로 다르다, 1993년 5월 11일, 미주판).

그렇기 때문에 유대인 현자들은 하나님이 여성에게 온정과 동정심의 은사를 주셨다고 여긴다. 가끔 사랑 많은 여성이 약자를 긍휼히 여기는 마음으로 앞 못 보는 맹인에게 시집을 가거나, 혹은 간호사가 자신이 돌보던 불구가 된 환자에게 시집을 가는 이유가 바로 여기에 있다. 그러나 남성은 다르다. 여성에 비해 이기적이다. 잘생긴 남성이 앞 못 보는 맹인 여성을 불쌍히 여겨 장가간 예는 보기 힘들다. 그렇기 때문에 여성은 이러한 하나님이 부여하신 온정과 동정의 기준에 순종하므로 사회를 따뜻하고 인정 있는 사회로 변화시켜야 할 책임이 있다(Lamm, 1980, p. 99).

그러나 현대 여성들은 하나님이 주신 여성의 모성애를 점점 잃어가고 있다. 현대 교육의 영향 때문이다. 결혼한 부부가 이혼할 때 자녀를 맡는 비율도 차츰 어머니에게서 아버지에게로 옮겨지고 있다. 통계청 인구 주택 총조사에 의하면, 1966년도에는 편모 가구 91.1%, 편부 가구 8.9%이던 것이 1990년도에는 편모 가구 78.8%, 편부 가구 21.2%로 편부 가구가 무려 12.3%나 늘었다(조선일보, 1996년, 11월 19일, p. 32). 부모들이 딸 교육을 잘못 시켰기 때문이다. EQ 교육을 안 시키고 IQ 교육만 시켰기 때문이다. 안타까운 일이다. 이는 여성이 여성이기를 거부하는 것이요, 하나님에 대한 중대한 도전이다.

3. 어머니의 사랑의 위력

어머니의 사랑의 위력을 알아보자. 유대인의 격언에 이런 말이 있다. "한 자루의 촛불로 여러 개의 초에 불을 붙여도 처음 촛불의 빛은 약해지지 않는다"(Shilo, 1993, p. 227). 사랑의 촛불은 많은 사람에게 나눠 주어도 그 빛의 양과 질이 줄지 않는다는 뜻이다. 그 대표적인 예가 어머니의 사랑이다.

사랑을 쉽게 표현한다면 '손해 보는 것'이다. 조건 없이 손해 보는 것일수록, 그것도 알면서도 기쁨으로 손해 보는 것일수록 더 귀하다. 그런데 신기한 현상이 있다. 사랑을 하면 할수록 사랑이 메마를 것 같은데 사랑을 퍼주면 퍼줄수록 더 샘솟는 것이 어머니의 사랑이다. 그리고 자녀가 많은 어머니는 강한 모성애의 발동으로 몸만 강건한 것이 아니고 정신력도 강하다.

어머니의 사랑을 받은 자녀들은 항상 밝고 명랑하다. 사진은 정통파 유대인의 딸들. 밝은 표정이 너무나 귀엽다.

어머니의 사랑에는 한계가 없다. 어머니는 한 명의 아이를 낳으나 열 명의 아이를 낳으나 각 자녀들에게 똑같은 양과 질의 사랑을 공급한다. 그런데 그 사랑의 양과 질은 오히려 처음 것보다는 나중 것이 더 많고 좋다. 그래서 "자식은 내리사랑"이란 말이 있다. 그리고 어머니는 막내를 더 사랑한다. 사랑은 위에서 밑으로 흐르는 것이다. 이는 마치 예수님이 한 사람이 먹을 양식인 보리떡 다섯 개와 물고기 두 마리로 5천 명을 먹이고도 남은 기적(요 6:1-13)과 같은 원리이다. 이것이 사랑의 위력이다. 어머니의 사랑은 퍼주면 퍼줄수록 남는다. 따라서 어머니는 눈에 보이는 하나님이시다. 아이 낳기를 두려워하는 현대 여성의 이기주의가 얼마나 인본주의인가를 생각하게 한다.

옛 어머니의 예를 들어 보자. 동서양의 옛 어머니들은 보통 열 명 이상의 자녀를 낳았다. 피임 방법이 거의 없었고 밤에 TV를 보거나 특별한 여흥거리가 없었던 시대였다. 영국의 유명한 감리교 창시자 요한 웨슬리의 어머니 수잔나 웨슬리(Susanna Wesley)는 21년 간 19명의 자녀를 두었다. 그 중 요한 웨슬리는 15번째 아들이었다. 그리고 찬송가 작가로 유명한 그의 동생 찰스 웨슬리는 17번째 아들이었다. 어머니 수잔나 웨슬리는 25번째 막내딸로 요한 웨슬리의 부친 사무엘 웨슬리에게 시집왔다. 목사의 사모가 된 수잔나 웨슬리는 늘어나는 식구 때문에 항상 가난에 찌들어야 했다(Miller, 1943).

이러한 예는 한국의 어머니들도 마찬가지였다. 그런데도 옛 어머니들의 사랑은 모든 자녀들에게 똑같은 양과 질의 사랑을 퍼주고도 남는다. 그 결과 그들은 육체적으로, 정신적으로 더 건강하였다. 요즘 어른들이 가난하게 자랐는데도 얼마나 장수하고 계신가? 그런 의미에서 사랑은 '건강의 묘약'이라고도 할 수 있다. 즉, 자녀가 많은 어머니는 강한 모성애가 발동하여 몸만 건강한 것이 아니라 정신력도 강하다.

이것은 요즘 젊은 여성들이 아이를 안 가지면서도 몸이 약한 현실과 크게 대조된다. 현대 여성은 몸만 약한 것이 아니고 정신력도 옛 어머니들과 비교하여 크게 약화되어 있다. 왜 그런가? 현대 여성은 자녀를 적게 낳고 사랑 주기에도 인색하기 때문이다.

　또한 어머니는 사랑의 끈으로 자녀들의 영혼을 잡고 있다. 자녀들은 크고 작은 위기에서 '어머니'를 부른다. 제2차 세계대전 때의 일이다. 독일의 히틀러 정권이 유대인을 6백만 명이나 학살했다. 아우슈비츠 수용소의 가스실은 유대인을 대량 학살한, 악명 높은 수용소이다. 나치 군인들이 유대인을 목욕시켜 준다고 속이고 들여보낸 후 살상 가스를 뿜어댈 때, 한 유대인이 죽어가면서 손톱으로 벽을 긁어 '나의 어머니'를 썼다. 죽음 직전에 마지막으로 보고 싶고 부르고 싶은 이름, 그 이름은 '어머니'라는 이름이었다. 무엇이 그들을 그렇게 만들었는가? 어머니의 사랑의 위력이다.

　하나님은 여성에게 아이를 낳을 의무를 주셨고, 어머니는 아이를 키울 가장 필요한 기본 요소인 사랑의 본능, 모성애를 주셨다. 그리고 그 사랑의 위력은 자식의 수에 관계 없이 풍성하게 나타난다. 따라서 사랑은 어머니의 본질이다.

II. 남성은 여성을 여성답게 한다: 참여성이 되는 세 가지 단계

남성은 여성을 여성 되게 해야 할 책임이 있다. 이것은 하나님이 성도에게 명하신 종교적인 의무이다. 남편이 여성을 진정한 참여성이 되게 하는 데에는 세 단계가 필요하다. 첫째, 남성이 여성과 결혼을 해야 하고 둘째, 남편이 아내로 하여금 어머니가 되게 하여야 하며 셋째, 남편은 아내를 사랑해야 한다. 이 세 가지 단계를 알아보자.

1. 여성은 남성과 결혼하라

A. 구약의 결혼: 결혼한 사람이 진정한 '사람'이다

유대인 남성은 의무적으로 여성과 결혼을 해야 한다. 이것이 여성을 여성답게 하기 위한 첫번째 단계이다. 이것은 종교적인 의무이다. 유대인의 탈무드에는 "결혼하지 않은 사람은 기쁨과 축복, 그리고 선(good)이 없는 삶을 살고 있다(Jeb. 62b)"고 쓰여 있다. 또한 탈무드는 "결혼하지 않은 인간은 진정한 의미에서 '사람'이 아니다(Jeb. 63a)"고 말한다. 그 이유는 창세기 5장 2절에 근거를 두고 있다. "하나님이 남자와 여자를 창조하시고 그들이 창조되던 날에 그들에게 복을 주시고 그들의 이름을 사람이라 일컬으셨더라"(창 5:2)(Cohen, 1995, p. 162).

유대인은 여기에서 하나님이 최초 부부의 이름을 '사람'이라고 부른 것은 하나님이 창조하신 남자와 여자가 결혼하여 부부가 되었을 때 그들에게 복 주시고 '사람'이라고 부르셨다는 말씀이다. 이를 바꾸어 말하면, 하나님

유대인은 결혼한 사람을 '사람'이라고 부른다. 사진은 저녁에 훗파라는 장막 밑에서 결혼하는 유대인 신랑 신부. 장막은 가정을 뜻하고 가정은 성전을 뜻한다.

은 그들이 결혼하지 않고 독신으로 있었으면 축복하시지도 않았고 '사람'이라고 부르지도 않으셨다는 말씀이다.

 따라서 이를 정리하면 세 가지로 요약된다. 첫째는 하나님은 결혼한 사람들을 '사람'이라고 부르셨다. 둘째는 결혼한 사람에게 하나님이 축복하셨다. 셋째는 하나님은 독신자를 '사람'이라 부르시지 않았고, 그들에게는 기쁨과 축복, 그리고 선이 없다고 말씀하셨다. 이런 점에서 구약은 독신자들에게 가혹한 점이 있다. 성경은 그만큼 가정을 통한 자녀 생산을 중요시한다.

B. 신약의 영적 해석: 그리스도와 결혼한 성도가 진정한 '사람'이다

창세기에 나타난 남자와 여자의 결혼에 관한 위의 세 가지 요약을 신약적인 입장에서 해석해 보자. 유대인의 문자적 구약의 자료들은 신약적인 영적 해석을 더 명확하게 해준다. 구약은 신약의 그림자이기 때문이다.

정통파 유대인이었던 바울은 영적인 비유로 그리스도를 신랑으로, 성도를 신부라고 불렀다(고후 12:2). 따라서 영적 측면에서 우리 인간도 신랑 되신 예수 그리스도와 연합하여 결혼한 상태(롬 6:3-5; 고전 6:15-17, 11:2), 즉 "예수 믿고 거룩한 성도가 되었을 때에 '사람'이지, 그리스도와 상관이 없으면 영적인 의미에서 진정한 '사람'이 아니다"라고 해석할 수 있다.

따라서 영적으로 예수 믿는 성도들은 그리스도와 결혼했기 때문에 육적으로 결혼을 한 사람이건 독신자이건, 남자나 여자나 모두 영적으로 '사람'에 속한다. 그러므로 신약 시대에는 결혼하지 않은 독신자들도 예수님만 믿으면 '사람'이 될 수 있다. 이는 하나님 자녀만이 가질 수 있는 특권이다. 즉, 사람이면 다 사람이 아니라 하나님의 백성만이 '사람'이란 뜻이다.

이에 대한 더 구체적인 이유를 성경에서 찾아보자. 하나님께서는 창세기 1장 27절이나 5장 2절에 나타난 최초의 부부 남자와 여자(아담과 하와)를 '사람'이라고 부르셨다. 왜냐 하면 그들은 "하나님의 형상을 닮은 사람," 즉 인간이 죄짓고 타락하기 이전의 모습이기 때문이다. 그러나 타락한 이후의 인간은 하나님의 형상을 잃었기 때문에 영적인 의미에서 창세기 1장 27절이나 5장 2절에서 언급한 대로 '사람'이 아니고 '죄인'이다.

그러면 어떻게 해야 죄짓기 이전의 '사람'이 될 수 있는가? 본래의 '하나님의 형상'을 회복하여야 한다. 그 방법은 첫째 아담의 불순종으로 온 인류가 죄인이 되었기 때문에 이를 회복하기 위하여는 오직 둘째 아담의 표상이신 예수 그리스도와 연합함으로만이 가능하다(롬 5:12-19; 고전 15:22, 45-47). 즉, 죄인이 예수님을 구주로 영접했을 때 잃었던 하나님의 형상을 되찾은 의인이 될 수 있다.

바울은 이 비밀을 깨닫고 "…내가 너희를 정결한 처녀로 한 남편인 그리스도께 드리려고 중매함이로다"(고후 11:2)라고 말했다. 따라서 바울은 남자와 여자가 만나 결혼하는 것에 영적 비밀이 크도다라고 감탄하였다(엡 5:31-32).

이 내용을 신약적인 입장에서 정리하면, 첫째, 하나님은 그리스도와 결혼한 성도들을 '사람'이라고 부르시고 둘째, 하나님은 성도에게 축복하신다. 셋째, 그리스도를 모르는 불신자에게는 기쁨과 축복, 그리고 선이 없다.

C. 토라(하나님의 말씀)와 결혼한 유대 민족

지금까지 신약 시대의 그리스도와 성도 간의 관계를 결혼으로 비유하여 설명하였다. 그렇다면 구약 시대의 하나님과 유대인의 관계는 어떠한가?

구약 성경도 하나님을 신랑으로, 하나님의 선민인 유대인을 신부로 비유한다. 즉, 이것은 하나님과 유대인은 결혼한 한몸(사 62:4-5; 호 1:1-3:5)이란 뜻이다.

하나님과 유대인이 결혼한 한몸이란 비유는 현재 유대인이 하나님의 말씀인 두루마리 성경, 토라를 회당에 헌납하는 헌납식에서도 찾아볼 수 있다. 그들은 새로운 하나님의 말씀인 토라를 회당에 기증할 때, 기증할 토라를 일단 랍비의 집에 보관한다. 그리고 날을 정하여 그 토라를 회당으로 옮기어 헌납하는 예식을 치르는데 그 예식이 바로 하나님과 유대인이 결혼하는 결혼 예식의 방식으로 거행된다.

유대인은 두루마리 성경인 토라를 회당에 헌납할 때에 하나님의 말씀과 유대인이 결혼한다는 의미로 결혼 예식을 통하여 헌납한다. 사진은 유대인들이 결혼식처럼 훗파 속에 토라(하나님의 말씀)를 넣고 회당으로 향하는 모습. 하나님의 말씀이 유대인과 결혼하는 것을 상징한다.

    토라를 회당에 헌납하는 날은 온 회당 성도들의 즐거운 축제날이다. 결혼 축제와 같은 날이다. 온 회중이 일찍 랍비의 집에 와 기다리고 있으면 결혼식에 쓰이는 훗파를 든 네 사람이 나타난다. 그리고 랍비의 집에서 토라를 꺼내면 그 토라를 껴안은 사람이 훗파 속으로 들어간다. 그리고 그 훗파와 함께 토라를 껴안은 채 랍비를 따라 회당을 향해 걸어간다. 토라가 회당으로 향하는 동안 그 주위를 온통 성도들이 둘러싸고, 기악에 맞추어 손뼉치면서 창화하며 그 훗파를 따라간다. 그리고 회당에서는 다른 모든 토라를 꺼내서 강대상을 함께 몇 번 돈 후 지성소인, 토라를 보관하는 곳에 순서대로 집어넣는다.

유대인이 토라 헌납식을 결혼 예식으로 치르는 영적 의미는 무엇인가? 구약에서 율법은 하나님의 말씀을 뜻한다. 그리고 여호와 하나님의 말씀은 곧 하나님이시다(요 1:1-3). 하나님은 유대인을 "마음에 내 율법이 있는 백성들"(사 51:7)이라고 부르셨다. 유대인의 마음에 율법이 있다면 이것은 하나님과 유대인이 결혼하여 한몸임을 의미한다. 왜냐 하면 하나님의 말씀 자체가 하나님이기 때문이다. 따라서 유대인은 토라(율법, 하나님의 말씀)와 결혼한 민족이다. 즉, 유대인은 하나님과 결혼한 민족이란 뜻이다.

이러한 성경 해석은 신약 시대의 하나님과 성도의 관계에도 그대로 적용된다.

예수님은 이 땅에 말씀이 육신이 되어 오신 분이시다(요 1:14). 즉, 예수님은 근본 하나님의 본체시며(빌 2:6), 말씀 자체이시다. 따라서 말씀 되신 예수님은 신약 성도들의 신랑 되시고 성도들은 그의 신부가 된다. 그러므로 성도들이 예수님과 연합하여 한몸이 되었다는 사실은 성도들이 여호와 하나님의 말씀과 연합하여 한몸이 되었다는 뜻이다.

그렇기 때문에 예수님은 "영생(永生)은 곧 유일하신 참하나님과 그의 보내신 자 예수 그리스도를 아는 것"(요 17:3)이라고 말씀하셨다. 이 말씀에서 강조하는, "'영생'은 참하나님과 예수 그리스도를 안다는 것"은 곧 여호와 하나님의 말씀을 안다는 것이다. 즉, 하나님의 말씀 속에 영생이 있다는 말이다. 이것은 인간이 하나님이신 하나님의 말씀과 결혼하여 연합되면 영생을 얻는다는 뜻이다.

사람이 사람이면 다 사람이 아니라 하나님의 백성만이 '사람'이란 뜻은 바로 여호와 하나님의 말씀을 마음에 받아 그리스도의 신부가 되어 말씀 맡은 자로서 말씀대로 양육 받은 사람만이 '참사람'이란 의미이다. 따라서 성도는 생명의 말씀을 영혼의 양식으로 매일같이 먹어야 영혼이 죽지 않고 살 수 있다.

결론적으로 하나님의 말씀인 토라(율법)가 이스라엘 백성과 결혼하여 한 몸을 이루었다는 개념은 신약에서도 그대로 적용된다. 따라서 말씀을 알지도 못하고 깨닫지고 못하는 성도는 진정한 의미에서 성도가 아니다. 진정한 성도는 매일의 성경 말씀 속에서 새 힘을 얻고 성결한 그리스도의 신부로서의 사명을 잘 감당해야 한다.

2. 여성은 어머니가 돼라: 남편의 육체적 사랑의 열매

남편의 아내 사랑은 두 가지 면에서 살펴볼 수 있다. 첫째는 육체적인 사랑이고, 둘째는 정신적인 사랑이다. 남성이 여성을 진정한 여성이 되게 하기 위한 두 번째 단계는 아내로 아이를 낳아 어머니 되게 하는 것이다. 이를 위해서는 남편이 아내를 육체적으로 사랑해 주어야 한다.

먼저 남편이 아내를 육체적으로 사랑해 준다는 말의 의미와 그 사랑의 열매에 대하여 성경은 어떻게 말씀하고 있는가 알아보자. 창세기 4장 1절의 말씀을 보면 "아담이 그 아내 하와와 동침하매(had known) 아들을 낳았다"고 기록되어 있다. 여기에서 쓰인 '동침하다'의 히브리 원어는 동사 '야다(יָדַע)'로, 그 뜻은 '알다(know)'이다. '동침하다'는 원어의 뜻에 따르면, 진정한 서로의 앎은 육체를 서로 경험할 때 알게 된다는 뜻이다. 즉, 상대방과 체험적인 일이 있어야 정확하게 서로를 알 수 있다는 뜻이다.

체험적으로 아는 것, 이것이 바로 부부간의 사랑이다. 서로가 체험적인 경험을 통하여 서로를 알게 되고, 그러한 앎을 통하여 부부는 자녀를 생산할 수 있다. 따라서 플라토닉한 정신적인 사랑에는 한계가 있다.

성도는 그리스도와의 체험적인 신앙을 통하여 그를 구세주로 영접하고 그의 신부가 된다. 따라서 기독교는 체험적인 종교이다. 그리고 그는 믿음의 열매로 전도하여 영적 자녀를 생산할 수 있다. 진정한 사랑에는 생산적인 열매가 열린다. 자녀가 바로 부부 사랑의 열매이다.

남편이 아내를 온전히 사랑하기 위해서는 다른 여성과 육체적인 부도덕한 행위를 해서는 안 된다. 이는 여성도 마찬가지이다. 탈무드는 결혼을 지고한 것으로 강조한다. 일반적으로 '결혼'이란 용어는 '키두심'이다. '성결'을 뜻한다.

유대인이 결혼을 '성결'이라고 부르는 이유는 남편은 자신의 아내를 성소(the Sanctuary)에 봉헌한 성물처럼 여겨야 하기 때문이다. 또 그 성물(聖物)을 세상에 내어놓으면 안 된다는 뜻이다. 귀한 것일수록 깊은 곳에 감춰 놓아야 한다. 이것은 남편과 아내 모두에게 엄격한 순결을 요구하는 말이다.

가정에서의 부도덕은 채소의 벌레와 같다(Cohen, 1995, p. 164). 채소에 붙어 있는 벌레는 처음에는 조그만 상처를 내는 것 같지만, 나중에는 채소를 모두 좀먹는다. 부부간의 부정도 마찬가지이다. 끝내는 가정을 망친다.

성경에서 왜 동성 연애자들을 크게 죄악시하는가(레 18:22-29)? 유대인의 탈무드에서는 그 주된 이유를 동성끼리 결혼하면 사랑의 열매인 자녀 생산이 없기 때문이라고 설명한다. 자녀 생산이 끊어지면 선민의 맥이 끊어진다. 선민은 '말씀 맡은 자'이다(롬 3:2). 따라서 선민이 끊어지면 여호와의 말씀이 끊어진다(Lamm, 1980, pp. 67-68). 이는 하나님의 창조 원리에 대한 중대한 도전이다.

똑같은 논리로 신부인 성도가 신랑 되신 그리스도를 사랑할 때 영적 자녀를 생산할 수 있다. 그렇지 않고 그리스도를 사랑하지 않으면 영적 자녀를 생산할 수 없다. 구약에서 자녀를 생산치 못하는 육적 신부가 죄인인 것처럼,

신약에서는 영적 자녀를 생산치 못하는 영적 신부도 죄인이다.

남편이 아내를 많이 사랑하면 사랑할수록 자녀가 많이 생산되는 것처럼, 성도가 남편 되신 그리스도를 많이 사랑하면 사랑할수록 많은 이웃을 전도하여 영적 자녀를 낳게 된다. 그렇기 때문에 바울은 교회론을 쓰면서 그리스도와 교회의 관계가 남편과 아내의 관계와 동일함을 깨닫고 "부부 사이의 비밀이 크도다"(엡 5:32)고 경탄하였다. 결혼하지 않은 신약의 성도들은 육적 자녀를 생산할 수는 없을지라도 예수 신랑을 뜨겁게 사랑하여 영적 자녀라도 많이 낳았으면 좋겠다.

3. 남편은 아내를 사랑하라: 자녀 교육의 시작

A. 아내 사랑은 여성의 사랑의 샘을 터지게 한다

남편이 여성을 진정한 여성이 되게 하기 위한 세 번째 단계는 남편이 아내를 사랑하는 일이다. 이제 아내에 대한 남편의 정신적인 사랑이 아내의 자녀 사랑에 어떠한 영향을 미치는지 알아보자. 남편의 정신적인 사랑이란 영혼으로 사랑하는 것을 말한다. 저자는 편의상 남편의 아내 사랑을 두 가지 영역, 즉 육체적 사랑과 정신적인 사랑을 겸한 것을 전제 조건으로 놓고 설명하고자 한다.

자녀를 가진 어머니는 사랑의 상징이다. 어머니에게는 사랑의 샘이 있다. 어머니의 사랑의 샘은 어떻게 해야 터지고, 어떻게 해야 계속 사랑의 샘물이 흐르게 할 수 있는가? 남편의 사랑을 받을 때 여성에게 숨어 있던 사랑의 샘이 터진다. 그리고 남편의 아내 사랑이 계속하여 진행될 때 어머니의 사랑의

신랑은 기도복을 입고, 신부는 면사포를 쓰고 결혼하는 정통파 유대인. 신랑이 주례 랍비에게서 포도주잔을 받아 먼저 마신 후 아내에게 먹여 주고 있다. 포도주는 '기쁨'을 상징한다. 남편은 아내에게 사랑으로 기쁨을 주어야 한다.

샘물도 계속하여 흐른다.

　어머니는 똑같은 자신의 자녀라도 남편을 사랑하여 낳았을 때와 남편을 사랑하지도 않는데 억지로 낳았을 때 그 사랑이 다르다. 또한 똑같은 자녀인데도 자녀를 기를 때 남편의 사랑을 받을 때와 안 받을 때의 자녀에 대한 사랑이 다르다. "남편이 미우면 자식도 밉다"는 어머니들의 말이 빈말이 아니다. 아내가 남편을 미워하면 아기에게도 "너는 왜 네 애비를 꼭같이 닮았느냐?"고 윽박지르기 쉽다. 남편에 대한 분노를 아기에게 쏟는다. 이것은 남편의 아내 사랑이 자녀에게 그만큼 크게 영향을 미친다는 말이다. 정통파 유대인이었던 사도 바울이, 남편에게 아내 사랑하기를 그리스도가 교회를 사랑하시고 위하여 자신을 주심같이 사랑하라(엡 5:25)고 명령하신 이유가 바로 여기에 있다. 따라서 남편이 아내를 사랑하는 것은 자녀 사랑의 첫걸음이다. 이것이 하나님의 창조 원리이다.

성도가 예수님의 사랑을 먹어야, 즉 은혜를 받아야 이웃을 사랑할 수 있는 것처럼 아내는 남편의 사랑을 받아야 자녀에게 사랑을 나누어 줄 수 있는 원리와 같다. 일단 어머니가 된 여성은 남편의 사랑을 받으면 자녀에게 상상하지 못할 정도의 사랑을 퍼주게 되어 있다. 남편의 사랑을 받는 어머니는 자녀를 의무로 키우는 것이 아니고 삶의 기쁨으로 키운다. 자녀는 어머니의 사랑을 먹고 자라며, 아내는 남편의 사랑을 먹고 성숙해진다. 아내 된 성도가 남편인 그리스도의 사랑을 먹고 자라듯이 말이다.

B. 유대인 남편의 아내 사랑

1) 아내를 네 자신보다 더 존중히 여기라

구약 성경에는 남존여비 사상이 곳곳에서 발견된다. 여성은 인구 조사에서 제외된다. 유대인이 여성을 차별하는 듯한 기록은 성경 외에 탈무드에서도 발견된다. 랍비 유다는 남성이 기도할 때에 하나님께 다음의 세 가지를 감사해야 한다고 말했다. 첫째, 하나님이 나를 '이교도(異敎徒)'로 만들지 않은 것 둘째, 나를 '여성'으로 만들지 않은 것 셋째, '짐승 같은(어리석은) 자'로 태어나게 하지 않은 것에 감사해야 한다. '짐승 같은 자'는 죄를 무서워하지 않는 인간을 말한다. 유대인이 사용하는 실제 기도문에는 세 번째의 '어리석은 자' 대신에 '노예'로 되어 있다(Cohen, 1995, p. 159; Telushkin, 1994, p. 112). 또한 탈무드에는 이러한 말이 있다. "세상은 남성과 여성 없이 존재할 수 없다. 그러나 아들들을 가진 자에게는 행복이고, 딸들을 가진 자에게는 화(禍)로다"(Telushkin, 1994, p. 108).

언뜻 이러한 기록만 강조한다면, 유대인 남성은 여성을 무시하는 것처럼 오해받을 수도 있다. 그러나 반면에 유대인 남성에게는 여성을 사랑하라는 계명도 있다. 유대인의 탈무드는 "남자는 아내를 자신과 같이 사랑하고 자신보다 더 존중해야 한다"고 말했다. 부부는 서로가 동반자로 존중하며 살아야 한다. 유대인의 잠언 말씀에도 "너의 아내가 키가 작거든 허리를 굽혀 그녀에게 속삭이라"(Cohen, 1995, p. 165)고 말했다. 이 말은 남편이 자신을 너무 우월하게 생각하지 말라는 말이다.

저자는 유대인 가정을 방문하여 유대인 어머니들이 많은 자녀들을 위하여 최선을 다해 일하는 모습을 보아 왔다. 하루는 그 부인에게 물었다. "남편

유대인 남자는 아내를 사랑하는 방법을 안다. 남편
에게 사랑받는 아내는 그 사랑을 자녀에게 쏟는다.
따라서 남편의 아내 사랑은 자녀 교육의 시작이다.
사진은 성년식 후 토라 앞에 선 소년과 부모.

이 당신을 사랑해 주느냐"고. 그랬더니 그 부인은 "내가 남편의 사랑을 받으니까 이렇게 일해도 지치지 않지, 만약 저 사람 아니면 나는 이렇게 일할 수 없을 것입니다"고 대답했다. 저자에게는 이 말이 "만약 남편이 다른 여자한테 한눈을 판다면 나는 벌써 지쳤을 겁니다. 그러나 내 남편이 나를 사랑하는 한 어떠한 고난도 견딜 수 있습니다"로 들렸다. 마치 예수님께서 나를 사랑하신다는 확신이 있을 때 어떠한 고난 속에서도 힘이 솟는 것처럼 말이다. 그녀는 '보람 있는 수고'에 행복한 모습이었다. 인간의 행복한 삶은 얼마나 고생스러우냐보다도 얼마나 희망을 갖고 보람된 삶을 사느냐에 있다. 아내를 사랑하는 일은 가정을 지키는 일이고, 가정을 지키는 일은 하나님의 성전을 지키는 일이다. 남편들은 얼마나 커다란 사명을 갖고 있는가?

물론 아내가 남편에게 순종하지 않는 것도 문제가 되지만 남편이 아내를 사랑하지 않는 것도 가정의 큰 문제가 된다(엡 5:22-25). 유대인이었던 베드로도 남편이 아내를 사랑하지 않으면 남편의 기도가 하늘에 상달되지 않는다면서 아내 사랑을 강조했다(벧전 3:7). 유대인은 생전에 자신의 아내와 함께 사는 것이 얼마나 소중한가를 이렇게 비유했다. 탈무드에는 "첫 부인이 자신의 생전에 죽으면 예루살렘 성전이 자신의 생전에 파괴된 것 같고… 첫 부인이 자신의 생전에 죽으면 자신에게 세상이 어두워진다"고 말했다(Telushkin, 1994, p. 123).

저자가 만난 대부분의 정통파 유대인들은 아내를 사랑하는 방법을 잘 안다. 그들은 아내에게 부드럽게 대하며 잘 해준다. 남편은 엄하거나 권위적이지 않다. 한국 남성은 아내를 사랑한다 하여도 사랑의 방법을 모르거나, 알아도 실천을 못 하여 얼마나 많은 손해를 보는가? 저자도 충청도 사람으로 아내가 듣기 좋아하는 말은 잘 못 하는 성격이다. 그러나 유대인의 어머니 교육을 연구한 이후에 변하려고 많이 노력한다. 저자의 아내와 전화할 때였다. 전화를 부드럽게 받은 후에 끊기 전 영어로 "아이 러브 유"라고 말해 주었다. 그랬더니 저자의 아내는 감격한 목소리로 "미 투(Me too), 어쩐 일이에요?" 하며 웃었다. 저자나 아내나 한국 말로는 쑥스럽다. 그 날 저녁은 아내가 신이 나 있었다. 돈 드는 일이 아닌데도 실천하기 힘든 부분이다.

2) 아내에게 바치는 시

유대인에게는 매주 금요일 안식일 식탁에서, 남편과 자녀들이 모두 아내와 어머니에게 사랑을 표현하는 시를 노래로 부르는 순서가 있다. 시의 내용은 잠언 31장 10절에서 31절에 있는 '현숙한 여인'에 관한 시이다. 유대인은 왜 이런 시를 아내와 어머니에게 드리는가?

유대인의 설명을 들어 보자. 남자가 연애하는 로맨틱한 시기에는 애인을 위해 시를 많이 읊지만, 결혼하면 그런 기분이 끝나기 쉽다고 한다. 인간에게 시적 감정이 없으면 화기애애해야 할 가정이 메마르기 쉽다. 따라서 매주 안식일에 남편은 음식을 먹으며 자녀와 함께 사랑의 시를 노래하여 가정의 행복을 돕는 것이다(Ives, 1991, pp. 23-24). 유대인은 율법도 지키지만 감정도 풍부하다.

저자가 정통파 유대인 랍비의 가정을 방문했을 때 있었던 일이다. 평화로운 안식일, 그들과 식탁을 함께했다. 남편은 일곱 명의 아들들과 한 명의 딸과 함께 어울려서 웃으며 아내를 위한 노래를 불렀다. 남편은 사랑하는 아내를, 자녀들은 사랑하는 어머니를 쳐다보면서 그녀에게 감사와 칭찬의 합창을 바쳤다. 그 날 어머니는 여왕 같았다. 저자는 이 모습을 보고 많은 감동을 받았다.

잠언 31장 10절에서 31절의 시는 이상적인 신앙의 여인상을 그린 시이다. 그 시의 일부를 보자.

누가 현숙한 여인을 찾아 얻겠느냐. 그 값은 진주보다 더하니라. 그런 자의 남편의 마음은 그를 믿나니 산업이 핍절치 아니하겠으며, 그런 자는 살아 있는 동안에 그 남편에게 선을 행하고 악을 행치 아니하느니라… 입을 열어 지혜를 베풀며 그 혀로 인애의 법을 말하며, 그 집안일을 보살피고 게을리 얻은 양식을 먹지 아니하나니, 그 자식들은 일어나 사례하며 그 남편은 칭찬하기를, 덕행 있는 여자가 많으나 그대는 여러 여자보다 뛰어나다 하느니라. 고운 것도 거짓되고 아름다운 것도 헛되나, 오직 여호와를 경외하는 여자는 칭찬을 받을 것이라. 그 손의 열매가 그에게로 돌아갈 것이요, 그 행한 일로 인하여 성문에서 칭찬을 받으리라.(잠 31:10-31)

얼마나 좋은 내용인가? 이 시를 온 가족이 매주 안식일에 주부를 위하여 부를 때 네 가지의 교육 효과를 얻을 수 있다. 첫째, 아내를 기쁘게 해준다. 사랑하는 남편과 모든 자녀가 웃으며 이 노래를 부를 때, 유대인 여성은 한 남성의 아내로서 여러 자녀의 어머니로서 얼마나 큰 행복감을 느낄까? 둘째, 주부를 더 훌륭한 여인이 되게 한다. 이 시는 '이상적인 여인상'을 그린 시이다(Ives, 1991, pp. 23-24). 따라서 그 집안의 주부는 이 시를 듣고 자신의 부족한 점을 깨닫고 더 열심히 가정을 위하여 희생하여 이상적인 여인이 되고자 노력할 것이다. 셋째, 자녀 교육에 효과적이다. 이 시를 매주 부르는 자녀들은 늘 현숙한 여인상을 그리면서 산다. 세속적인 여성은 꿈에도 생각하지 못한다. 이 시를 부르는 딸들은 결혼한 후에 그러한 여성이 되고자 노력할 것이고, 아들들은 그러한 여성들을 만나고자 노력할 것이다. 자녀는 가정에서 본 대로 배운 대로 따라가기 마련이다. 넷째, 가정이 하나 되게 해주고 전통적 가치관에 대한 세대 차이를 막을 수 있다.

유대인은 강압적으로 아내가 가정을 위하여 희생하도록 하지 않고, 사랑으로 감동을 주어 일하게 한다. 이것이 유대인 교육의 특징이다. 그들은 물리적인 힘을 사용하지 않고 지혜를 사용한다.

이를 요약하면 남편이 아내를 사랑하는 데에는 두 가지 면이 있다. 첫째는 육체적인 사랑이고, 둘째는 정신적인 사랑이다. 남편의 육체적인 아내 사랑은 아내로 하여금 자녀를 생산하게 하고, 정신적인 아내 사랑은 아내에게 숨겨진 사랑의 샘이 터지게 하여, 아내가 끝없는 자녀 사랑에 몰두하게 한다. 따라서 남편이 자기 아내를 사랑하면 할수록 아내는 자녀를 더 사랑한다. 유대인의 어머니 교육은 남편의 아내 사랑에서부터 시작된다.

결국 "남편이 자기 아내를 사랑하면 자기를 사랑하는 것이다"(엡 5:28).

남편들이여, 자녀를 위해서라도 아내를 사랑하시오! 그리하여 당신의 아내가 진정한 여성이 되게 하시오!

남편이 자기 아내를 사랑하면
자기를 사랑하는 것이다. (엡 5:28)

참고 자료(References)

외국 자료

Abramov, Tehilla. (1988). <u>The Secret of Jewish Femininity</u>. Southfield, MI: Targum Press Inc.

Adahan, Miriam. (1995). <u>The Miriam Adahan Handbook</u>: The Family Connection. Southfield, MI: Targum Press Inc.

_____. (1994). <u>The Miriam Adahan Handbook</u>: After the Chuppah. Southfield, MI: Targum Press Inc.

_____. (1994). <u>The Miriam Adahan Handbook: Nobody's Perfect</u>. Southfield, MI: Targum Press Inc.

_____. (1988). <u>Raising Children to Care</u>. Jerusalem, Israel: Feldheim Publishers.

Aiken, Lisa. (1996). <u>Beyond bashert: A guide to enriching your marriage</u>. Northvale, NJ: Jason Aronson Inc.

Agron, David. (1992). Soviet Jews: <u>A Field God Has Plowed</u>. Fuller Theological Seminary School of World Mission, ThM Thesis. Pasadena, California.

Agus, J. B. (1941). <u>Modern Philosophies of Judaism</u>. New York, NY: Behrman's Jewish Book House.

Allis, O. T. (1982). <u>The Five Books of Moses</u>. Translated into Korean by Jung-Woo Kim. Seoul: Christian Literature Crusade.

Allport, G. W. (1946). Some Roots of Prejudice. <u>Journal of Psychology</u>, 22, 9-39.

_____. (1950). The Individual and His Religion. New York: Macmillan.

_____. (1954). The Nature of the Prejudice. Cambridge, MA: Addison-Wesley.

_____. (1959). Religion and prejudice. Crane Review, 2, 1-10.

_____. (1960). Personality and Social Encounter. Boston: Beacon.

_____. (1963). Behavioral Science, Religion, and Mental Health. Journal of Religion and Health, 2, 187-197.

_____. (1966a). The Religious Context of Prejudice. Journal for the Scientific Study of Religion. 5, 447-457.

_____. (1968). The Person in Psychology. Boston: Beacon.

Allport, G. W. , & Ross, J. M. (1967). Personal Religious Orientation and Prejudice. Journal of Personality and Social Psychology, 5, 432-443.

Angoff, Charles. (1970). American Jewish Literature. New York, NY: Simon and Schuster.

Baeck, Leo. (1958). Judaism and Christianity. Philadelphia: Jewish Publication of America.

Barclay, William. (1959a). Train Up A Child. Philadelphia: Westminster Press.

_____. (1959b). Educational Ideals in the Ancient World. Grand Rapids, MI: Baker House.

Barker, K. (1985). The NIV Study Bible. Grand Rapids, MI: Zondervan.

Bavinck, Herman. (1988). 개혁주의 교의학. 이승구 역, 서울: 기독교문서선교회.

_____. (1988). 개혁주의 신론. 이승구 역, 서울: 기독교문서선교회.

Bedwell, et al. (1984). Effective Teaching. Springfield, IL: Charles C. Thomas.

Bennett, William J. (1993). The Book of Virtues. New York, NY: Simon & Schuster.

Benson, C. H. (1943). History of Christian Education. Chicago, IL: Moody Press.

Ben-Sasson, H. H. Editor. (1976). A History of the Jewish People. Cambridge, MA: Harvard University Press.

Berenbaum, Michael. (1993). The World Must Know, The History of the Holocaust As Told in the United States Holocaust Memorial Museum. Boston, MA: Little, Brown and Company.

Berkhof, Louis. (1971). Systematic Theology. London: Banner of truth.

_____. (1983). Manual of Christian Doctrine. Grand Rapid, MI: Eerdmans.

Bigge, Morris L. (1982). Learning Theories for Teachers. New York, NY: Harper & Row.

Birnbaum, Philip. (1991). Encyclopedia of Jewish Concepts. New York, NY: Hebrew Publishing Company.

Bloch, Avrohom Yechezkel. (   ). Origin of Jewish Customs: The Jewish Child. Brooklyn, N. Y: Z. Berman Books.

Botterweck & Ringgren, ed. (1977). Theological Dictionary of the Old Testament, Vol. 1. Grand Rapids, MI: Eerdman Publishing Company.

Bower, G & Hillgard, E. R. (1981). Theories of Learning. Englewood Cliffs, NJ: Prentice-Hall.

Branden, Nathaniel. (1985). Honoring the Self: Self-Esteem and Personal Transformation. New York, NY: Bantam.

_____. (1988). How to Raise Your Self-Esteem. New York, NY: Bantam.

_____. (1995). Six Pillars of Self-Esteem. New York, NY:

Bantam.

Bridger, David. ed. (1962, 1976). The New Jewish Encyclopadia. West Orange, NJ: Behrman House, Inc.

Brown, Collin, ed. (1975). The New International Dictionary of New Testament Theology, Vol. 1. Grand Rapids, MI; Regency Reference Library, Zondervan.

Brown, Driver & Briggs. (1979). The New Brown - Driver - Briggs - Genesis Hebrew and English Lexicon. Peabody, Ma: Hendrickson Publishers.

Brown, Michael. (1989). The American Gospel Enterprise. Shippensburg, PA: Destiny Image Publishers.

_____. (1992). Our Hands Are Stained with Blood. Shippensburg, PA: Destiny Image Publishers.

_____. (1994). Our Hands Are Stained with Blood. Translated into Korean by Hansarang World Mission College Press. Seoul: Hansarang World Mission College Press.

_____. (1990). How Saved Are We? Shippensburg, PA: Destiny Image Publishers.

_____. (1991). Power of God. Shippensburg, PA: Destiny Image Publishers.

_____. (1993). It's Time to Rock the Boat. Shippensburg, PA: Destiny Image Publishers.

_____. (1995a). Israel's Divine Healer. Grand Rapids, MI: Zondervan Publishing House.

_____. (1995b). High-Voltage Christianity. Lafayette, LA: Huntington House Publishers.

Calvin, John. (1981). Genesis, the Pentateuch, Vol. I. Grand Rapid, MI: Baker Book House.

_____. (1981). Exodus, the Pentateuch, Vol. II. Grand Rapid, MI: Baker Book House.

_____. (1981). Institutes of the Christian Religion. Translated by Moon Jae Kim, Seoul: Haemoon-sa.

Canfield, Jack. (1993). Chicken Soup for the Soul. Deerfield Beach: Health Communications, Inc.

Chait, Baruch. (1992). The 39 Avoth Melacha of Shabbath. Jerusalem, Israel: Feldheim Publishers, Ltd.

Cohen. (1992). The Psalms. Revised by Rabbi Oratz. New York, NY: The Soncino Press, Ltd.

Cohen, Abraham. (1983). Everyman's Talmud. Translated in Korean by Ung-Soon Won, Seoul: Macmillian

_____. (1995). Everyman's Talmud. New York, NY: Schocken Books.

Cohen, Simcha Bunim. (1993). Children in Halachan. Brooklyn, NY: Mesorah Publications, Ltd.

Coleman, William L. (1987). Environments and Customs of Bible Times. Seoul: Seoul books.

Commonweal(Magagine). (1981). April 24.

Complete Word Study Dictionary(The). (1992). Complied and edited by Spiros Zodhiates. Chattanooga, TN: AMG Publishers.

Cooper, James. (1986). Class Room Teaching Skills. Lexington, MA: D. C. Heath and Company.

Daloz, Laurent A. (1986). Effective Teaching and Mentoring. San Francisco, CA: Jossey-Bass.

Darmesteter, A. (1897). The Talmud. Philadephia: The Jewish Publication Society of America.

Debour, Rolang. (1992). Social Customs in Old Testaments(I). Seoul: Kidok Jungmoon-sa.

_____. (1993). Social Customs in Old Testaments(II). Seoul: Kidok Jungmoon-sa.

Derovan & Berliner. (1978). The Passover Haggadah. Los Angeles, CA: Jewish Community Enrichment Press.

Dewey, John. (1916). Democracy and Education. New York, NY: The Free Press.

_____. (1938). Experience and Education. New York, NY: Macmillian publishing Co.

Ditmont, Max I. (1979). Jews, God and History(한국역: 이것이 유대인이다). Translated into Korean by Young Soo Kim, Seoul, Korea: 한국기독교문학연구 출판부.

Dobson, James. (1992). Dare to Discipline. Wheaton, IL: Tyndale House Publisher, inc.

Doerksen, V. D. (1965). The Biblical Doctrine of Progressive Sanctification. Unpublished ThM. Thesis of Talbot Seminary.

Donin, Hayim Halevy. (1972). To Be A Jew: A Guide to Jewish Observance in Contemporary Life. USA: Basic Books.

_____. (1977). To Raise A Jewish Child: A Guide for Parents. USA: Basic Books.

_____. (1980). To Pray As A Jew: A Guide to the Prayer Book and the Synagogue Service. USA: Basic Books.

Drazin, N. (1940). History of Jewish Education. Baltimore: The Johns Hopkins press.

Eavey, C. B. (1964). History of Christian Education. Chicago, IL: Moody.

Ebner, Eliezer. (1956). Elementary Education in Ancient Israel. New York: Bloch publishing Co.

Emma Gee. (1976). Counter Point, Perspectives on Asian America.

Encyclopedia Britannica, Macropaedia, Vol. 10. (1979). Chicago, IL: Encyclopedia Inc.

Encyclopaedia Britannica, Micropaedia, Vol. V. (1979). Chicago, IL: Encyclopedia Inc.

Encyclopaedia Britannica, Micropaedia, Vol. IX. (1979). Chicago, IL: Encyclopedia Inc.

Encyclopaedia of Judaica. (1993). Decennial Books 1983-1992. NY: Mc Millan.

Erikson, E. (1959). Identity and the Life Cycle, Psychological Issues. Vol. 1. New York: International University Press.

Erikson, E. (1959). Dimensions of New Identity (1st Ed.). New York: W. W. Norton & Co.

_____. (1963). Childhood and Society (2nd Ed.). New York: W. W. Norton & Co.

_____. (1968). Identity Youth and Crisis. New York: W. W. Norton & Co.

_____. (1982). The Life Cycle Completed. London: W. W. Norton & Co.

Feldman, Emanuel. (1994). On Judaism. Brooklyn, NY: Shaar Press.

Feldman, Sharon. (1987). The River the Kettle and the Bird. Spring Valley, NY: Philip Feldheim Inc.

Fowler, J. W. (1981). The Psychology of Human Development and the Quest for Meaning. New York: Harper & Row, Publishers, Inc.

Friedman, Avraham Peretz. (1992). Table for Two. Southfield, MI: Targum Press Inc.

Fromm, Erich. (1989). The Art of Loving. NY: Harper & Row, Publishers.

Fuchs, Yitzchak Yaacov. (1985a). Halichos Bas Yisrael, A Woman's Guide to Jewish Observance. Vol. 1. Oak Park, MI: Targum Press.

_____. (1985b). Halichos Bas Yisrael, A Woman's Guide to Jewish Observance. Vol.

2. Oak Park, MI: Targum Press.

Gangel, K & Benson, W. (1983). Christian Education: It's History & Philosophy. Chicago: Moody Press.

Geiger, K. (1963). Further Insights Into Holiness. Kansas City: Beacon Hill Press.

Goetz, Bracha. (1990). The Happiness Book. Lakewood, NJ: CIS Publishers and Distributors.

Gold, Avie. (1989). Artscroll Youth Pirkei Avos. Brooklyn, NY: Mesorah Publications Ltd.

Golding, Goldie. (1988). Arrogant Ari. Brooklyn, NY: Sefercraft, Inc.

Goleman, Daniel. (1995). Emotional Intelligence. New York, NY: Bantam Books.

Gollancz, S. H. (1924). Pedagogies of the Talmud and That of Modern Times. London: Oxford University press.

Gordon, M. M. (1964). Assimilation in American Life. New York, NY: Oxford University Press.

Greenbaum, Naftali. (1989). Honor Your Father and Mother. Bnei Brak, Israel: Mishor Publishing Co., Ltd.

Grider, J. K. (1980). Entire Sanctification: The Distinctive Doctrine of Wesleyanism. Kansas City: Beacon Hill Press.

Guder, Eileen. (1982). We are Never Alone. Translated by Eujah Kwon, Seoul: Voice Publishing Company.

Han, Woo Keun. (1970). The History of Korea. Seoul: Eul-yoo Publishing Co.

Hauslin, Leslie. (1990). The Amish: The Ending Spirit. New York: Crescent Books/Random House.

Hefley, James. (1973). How Great Christians Met Christ. Chicago, IL: The Moody Bible

Institute of Chicago.

Heller, A. M. (1965). The Jew and His World. New York, NY: Twayne Publishers, Inc.

Heller, Rebbetzin Tziporah. (1993). More Precious Than Pearls. Spring Valley, NY: Feldheim Publishers.

Hertz, Joseph H. (1945). Sayings of the Fathers(Ethics of the Fathers). USA: Behrman House Inc.

Hirsch, Samson Raphael. (1988). Collected Writings of Rabbi Samson Raphael Hirsch. Jerusalem, Israel: Feldheim Publishers Ltd.

_____. (1989a). Genesis, the Pentateuch, Vol. I. Gateshead: Judaica Press Ltd.

_____. (1989b). Exodus, the Pentateuch, Vol. II. Gateshead: Judaica Press Ltd.

_____. (1989c). Leviticus, the Pentateuch, Vol. III. Gateshead: Judaica Press Ltd.

_____. (1989d). Numbers, the Pentateuch, Vol. IV. Gateshead: Judaica Press Ltd.

_____. (1989e). Deuteronomy, the Pentateuch, Vol. V. Gateshead: Judaica Press Ltd.

_____. (1990). The Pentateuch. Edited by Ephraim Oratz, New York, NY: Judaica Press, Inc.

Holloman, H. W. (1989). Highlights of the Spiritual Life(N. T), Unpublished class syllabus of Talbot School of Theology.

Holocaust(The). (   ), Yad Vashem, Jerusalem: W. Turnowasky & Son Ltd.

Holy Bible. (NIV, KJV). (1985).

The Jewish Bible, TANAKH, The Holy Scriptures by JPS, 1985.

Hook, S. (1950). John Dewey. New York, NY: Barnes & Noble, Inc.

Hurh & Kim. (1984). Korean Immigrants in America. Cranbury, NJ: Associated University.

Hyun, Yong Soo. (1990). The Relationship between Cultural Assimilation Models, Religiosity, and Spiritual Well-Being Among Korean-American College Students and Young Adults in Korean Churches in Southern California. Doctoral dissertation, Biola University, Talbot School of Theology, La Mirada CA. Ann Arbor: University Microfilms International.

_____. (1993). Culture and Religious Education. Seoul: Qumran.

_____. (1993). Jewish Education Seminar Note. Los Angeles, CA: SCEI.

_____. (1993). Jewish Education Seminar Cassette Tapes. Los Angeles, CA: SCEI.

Ives, Robert. (1991). Shabbat and Festivals Shiron. Beverly Hills, CA: The Medi Press.

Jacobs, Louis. (1984). The Book of Jewish Belief. New York, NY: Behrman House, Inc.

_____. (1987). The Book of Jewish Practice. West Orange, NJ: Behrman House, Inc.

Jensen, I. R. (1981a). Genesis: A Self-Study Guide. Translated into Korean by In-Chan Jung. Seoul: Agape Publishing House

_____. (1981b). Exodus: A Self-Study Guide. Translated into Korean by In-Chan Jung. Seoul: Agape Publishing House.

Josephus. (1987). Wars of Jews, VII, Translated by Jichan Kim, Seoul, Korea: Word of Life Press.

Joyce, B & Weil, M. (1986). Models of Teaching. Englewood Cliffs, NJ: Prentice-Hall.

Kaplan, Aryeh. (1983). If You Were God. New York, NY: Olivestone Print Communications, Inc.

Kaufman, Y. The Lawyers Unite. (Sept. 1985). Moment 10, 8, 45-46.

Keil & Delitzsch. (1989a). Genesis, the Pentateuch, Vol. I. Grand Rapid, MI: Hendrickson.

_____. (1989b). Exodus, the Pentateuch, Vol. II. Grand Rapid, MI: Hendrickson.

Kling, Simcha. (1987). Embracing Judaism. New York, NY: The Rabbinical Assembly.

Koh, Yong Soo. (1994). A Theology of Christian Education as Encounter. Seoul: Presbyterian Theological Seminary Press.

Kohlberg, L. (1981). Essays on Moral Development: The Philosophy of Moral Development. (Vol. 1). New York: Harper & Row.

_____. (1984). Essays on Moral Development: The Psychology of Moral Development. (Vol. 2). New York: Harper & Row.

Kolatch, Alfred J. (1981). The Jewish Book of Why. Middle Village, NY: Jonathan David Publishers, Inc.

_____. (1985). The Second Jewish Book of Why. Middle Village, NY: Jonathan David Publishers, Inc.

_____. (1988). This Is the Torah. Middle Village, NY: Jonathan David Publishers, Inc.

Korea Times(The), (Los Angeles Edition), (1989). Korean-American Population Increase. May 26.

Kosmin, Barry. (1990). Exploring and Understanding the Findings of the 1990 National Jewish Population Survey. Unpublished research paper in University of Judaism. Los Angeles: CA.

Kuyper, A. (1956). The Work of the Holy Spirit, trans. Henri De Vries, Grand Rapids: Wm. B. Eerdmans Publishing Company.

LaHaye, Beverly. (1978). The Spirit Controlled Woman. Translated by Eun-Soon Yang. Seoul: Word of Life Press.

Lamm, Maurice. (1969). The Jewish Way in Death and Mourning. New York: Jonathan David Publishers.

_____. (1980). <u>The Jewish Way in Love and Marriage.</u> Middle Village, NY: Jonathan David Publishers, Inc.

_____. (1991). <u>Becoming a Jew</u>. Middle Village, NY: Jonathan David Publishers, Inc.

_____. (1993). <u>Living Torah in America</u>. West Orange, NJ: Behrman House, Inc.

Lampel, Zvi. trans. (1975). <u>Maimonides' Introduction to the Talmud</u>. New York, NY: Judaica Press.

Lange, J. p. (1979). <u>The Book of Genesis I & II</u>. Translated into Korean by Jin-Hong Kim. Seoul: Packhap.

Lee, Nam-Jong. (1992). <u>Christ in the Pentateuch</u>. Seoul: Saesoon Press.

Lee, Sang-Keun. (1989). <u>Genesis, the Lee's Commentary</u>. Seoul: Sungdung-sa.

_____. (1989). <u>Exodus, the Lee's Commentary</u>. Seoul: Sungdung-sa.

Lee, Sung Eun. (1985). <u>Conflict Resolution Styles of Korean-American College Student</u>. Ann Arbor, MI: University Microfilms International, A Bell & Howell Information Company.

Leedy, p. D. (1980). <u>Practical Research</u>. New York, NY: Mcmillan.

Leri, Sonie B. & Kaplan, Sylvia R. (1978). <u>Guide for the Jewish Homemaker</u>. New York, NY: Schocken Books.

Leupold, H. C. (1942). <u>Exposition of Genesis. Vol. I.</u> Grand Rapids: Baker.

_____. (1974). <u>Exposition of the Psalms</u>. Grand Rapids: Baker.

Levinson et al. , (1978). <u>The Season's of Man's Life</u>. New York, NY: Alfred A. Knopf.

Lipson, Eric-Peter. (1986). <u>Passover Haggadah</u>. USA: Thomas Nelson, Inc.

Los Angeles Times, Police Link Slain Honor Student to Theft Scheme. 1993, January 6, A1, 13.

_____. Slaying of Honors Student Detailed. 1994, April 8, A3.

_____. 2 Rabbis Accused of Molesting Girl,15, June 2, B1.

_____. Hostage Drama in Moscow, 1995, Oct. 15, A1, 4

Lowman, Joseph. (1984). Mastering the Techniques of Teaching. San Francisco, CA: Jossey-Bass.

Luther, Martin. (1962). On the Jews and Their Lies. trans. Martin H. Bertram, in Martin Luther's Works, 47:268-72(1543). Philadelphia, Pa: Muhlenberg.

Luzzatto, Moshe Chaim. (1989). The Ways of Reason. Jerusalem, Israel: Feldheim Publishers Ltd.

Martin, Doris & Boeck, Karin. (1996). E.Q. Munchen, Translated into Korean by Myong Hee Hong. Germany: Wilhelm Heyne, Veriag Gmbtt & Co.

Matzner-Bekerman, Shoshana. (1984). The Jewish Child: Halakhic Perspectives. New York, NY: KTAV Publishing House, Inc.

McGavran, Donald. (1980). Understanding Church Growth. Grand Rapid, MI: Zondervan.

Meier, Paul. (1988). Christian Child-Rearing and Personality Development. Translated into Korean by Jeoung Hee-Young. Seoul: Chongshin College Press.

Miller, Basil. (1943). John Wesley. Grand Rapid, MI: Zondervan Publishing House.

Miller Yisroel. (1984). Guardian of Eden. Spring Valley, NY: Feldheim Publishers.

Moment, No. 10, 8, 1985.

_____. January and February 1988.

_____. No. 9, 1988.

Morris, V. C. & Pai, Y. (1976). Philosophy and American School. Boston: Houghton Miffin.

Munk, Meir. (1989). Sparing the Rod. Brooklyn, NY: Mishor Publishing Co., Ltd.

Narramore, Clyde M. (1979). A Woman's World. Grand Rapids, MI: Zondervan Publishing House.

The New International Dictionary of New Testament Theology Vol. 1. Edited by Collin Brown, 1975, Grand Rapids, MI; Regency Reference Library, Zondervan.

Nye, Joseph Jr. (1990). Bound to Lead: The Changing Nature of America Power. Translated in Korean by No-Woong Park. (21세기 미국파워). Seoul: The Korea Economic Daily.

Orlowek, Rabbi Noach. (1993). My Child, My Disciple. Nanuet, NY: Feldheim Publishers.

The Outlook, Rabbi's Aide Gets 22 Months in Prison. 1996, Jan. 20. B1.

Payne, J. B. (1954). An Outline of Hebrew History. Grand Rapid, MI: Baker Book House.

Piaget, Jean. (1972). Biology and Knowledge. Chicago, IL: The University of Chicago Press and Edinburgh: Edinburgh University Press.

Pilkington, C. M. (1995). Judaism. Lincolnwood, Il: NTC Publishing Group.

Paloutzian, R. F. , & Ellison, C. W. (1982). Loneliness, Spiritual Well-Being and Quality of Life. In L. A. Peplau and D. Perlman (Eds). Loneliness: A Sourcebook of Current Theory, Research and Therapy. New York: Wiley Interscience.

Radcliffe, Robert J. Bloom's Taxonomy-Cognitive Domain Levels of Critical Thinking. Peabody Journal of Education, 3/70.

Radcliffe, Sarah Chana. (1988). Aizer K'negdo: The Jewish Woman's Guide to Happiness in Marriage. Southfield, MI: Targum Press Inc.

Radcliffe, Sarah Chana. (1989). The Delicate Balance. Southfield, MI: Targun Press Inc.

Rashi. (1996). The Metsudah Chumash. vol. Ⅴ. Hoboken, NJ: KTAV Publishing House.

Ratner, J. (1928). The Philosophy of John Dewey. New York, NY: Henry Holt and Co.

Rausch, David A. (1990). A Legacy of Hate: They Christians Must Not Forget the Holocaust. Grand Rapids: Baker.

Reuben, Steven Carr. (1992). Raising Jewish Children In A Contemporary World. Rocklin, CA: Prima Publishing.

Sanders, E. P. (1995). Paul, the Law, and the Jewish People. Translated by Jin-Young Kim, Seoul: Christian Digest.

Scherman, Nosson. (1992). The Complete ArtScroll Siddur. NY: Mesorah Publication, Ltd.

Scherman, Nosson & Zlotowitz, Meir. Editors (1994). The Chumash. Brooklyn, NY: Mesorah.

Schlessinger, B. & Schlessinger, J. (1986). The Who's Who of Nobel Prize Winners. Oryx Press.

Seitz, Ruth. (1991). Amish Ways. Harrisburg, PA: RB Books.

_____. (1989). Pennsylvania's Historic Places. Intercourse, PA: Good Books.

Shapiro, Michael. (1995). The Jewish 100. Secaucus, NJ: Carol Publishing Group.

Shilo, Ruth. (1993). Raise A Child As A Jew. Translated and edited by Hyun-Soo Kim, Gae-Sook Bang. Seoul: Minjisa.

Singer, Shmuel. (1991). A Parent's Guide to Teaching. Hoboken, NJ: Ktav Publishing House, Inc.

Skinner, B. F. (1969). Contingencies of Reinforcement. Meredith.

Solomon, Victor M. (1992). Jewish Life Style. Translated into Korean by Myung-ja Kim, Seoul: Jong-ro Books.

Stalnaker, Cecil. (1977). The Examination and Implications of Hebrew Children's Education Through A. D. 70. A Unpublished ThM Thesis, Biola University, Talbot School of Theology.

Stevenson, William. (1977). 90minutes at Entebbe Airport. Translated into Korean by Yoon Whan Jang. Seoul: Yulwhadang.

Swift, Fletcher H. (1919). Education in Acient Israel from Earliest Times to 70 A. D. The Open Court Publishing Company.

Talmud, Babylonian Edition.

_____. Jerusalem Edition.

TANAKH. The Jewish Bible, The Holy Scriptures by JPS, 1985.

Telushkin, Joseph. (1991). Jewish Literacy. New York, NY: William Morrow and Company, Inc.

_____. (1994). Jewish Wisdom. New York, NY: William Morrow and Company, Inc.

Theological Dictionary of the Old Testament Vol. 1. Edited by Botterweck & Ringgren, 1977, Grand Rapids, MI: Eerdman Publishing Company.

Thurow, Lester. (1985). The Zero Sum Solution: "Is America a Global Power in Decline? Boston Globe, 20 March 1988, p. A22. New York, NY: Simon & Schuster.

Tillich, Paul. (1950). Der Protestantismus: Prinzip und Wirklichkeit. Stuttgart: Evangelisches Verlagswerk.

Times(The). April 27. 1998.

Tokayer, Marvin. (1979). 탈무드. 서울: 태종출판사. 김상기 역.

_____. (1989a). 짤막한 탈무드. 서울: 기독태인문화사. 김상구 역.

_____. (1989b). 유대인의 처세술. 서울: 민성사. 신기선 역.

_____. (1989c). 탈무드의 도전. 서울: 태종출판사. 지방훈 역.

Touger, Malka. (1988a). Sefer HaMitzvot Vol. 1. New York, NY: Moznaim Publishing Corporation.

_____. (1988b). Sefer HaMitzvot Vol. 2. New York, NY: Moznaim Publishing Corporation.

Tournier, Paul. (1997). The Gift of Feeling. 서울: 한국기독학생회출판부(IVP).

Towns, Elmer. L. Editor (1984). A History of Religious Education. Translated into Korean by Young-Kum Lim. Seoul: The Presbyterian Church of Korea, Department of Education.

Toynbee, Arnold J. (1958a). A Study of History. New York, NY: Oxford University Press.

_____. (1958b). A Study of History. New York, NY: Oxford University Press.

Twerski, Abraham J. (1992). Living Each Week. Brooklyn, NY: Mesorah Publications, Ltd.

Twerski, Abraham & Schwartz, Ursula. (1996). Positive Parenting: Developing Your Child's Potential. Brooklyn, NY: Mesorah Publications, Ltd.

Unger, M. F. (1957). Unger's Bible Dictionary. Chicago: Moody Press.

Unterman, Isaac. (1973). The Talmud. New York, NY: Bloch Publishing Company.

Vilnay, Zev. (1984). Israel Guide. Jerusalem: Daf-Chen.

Vine, W. E. (1985). An Expository Dictionary of Biblical Words. Nashville: Thomas Nelson Publishers.

Wagschal, S. (1988). Successful Chinuch. Jerusalem, Israel: Feldheim Publishers Ltd.

Walder, Chaim. (1992). Kids Speak Children Talk About Themselves. Jerusalem, Israel: Feldheim Publishers.

Walker, . et al. (1985). A History of the Christian Church. New York, NY: Charles Scribner Sons.

Washington Post, Dole Plan on Shutdown. 1996, Jan. 3.

Webster New Twentieth Century Dictionary. (2nd ed.). (1983). New York, NY: Simon & Schuster.

Wilson, Marvin R. (1993). Our Father Abraham, Jewish Roots of the Christian Faith. Grand Rapid, MI: William B. Eerdmans Publishing Company.

World Book Encyclopedia Vol. 2. (1986). Chicago: Field Enterprises Educational Corp.

World Book Encyclopedia Vol. 11. (1986). Chicago: Field Enterprises Educational Corp.

Young, R. (1982). Young's Analytical Concordance to the Bible. Nashville: Thomas Nelson.

Yuro, Dejima. (1988). Jewish Thinking Way. Seoul: Namsung Publishing Co.

Zlotowitz, Meir. (1989). Pirkei Avos Ethic of the Fathers. Brooklyn, NY: Mesorah Publications, Ltd.

Zuck, Roy B. (1963). The Holy Spirit in Your Teaching. Scripture Press.

한국 자료

김석환. 범죄 소굴로 변한 러시아 대도시. 중앙일보, 1995년 10월 16일, p. 3.

김용진. 광복 50주년 축전 음악회 왜 우리 작품 하나도 없나. 중앙일보, 1995년 8월 17일, p. 5.

김정우. (1995). 1995년, 희년으로 호칭하는 것이 성경적인가. 목회와 신학. 3월호. 통권 68호. pp. 152-155. 서울: 두란노서원.

김종권. (1986). 한국인의 내훈. 서울: 명문당.

데지마 유로. (1988). 유대인의 사고 방식. 고계영, 이시준 역, 도서출판 남성.

미주복음신문, 메아리 칼럼 연재. 1994년 12월 11일.

_____. 캠퍼스 기도 부활 움직임. 1994년 5월 15일.

_____. 미국, 세계 최대의 채무국으로 전락. 1996년 1월 7일.

미주크리스천신문, 아이들 TV 너무 많이 본다. 1996년 12월 21일.

미주크리스천신문, 이민 교회 성장 둔화 우려. 1995년, 1월 17일, p. 4.

_____. 세계 속 한인의 어제와 오늘을 조명한다. 1995년 10월 7일, p. 5.

_____. 모유와 우유의 차이점. 윤삼혁 건강 칼럼, 1996년 2월 3일, p. 6.

박미영. 아이 기르기를 즐기는 이스라엘식 육아법을 아세요? 라벨르(labelle), 1995년 8월호, pp. 381-393.

_____. (1995). 유대인 부모는 이렇게 가르친다. 서울: 생각하는 백성.

박우희. 현대 교육의 문제점. 중앙일보, 1994년 10월 14일.

박윤선. (1980). 성경 주석, 창세기 출애굽기. 서울: 영음사.

_____. (1980). 성경 주석, 레위기 민수기 신명기. 서울: 영음사.

박태수(Thomas Park, MD). (1994). 미국은 과연 어디로 가고 있는가? 서울: 하나의 학사

박형룡. (1988). 박형룡 박사 저작전집 I.서론, 교의신학. 서울: 한국기독교교육연구소.

박희민. (1996). 'IQ는 아버지 EQ는 어머니 몫이다.' 서평에서. 1997년 10월 26일.

변태섭. (1994). 한국사 통론. 서울: 도서출판 삼영사.

성경: (1984). 현대인의 성경. 생명의 말씀사.

성경: (1956). 한글판 개혁. 대한성서공회.

스포츠서울, 청소년 16% 책 안 읽는다. 1994년 5월 23일.

신용하(1995). 구 조선총독부 청사는 하루 속히 철거해야 한다. 월간조선, 1995년 1월호, p. 606.

심상권, 목회자의 열등감, 그 쓴뿌리의 심리적 이해. 목회와 신학, 두란노, 1996년 2월호, pp. 48-56.

양춘자. 세상 과외공부 대신 성경 과외공부. 신앙계, 1993년. 7월호, p. 51.

엣센스 국어사전. (1983). 서울: 민중서림.

유의영. 2세의 눈에 비친 1세의 모습. 한국일보(미주판), 1991년 9월 8일.

US News, 유대인 학살 추도 박물관 개관, 독일선 의도 무엇이냐 항의, 1993년 5월 10일.

윤종호, 크리스천포스트, 망국 백성의 슬픈 노래. 1995년 8월 12일.

이기백. (1983). 한국사 신론. 서울: 일조각.

이상근. (1990). 갈. 히브리 주석(8). 서울: 성등사.

_____. (1989). 창세기 주석. 서울: 성등사.

_____. (1990). 출애굽기 주석. 서울: 성등사.

_____. (1990). 레위기 주석(상). 서울: 성등사.

_____. (1994). 잠언 · 전도 · 아가서 주석. 서울: 성등사.

이야기 신한국사. (1994). 신한국사연구회, 서울: 태을출판사.

이원설. 한국인의 병리 현상. 총신목회신학원 특강, 1995년 1월 9-20일, 서울: 한강호텔.

이회창, 정치가 법을 만들지만 법치는 정치의 위에 있다. 월간조선, 1995년 1월호.

일요서울, 사랑 못 받으면 세포 손상. 1997년 11월 8일, p. 8.

林建彦(하야시 다께히꼬). (1989). 남북한 현대사. 서울: 삼민사.

전인철. 책읽기 운동이 생활로 바뀌어야. 크리스천 신문(USA), 1995년 8월 19일, p. 12.

정훈택. (1993). 열매로 알리라. 서울: 총신대학 출판부.

조선일보, 이혼시 편부 부양 증가. 1996년 11월 19일, p. 32.

중앙일보, 박한상 군 부모 살해 및 방화. 1994년 5월 19일.

_____. '뒤집힌 윤리' 꼬리 물어. 1994년 11월 2일.

_____. 용서의 심리학 발표. 1994년 11월 19일.

_____. TV가 범죄꾼 만든다. 1994년 12월 15일, 미주판.

_____. 한인 대학생 미국 직장 취업 미국 학생 절반 수준. 1995년 2월 9일, 미주판.

_____. 국립 서울대학교 수재 뽑아 범재 만드는 교육 실상, 대학촌. 1995년 3월 20일.

_____. 제2 박한상, 교수인 아들이 범행. 1995년 3월 20일.

_____. 잇단 친부 살해 사건 이후. 1995년 3월 20일, p. 3.

_____. 서강대 신입생 조사. 1995년 3월 24일.

_____. 박석태 전 제일은행 상무 자살. 1995년 4월 29일, pp. 1, 3, 21.

_____. 신촌 유흥가 무기한 단속. 1995년 6월 3일, p. 22.

_____. 1천만 명이 전과자였다니. 1995년, 8월 14일.

_____. 구 일본총독부 중앙돔 첨탑 철거. 1995년, 8월 15일.

_____. 지존파 살인. 1995년 9월 19일.
_____. 한국인 인질 9시간 만에 구출. 1995년 10월 16일, p. 1.

_____. (김석환). 범죄 소굴로 변한 러시아 대도시. 1995년 10월 16일, p. 3.

_____. 독서 빈리락(위진록). 1995년 10월 17일, 미주판.

_____. 모유 먹여야 산모·아기 모두 건강. 1995년 10월 18일.

_____. 치안 공백 동구권 곳곳에 위험. 1995년 10월 23일, p. 4.

_____. 반드시 결혼할 필요 없다. 1995년 11월 14일, 미주판.

_____. 반성하는 독일, 궤변 반복 일본. 1996년 1월 16일.

_____. '남편 외도' 앞질러… 작년 52%. 1996년 2월 9일.

_____. 20대 흑인 40%가 전과자. 1996년 2월 13일, p. 3, 미주판.

_____. 미국의 정직도 이젠 옛말. 1996년 2월 24일, 미주판.

_____. 메넨레스 형제 유죄 평결. 1996년 3월 21일, 미주판.

_____. '슈퍼맨' 흉내 어린이 2명 사망. 1996년 3월 26일.

_____. 대학 캠퍼스 범죄 온상화. 1996년 4월 23일, 미주판.

_____. '한 유대인 어머니,' 전서영 칼럼. 1996년 4월 29일, 미주판.

_____. 여성 46%·남성 28% 종교 집회 참석. 1996년 5월 9일.

_____. 美서 '한국 자료' 찾는 현실 안타까와. 1996년 5월 15일, 미주판.

_____. 세대차 세계 최고. 1996년 10월 4일, p. 8.

_____. 미국에도 3대 부자 드물다. 1996년 10월 22일.

_____. 올브라이트 美 국무 유대인이란 사실, 이스라엘 2년 간 숨겼다. 1996년 12월 31일.

_____. 한인 2세 여성 66.5%, 타인종과 결혼. 1997년 2월 14일.

_____. 중년 離婚 10년새 2倍. 1997년 2월 21일.
_____. 세탁기 교체 주기 비교해 보니… 한국 6년 美선 13년 사용. 1997년 12월 2일.

_____. 나이 들수록 남자 뇌 여자보다 더 축소. 1998년 2월 13일, 미주판.

_____. 술집 댄서 춤에 천주교 신부 심장마비. 1998년 2월 14일.

_____. 권영빈 칼럼, 역사 文盲이 늘고 있다. 1998년 4월 24일.

_____. 박세리의 승리 비결, 1998년 5월 19일, 7월 7일.

_____. 세리야, "잘 했다. 아빠가 그 동안 너무 모질었지…," 1998년 5월 19일.

_____. 말 말 말, 1998년 5월 19일.

최찬영. 이민 목회와 21세기 기독교 선교의 방향. 크리스천 헤럴드 USA, 1995년 9월 29일, pp. 10-11.

크리스천 신문, 아이들 TV 너무 많이 본다. 1996년 12월 21일.

크리스천 저널(미주). 3·1 운동과 기독교. 1995년 2월 23일.

Christian Today, 인본주의 교육의 특징. 1998년 2월 20일.

크리스천 포스트, Single Mother의 문제들(Henry Hong). 1993년 2월 16일.

크리스천 헤럴드, USA. 장로 교단이 집계한 교세 현황. 1995년 9월 29일, p. 11.

크리스천 헤럴드, 상하의원 개신교 293, 카톨릭 151, 유대교 35명. 1997년 2월 2일.

피종진, 1995년 2월 26일, 한국 교회의 미래. 나성 영락교회 대예배 설교에서 발췌.

한국일보. 흑인 20대 초반 절반이 갱. 1992년 5월 22일, 미주판.

_____. '돈-행복' 상관 지수론. 1992년 6월 14일, 미주판.

_____. 강도 모의 중 갈등 태이 군 유인 살해. 1993년 1월 7일, p. 1, 미주판.

_____. 섹스 미디어 범람 가장 큰 요인. 1993년 3월 23일, 미주판.

_____. 남녀 성격 유전적으로 다르다. 1993년 5월 11일, 미주판.

_____. 6·25 기념관 꼭 지어야 하는가. 1993년 6월 22일.
_____. 실록 청와대, "지는 별 뜨는 별" 제 34회. 1993년 8월 24일.

_____. 친부모와 사는 미성년자, 백인 56.4, 흑인 25.9%. 1994년 8월 30일, 미주판.

_____. 장교 40% 사명감 없이 입대. 1995년 1월 11일.

_____. 교포 대학생 취업율 美 대학생 절반 수준. 1996년 6월 17일.

_____. 佛 마지막 戰犯 모리스 파퐁. 1996년 9월 20일.

_____. 범람하는 유흥 업소. 1996년 11월 10일.

_____. 무엇이 한국적인가. 1997년 1월 27일.

_____. 해외 토픽, 러 10대 女 25% '매춘부 희망.' 1997년 12월 8일.

한숭홍. (1991). 한국 신학 사상의 흐름. 서울: 한국신학사상 연구원.

현용수. (1993). 문화와 종교 교육. 서울: 쿰란출판사.

홍인규. (1994). 바울은 율법을 잘못 전하고 있는가. 목회와 신학. 12월호. 통권 66호. pp. 287-301. 서울: 두란노서원.

홍일식. (1996). 한국인에게 무엇이 있는가. 서울: 정신세계사.

본서에 사용한 사진의 출처

Canon Institute 조한용 선생 제공 ⓒ, 미국 Los Angeles, CA. Tel. (213) 382-9229 USA(각 사진에 출처가 표기돼 있음).

Shema Christian Education Institute, ⓒ Yong-Soo Hyun, 3446 Barry Ave Los Angeles, CA 90066 USA. (각 사진에 출처가 표기 안 된 모든 사진들)

Solomon, Victor M. ⓒ (1992). Secret of Jewish Survival. Translated into Korean by Myung-ja Kim, Seoul: Jong-ro Books(각 사진에 출처가 표기돼 있음).

Times(The). April 27. 1998.

Wiesenthal Center Museum of Tolerance, ⓒ Jim Mendenhall, 9786 West Pico Blvd. , Los Angeles, CA USA. 90035-4792 Tel. (310)553-8403 제공 (각 사진에 출처가 표기돼 있음)

Yad Vashem, P.O. Box 3477, Jerusalem, Israel. Tel. 751611 (각 사진에 출처가 표기돼 있음)

교육학 교과서(고등학교, 서울시 교육감 인정): 교학사(1998).

참고 사항

1. 본 책자에 사용된 사진의 불법 복사 및 사용을 금합니다.
2. 만약 독자가 본서에 포함된 사진을 사용하기를 원할 때에는 반드시 사진 작가의 허가를 받아야 합니다.
3. 본 책자의 저자 이외의 사진은 저자가 권한을 갖고 있지 않으므로 위의 주소로 직접 연락하시기 바랍니다.

교육 혁명이 시작되었습니다!
- 가정교육 · 교회교육 · 교회성장 위기의 대안 -

자녀교육 + 교회성장 고민하지요?

Q1: 왜 현대 교육은 점점 발달하는 데 인성은 점점 더 파괴되는가?
Q2: 왜 자녀들이 부모와 코드가 맞지 않아 갈등을 빚는가?
Q3: 왜 대학을 졸업하면 10%만 교회에 남는가? 교회학교의 90% 실패 원인은?
Q4: 왜 해외 교포 자녀들이 남은 10%라도 부모교회를 섬기지 않는가?
Q5: 왜 현대인에게 전도하기가 힘든가?

근본 대안은 유대인의 인성교육과 쉐마교육에 있습니다

- 어떻게 유대인은 위의 문제를 4,000년간 지혜롭게 해결하고 세계를 지배하고 있는가?
- 어떻게 유대인은 아브라함 때부터 현재까지 세대차이 없이 자손 대대로 말씀을 전수하는데 성공했는가?

■ 쉐마교육연구원은 무슨 일을 하나?

1. **2세 종교교육 방향제시**
   혼돈 속에 있는 2세 종교교육의 방향을 성경적이고 과학적인 연구에 의해 옳은 방향으로 제시해 준다.

2. **성경적 기독교교육 재정립**
   유대인의 자녀교육과 기존 기독교교육 자료를 중심으로 백년대계를 세울 수 있도록 한국인에 맞는 기독교교육 방법을 재정립한다.

3. **한국인에 맞는 기독교교육 자료(내용) 개발**
   현 한국 및 전 세계 한국인 디아스포라를 위해 한국인의 자녀교육에 맞는 기독교교육 내용을 개발한다.

4. **해외 및 기독교교육 문제 연구**
   시대와 각 지역 문화의 변화에 대처하기 위해 계속 연구하고 대안을 제시한다.

5. **교회교육 지도자 연수교육**
   각 지교회에 새로운 교회교육 지도자를 양성 보충하며 기존 지도자의 필요를 충족시켜준다.

6. **청소년 선도 교육 실시**
   효과적인 청소년 교육 프로그램을 개발하여 선도교육을 실시한다.

7. **효과적 성서 연구 및 보급**
   성경을 교육학적으로 보다 깊이 연구하고 효과적인 전달 방법을 개발하여 이를 보급한다.

8. **세계 선교 교육**
   본 연구원의 교육 이념과 자료가 세계 선교로 이어지게 한다.

■ '쉐마지도자클리닉'이란 무엇인가?

쉐마교육연구원은 세계 최초로 현용수 교수에 의해 설립된, 인간의 인성과 성경적 쉐마교육을 가르치는 인성교육 전문 교육기관이다. 본 연구원에서 가르치는 핵심 교육의 내용 역시 현 교수가 하나님이 주신 지혜로 계발한 것들이며, 거의 모두가 세계 최초로 소개된 인성교육의 원리와 실제를 함께 가르치는 성경적 지혜교육이다. 본 연구원은 바른 인성교육 원리와 쉐마교육신학으로 가정교육·교회교육·교회성장 위기의 대안을 제시해 준다.

쉐마교육연구원에서 주관하는 '쉐마지도자클리닉'은 전체 3학기로 구성되어 있다. 1주 집중 강의로 3차에 걸쳐 제1학기는 '유대인을 모델로 한 인성교육 노하우', 제2학기는 '유대인의 쉐마교육'이 국내에서 진행된다. 제3학기는 '유대인의 인성 및 쉐마교육 미국 Field Trip'으로 미국에서 진행되며 현용수 교수의 강의는 물론 LA에 소재한 유대인 박물관, 정통파 유대인 회당 및 안식일 가정 절기 견학 등 그들의 성경적 삶의 현장을 견학하고, 정통파 유대인 랍비의 강의, 서기관 랍비의 양피지 토라 필사 현장 체험을 한 후 현지에서 졸업식으로 마친다.

3학기를 모두 마친 이수자에게는 졸업 후 쉐마를 가르칠 수 있는 'Teacher's Certificate'를 수여하여 자신이 섬기는 곳에서 쉐마교육을 가르칠 수 있도록 도와준다.

■ 누가 참석해야 하는가?

- 기존 교육에 한계를 느끼고 자녀교육과 교회학교 문제로 고민하시는 분.
- 한국 민족의 후대 교육을 고민하며 그 대안을 간절히 찾고자 하시는 분.
- 하나님의 말씀을 자손에게 물려줄 수 있는 비밀을 알고자 하시는 분.
- 유대인의 효도교육의 비밀과 천재교육+EQ교육의 방법을 알고자 하는 분.

미국 : 3446 Barry Ave. Los Angeles, California 90066 USA
　　　쉐마교육연구원 (310) 397-0067
한국 : 02)3662-6567, 070-4216-6567, Fax. 02)2659-6567
　　　www.shemaiqeq.org　shemaiqeq@naver.com

IQ · EQ 박사 현용수의
유대인 자녀교육 총서

	인성교육론 시리즈	쉐마교육론 시리즈	탈무드 시리즈
1	인성교육론 + 쉐마교육론의 총론: IQ는 아버지 EQ는 어머니 몫이다 (쉐마) 전3권		탈무드 1 : **탈무드의 지혜** (원저 마빈 토카이어, 편저 현용수, 동아일보사)
2	현용수의 인성교육 노하우 1 - 인성교육이란 무엇인가 - (동아일보)	부모여, 자녀를 제자삼아라 (쉐마) 전2권 - 유대인 자녀교육이 필요한 이유 -	탈무드 2 : **탈무드와 모세오경** (이하 동)
3	현용수의 인성교육 노하우 2 - 인성교육의 본질과 원리 - (동아일보)	잃어버린 구약의 지상명령 쉐마 (쉐마) 전3권 - 교육신학의 본질 -	탈무드 3 : **탈무드의 처세술** (이하 동)
4	현용수의 인성교육 노하우 3 - 인성교육과 EQ + 예절 교육 - (동아일보)	유대인 아버지의 4차원 영재교육 (동아일보) - 아버지 신학 -	탈무드 4 : **탈무드의 생명력** (이하 동)
5	현용수의 인성교육 노하우 4 - 다문화 속 인성 · 국가관 - (동아일보)	자녀들아, 돈은 이렇게 벌고 이렇게 써라 (쉐마) - 경제 신학 -	탈무드 5 : **탈무드 잠언집** (이하 동)
6	문화와 종교교육 (쉐마) - 박사 학위 논문을 편집한 책 -	자녀의 효도교육 이렇게 시켜라 (쉐마) 전3권 - 효 신학 -	탈무드 6 : **탈무드의 웃음** (이하 동)
7	IQ · EQ박사 현용수의 **쉐마교육 개척기** (쉐마) - 자서전 -	신앙명가 이렇게 시켜라 (쉐마) 전2권 - 가정 신학 -	옷을 팔아 책을 사라 (원저 빅터 솔로몬, 편저 현용수, 쉐마)
8	가정해체로 인한 인성교육 실종 대재앙을 막는 길 (쉐마) - 논문 -	성경이 말하는 남과 여 한 몸의 비밀 (쉐마) - 부부 · 성 신학 -	
9		성경이 말하는 어머니의 EQ 교육 (쉐마) 전2권 - 어머니신학 -	
10		한국형 주일가정식탁예배 예식서, 순서지 (쉐마) - 가정예배 -	
11		하나님의 독수리 자녀교육 (쉐마) - 고난교육신학 1 -	
12		유대인의 고난의 역사교육 (쉐마) - 고난교육신학 2 -	

이런 순서로 읽으세요 (전 36권)

인성교육론과 쉐마교육론

- 전체 유대인 자녀교육에 대한 개론을 알려면
  - 《IQ는 아버지 EQ는 어머니 몫이다》 (전3권)
- 유대인을 모델로 한 인성교육의 원리를 이해하려면
  - 《현용수의 인성교육 노하우》 (전4권)
- 인성교육론이 나오게 된 학문적 배경을 이해하려면
  - 《문화와 종교교육》 (현용수의 박사 학위 논문)
  - 《IQ · EQ 박사 현용수의 쉐마교육 개척기》 (현용수 박사의 자서전)
- 왜 기독교교육에 유대인의 선민교육이 필요한지를 알려면
  - 《부모여 자녀를 제자 삼아라》 (전2권)
- 쉐마교육론(교육신학)이 나오게 된 성경의 기본 원리를 알려면
  - 《잃어버린 구약의 지상명령 쉐마》 (전3권)
    (쉐마와 자녀신학이 포함됨)
- 가정 해체와 인성교육과의 관계를 알려면
  - 《가정 해체로 인한 인성교육 실종 대재앙을 막는 길》

각 쉐마교육론을 더 깊이 연구하려면 다음 책들을 읽으세요

- 아버지 신학 《유대인 아버지의 4차원 영재교육》
- 경제 신학 《자녀들아, 돈은 이렇게 벌고 이렇게 써라》
- 효 신학 《자녀의 효도교육 이렇게 시켜라》 (전3권)
- 가정 신학 《신앙명가 이렇게 세워라》 (전2권)
- 부부 · 성 신학 《성경이 말하는 남과 여 한 몸의 비밀》
- 어머니 신학 《성경이 말하는 어머니의 EQ 교육》 (전2권)
- 가정예배 《한국형 주일가정식탁예배 예식서》 (별책부록: 순서지)
- 고난교육신학 1 《하나님의 독수리 자녀교육》
- 고난교육신학 2 《유대인의 고난의 역사교육》

앞으로 더 많은 교육 교재가 발간될 예정입니다. 계속 기도해 주세요.